Geschäftsdeutsch

An Introduction to German Business Culture

Geschäftsdeutsch

An Introduction to German Business Culture

Edition 1.1

Franz-Joseph Wehage
Muskingum University

Gudrun Clay
Metropolitan State University of Denver, Emeritus

focus an imprint of
Hackett Publishing Company, Inc.
Indianapolis/Cambridge

Geschäftsdeutsch An Introduction to German Business Culture
© 2012 Franz-Joseph Wehage and Gudrun Clay

Previously published by Focus Publishing/R. Pullins Company

Focus an imprint of
Hackett Publishing Company, Inc.
P.O. Box 44937
Indianapolis, Indiana 46244-0937

www.hackettpublishing.com

ISBN 13: 978-1-58510-800-8

Printed in the United States of America.

20 19 18 17 16 15   1 2 3 4 5 6 7 8

Contents

Preface

Geschäftsdeutsch. An Introduction to German Business Culture introduces students to the language of business German and gives them insight into Germany's place in the global economy. The topics, language, and skill-building exercises offer an excellent preparation for students who plan to pursue a career in international business. The materials are appropriate for students after two years of college-level German.

Gudrun Clay's highly successful book *Geschäftsdeutsch. An Introduction to German Business* became the model for *Geschäftsdeutsch. An Introduction to German Business Culture* which reflects the current state of affairs in the European Union and in Germany. The reading selections along with many activities focus on receptive, productive and communicative language skills. Each chapter concludes with additional information on German business culture. Several topics allowing for a discussion of business practices in the US and Germany follow each chapter.

The twelve chapters of *Geschäftsdeutsch* are organized around major business and economic topics. Kapital 1 serves as an introductory chapter with a twofold purpose: first to provide students with information about the geography and the economics of the sixteen Bundesländer and, second, to encourage students to choose a particular area of interest, such as finance, industry, ecology, or the like and to pursue it throughout their course of study both in the class as well as outside the classroom. The remaining chapters cover eleven different topics of primary interest to those in the German and European business worlds.

The website for *Geschäftsdeutsch* provides additional information about each chapter. Web activities expand the horizon of the textbook and also allow for audio/video assignments along with vocabulary lists, dialogs, or check lists. The website also provides appropriate web links for each chapter and general web links about Germany. The online exercises allow the student to become immersed in the world of German business culture.

© Shutterstock

Chapter Organization

Each chapter of **Geschäftsdeutsch** is organized as follows:

Advance organizer: **Einführende Gedanken / Einführende Fragen**

Each subtopic: **Vor dem Lesen**
Wortschatz
Lesetext
Übungen zum Verständnis / zum Wortschatz /
zur Grammatik /
Aktivitäten

Chapter wrap-up: **Schlussgedanken**
Wussten Sie das schon?

- The **Einführende Gedanken** or **Einführende Fragen** activate students' background knowledge and raise questions about the general chapter theme. Responses to these thoughts and answers to these questions can be found in the readings and activities within the chapter.
- Opening each thematic subsection of the chapter, **Vor dem Lesen** introduces students to the subtopic and piques their interest in the reading selection(s).
- The **Wortschatz** presents the important active vocabulary of the **Lesetext**. Placed before the **Lesetext**, it helps students read the text with greater ease and better understanding, while reinforcing the acquisition of vocabulary.
- Presenting the primary context of the chapter, **Lesetext** consist of author-written descriptions of formalities, procedures, policies, and programs in the German business world as well as authentic texts, such as newspaper articles, graphics, and promotional materials that explain or illustrate the subtopic. For ease of reading, passive vocabulary is glossed in footnotes at the bottom of each page.
- The **Übungen zum Wortschatz** offer a variety of exercises with which students can check their comprehension of the information presented in the **Lesetext**. The **Übungen zum Verständnis** may be prepared by students as homework for in-class discussion.
- The **Übungen zum Wortschatz**, based primarily on the **Wortschatz** lists, are designed to help students' acquisition of the high-frequency vocabulary of business German texts.
- The **Übungen zur Grammatik** review those structures frequently encountered in German business language, such as passive construction, indirect questions, indirect discourse, extended modifiers, and the like. Frequent **Grammatiknotizen** offer a concise review of the

more complex grammatical structures. Business vocabulary is recycled throughout the exercises and in the **Grammatiknotizen**.

- Active mastery of German business language is promoted and developed through the **Aktivitäten**. Activities, designed for pairs and groups, include class reports, text summaries, interviews, role-plays, information gathering and discussions. In earlier chapters, the activities are more tightly structured and guided. With increased practice, students are given greater latitude to devise and carry out tasks. The activities are designed to encourage language production at the paragraph level with appropriate vocabulary and acceptable syntax.

- The **Schlussgedanken** serve as a confirmation that the students have attained the learning goals of the chapter. In this section, instructors are encouraged to develop their own chapter wrap-up based on the interests and ability of their students.

- **Wussten Sie das schon?** is a collection of cultural notes and observations that illustrate some common German attitudes and behavior patterns. It can be used as a point of departure for classroom discussion.

- A comprehensive German-English vocabulary (**Wortschatz**), containing the vocabulary of the **Lesetext**, appears at the end of the book.

- The following website accompanies all chapters in detail and offers interactive activities with several audio/video assignments: http://muskingum.edu/~modern/german/busgerm/cover.html. The website also provides many links - chapter by chapter - for a semester project. The websites open as PDF files, however, all links in the text are active.

Die Bundesrepublik Deutschland[1]

Blick auf Deutschland
Die Bundesländer

Reichstag in Berlin

Lernziele

In diesem Kapitel sehen wir uns Deutschland aus wirtschaftlicher Perspektive an. Sie werden etwas über die 16 Bundesländer und deren wirtschaftliche Bedeutung für Deutschland lernen. Lesen Sie den Text mit dem Ziel, Informationen herauszufinden, die für Sie von besonderem Interesse sind, sei es über das Finanzwesen oder die Warenproduktion, über die wirtschaftliche Infrastruktur oder das Agrarwesen, über die Ökologie oder den Tourismus. In den folgenden Kapiteln können Sie sich dann noch mehr auf Ihr spezielles Interessengebiet konzentrieren und Ihr Grundwissen und Fachvokabular erweitern.

---

1 http://www.muskingum.edu/~modern/german/busgerm/kapitel1.html

Einführende Fragen

Welche Rolle spielt Deutschland in der Weltwirtschaft?

Was sind Ihrer Meinung nach die Stärken der deutschen Industrie?

Was für Vor- und Nachteile hat Deutschland durch seine geographische Lage?

Vor dem Lesen

A. Sehen Sie sich die Bundeswappen der Bundesländer an.

Baden-Württemberg	Bayern	Niedersachsen	Berlin
Brandenburg	Bremen	Nordrhein-Westfalen	Hamburg
Hessen	Mecklenburg-Vorpommern	Sachsen	Sachsen-Anhalt
Schleswig-Holstein	Thüringen	Saarland	Rheinland-Pfalz

1. Welche Tiere finden Sie in den Wappen?
2. Welches Tier kommt am häufigsten vor?
3. Was für andere Embleme finden Sie in den Wappen?

B. Was wissen Sie schon?

1. Deutschlands Nachbarn heißen _____

_____

2. Die Bundeshauptstadt ist _____

3. Es gibt _____ Bundesländer.

4. Der Nationalfeiertag ist am _____

5. Deutschland war _____ Jahre geteilt.

LESETEXT 1 Blick auf Deutschland

Wortschatz

Substantive

Beschluss, der	decision
Erhaltung, die	maintenance
Hürde, die	obstacle
Patentanmeldung, die	registration of patents
Treuhandanstalt, die	trust agency
Voraussicht, die	foresight

Verben

bestehen aus + Dat.	to consist of
einläuten	to ring in
sanieren	to rehabilitate, to put back on its feet
sich befinden	to be located
sich belaufen auf + Akk.	to amount to
überwinden	to overcome

Adjektive und Adverbien

beauftragt	commissioned
ursprünglich	originally

Ausdrücke

einen Gewinn erzielen	to make a profit

Deutschland hat heute 82 Millionen Einwohner, darunter 6,7 Millionen Ausländer. Deutschland besteht aus 16 Bundesländern. Berlin ist die größte Stadt mit 3,4 Millionen Einwohnern, gefolgt von Hamburg mit 1,7 Millionen, dann München mit 1,3 Millionen, Köln mit einer Million, und zuletzt Frankfurt am Main mit 676.000 Einwohnern. Deutschland befindet sich geographisch mitten in Europa und hat die meisten Nachbarn von allen europäischen Ländern. Es ist ungefähr so groß wie Montana und teilt seine Grenzen mit neun Nachbarländern: Frankreich, der Schweiz, Österreich, Tschechien, Polen, Dänemark, den Niederlanden, Belgien und Luxemburg.

Die Bundesrepublik Deutschland ist eins der ursprünglichen sechs Gründungsmitglieder der Europäischen Union (EU). Der Beitrag Deutschlands zum EU-Haushalt beläuft sich auf 26,6 Milliarden Euro. Damit ist sein Beitrag höher als der irgendeines anderen EU-Staates. Seit 1955 ist Deutschland Mitglied in der NATO, seit 1973 Mitglied der UNO. Weiterhin gehört Deutschland der Organisation für Wirtschaftliche Zusammenarbeit und Entwicklung (OECD) an, sowie der Organisation für Sicherheit und Zusammenarbeit in Europa (OSZE) und der Weltbank und dem Internationalen Währungsfonds (IWF). Deutschlands Volkswirtschaft steht an erster Stelle in der Europäischen Union (EU) und auf Rang vier in der Welt.

Die Wiedervereinigung der beiden deutschen Staaten fand am 3. Oktober 1990 statt, heute als „Tag der Deutschen Einheit" bekannt. Wirtschaftlich galt es damals viele Hürden zu überwinden, um die Infrastruktur des Ostens auf den Stand des Westens zu bringen. Als sich die Mauer am 9. November 1989 „öffnete", erfüllte sich für viele Bürger der DDR ein Traum. Michael Gorbatschows weise politische Voraussicht „wer zu spät kommt, den bestraft das Leben" bei seinem Besuch zum 40sten Jahrestag der DDR läutete den Weg zur Wiedervereinigung ein.

Wirtschaftlich stellte die Wiedervereinigung große Herausforderungen an das Kapital im Westen. Die gesamte Infrastruktur der DDR musste neu aufgebaut werden, denn ihre Kapazität lag weit unter dem Niveau des Westens. Dazu gehören Städte, Telekommunikation, das Bildungswesen, Umwelt, Solarenergie, Tourismus und die Erhaltung von kulturellen Einrichtungen. Die Treuhandanstalt, die mit der Privatisierung von Betrieben beauftragt war, konnte keinen Gewinn erzielen. Die Kosten der Wiedervereinigung wurden 2009 auf 1,6 Billionen Euro geschätzt. Mit der Wiedervereinigung wurde Berlin – auf Beschluss des Deutschen Bundestages vom 20. Juni 1991 – wieder Hauptstadt Deutschlands.

Deutschlands Hauptindustriezweige sind Automobilbau, Maschinenbau, Elektrotechnik, Chemie, Umwelttechnologie, Feinmechanik, Optik, Medizintechnik, Bio- und Gentechnologie, Nanotechnologie, Luft- und Raumfahrt und Logistik. Ca. 500 ausländische Firmen sind in Deutschland präsent, die im Jahre 2007 630 Milliarden US-Dollar investierten. In Europa steht Deutschland mit seinen jährlichen Patentanmeldungen an erster Stelle. International liegt es neben den USA und Japan an dritter Stelle.

Übungen zum Verständnis

A. Geben Sie stichwortartige Antworten auf die folgenden Fragen.

1. Wie viele Einwohner hat Deutschland? _____

2. Wie heißen die vier deutschen Großstädte, die eine Million oder mehr Einwohner haben? _____

3. Aus wie vielen Bundesländern besteht Deutschland? _____

4. Deutschland ist ungefähr so groß wie welcher U.S. Bundesstaat? _____

5. Welches EU-Land zahlt höhere Beiträge zum EU-Haushalt als Deutschland?

6. Was wissen Sie über die Stärke der deutschen Volkswirtschaft?

7. Was für wirtschaftliche Probleme brachte die Wiedervereinigung mit sich?

_____

8. Warum war es wichtig, die wirtschaftliche Lage des Ostens zu verbessern?
   _____

9. Geben Sie einige Beispiele von Institutionen im Osten, die saniert werden mussten.
   _____

10. Welche Industriezweige spielen für die deutsche Wirtschaft eine bedeutende Rolle?
    _____

11. Geben Sie ein Beispiel für ausländische Investitionen in Deutschland.
    _____

12. Vergleichen Sie die deutschen Patentanmeldungen mit denen anderer Länder. _____

B. Finden Sie für jeden Absatz eine passende Überschrift.

_____

_____

_____

_____

Aktivitäten

Mündlicher Bericht. Fassen Sie den Inhalt des Lesetextes zusammen. Unterstreichen Sie zuerst in jedem Absatz die Wörter (Stichwörter), die Ihnen bei der Zusammenfassung helfen werden.

LESETEXT 2   Die Bundesländer

Vor dem Lesen

Was wissen Sie schon? Von welchem Bundesland ist hier die Rede?

1. Touristen strömen in die Hauptstadt dieses Bundeslandes, um das berühmte Oktoberfest zu erleben.

2. Mercedes und Porsche werden hier hergestellt.

3. Dieses nördlichste Land der Bundesrepublik grenzt an Dänemark.

4. Die Stadt dieses Bundeslandes hat den größten Flughafen Deutschlands.

5. Von diesem Bundesland aus können Sie eine Schiffsreise nach New York buchen.

6. Weil dieses kleine Bundesland so nah bei Frankreich liegt, ist Frankreich sein wichtigster Handelspartner.

7. Dieses am dichtesten bevölkerte Bundesland hat auch das größte Industriegebiet Europas.

8. In dieser Messestadt, der größten Stadt Deutschlands, die auch als Wirtschaftsstandort bekannt ist, finden wir das Baudenkmal, das als Symbol für das ehemalige geteilte Deutschland angesehen wurde.

Wortschatz

Substantive

Agrargebiet, das	farming area
Handelspartner, der	trade partner
Handwerk, das	small trade
Industriemesse, die	industrial fair
Industriestandort, der	industrial center / location
Knotenpunkt, der	junction
Lieferant, der	supplier
Quelle, die	source
Rohstoffverarbeitungsindustrie, die	raw material processing industry
Umweltschaden, der	environmental damage
Unternehmen, das	enterprise
Weinanbaugebiet, das	wine growing area
Werft, die	shipyard

Verben

basieren auf + Dat.	to be based on
bestehen aus	to consist of
erfahren	to experience
errichten	to establish
grenzen an + Akk.	to border (on)
leben von	to live on / by
rechnen mit	to count on
sich spezialisieren auf + Akk.	to specialize in
sich (etwas) überlegen	to consider (something)

Adjektive und Adverbien

dünn besiedelt	thinly populated
verkehrsgünstig	easily accessible

Ludwigsburg

Städtepartnerschaften: St. Louis (Missouri), Ann Arbor (Michigan), Astoria (Oregon), Bethlehem, York (Pennsylvania), Cleveland (Ohio), Madison (Wisconsin), Missoula (Montana), New Britain (Connecticut), Shiner (Texas), Waldorf (Maryland), Washington (Missouri), Worthington (Minnesota)

Baden-Württemberg liegt im Südwesten von Deutschland mit der Landeshauptstadt Stuttgart und einer Bevölkerung von 10,7 Mio.. Der Bodensee bildet die Grenze zur Schweiz. Die bekanntesten Städte sind Freiburg, Tübingen, Heidelberg, Karlsruhe, Friedrichshafen (Zeppelinmuseum), Mannheim und Stuttgart. Industriell ist Stuttgart international vertreten durch Firmen wie Bosch, Daimler und Porsche. Baden-Württemberg orientiert sich sehr am Export und deshalb finden pro Jahr mehr als 30 industrielle Messen statt, darunter auch Messen mit internationaler Orientierung. Die Werkzeug-Maschinenbau-Messe, die Wein- und Fruchtsafttechnologie-Messe, sowie High-Tech-Fachmessen ziehen mehrere Hundert Firmen aus internationalen Ländern an. Die großen Messen finden in Stuttgart, Friedrichshafen und Karlsruhe statt. Alle Messen des Landes werden auch auf einer spezifischen Webseite dargestellt. Maschinen- und Fahrzeugbau, Elektrotechnik, Datenverarbeitung und Metallindustrie repräsentieren die Kernindustrie der Wirtschaft. Die Kuckucksuhr, auch Schwarzwalduhr genannt, findet ihren Ursprung im 17. Jhdt. Auf dem Sektor Unternehmenssoftware finden wir Baden-Württemberg auf Rang 2 weltweit und als Nummer eins in Europa. Als Exportland rangiert Baden-Württemberg bundesweit an erster Stelle. Ein Fünftel des deutschen Exports wird in Baden-Württemberg produziert und nach Amerika exportiert. Die Eurozone importiert 43% aller Produkte, die in Baden-Württemberg produziert werden.

Bayern

http://www.bayern.de

Ramsau

Städtepartnerschaften:
Arlington (Texas), Aspen (Colorado), Bay City (Michigan), Cincinnati, Hudson, Vandalia (Ohio), Hackensack (New Jersey), La Crosse (Wisconsin), New Ulm, St. Cloud (Minnesota), Rochester (New York), South Bend (Indiana)

An Größe übertrifft Bayern alle anderen Bundesländer und hat auch deshalb das größte deutsche Agrargebiet. Mit seiner Bevölkerung von 12,5 Mio. liegt Bayern nach Nordrhein-Westfalen an zweiter Stelle. Die Automobilindustrie (BMW und Audi), MAN (Lastwagen und Busse), Maschinenbau und Elektrotechnik, Informations- und Kommunikationstechnologie (Siemens, Infineon, Microsoft), Biotechnologie, Energietechnologie, Medizintechnik machen Bayern zu einem international führenden Industriestandort. Beinahe ein Drittel der deutschen DAX Unternehmen (Deutscher Aktien Index) hat Niederlassungen in Bayern. International bekannte Firmen wie General Electric, Sandoz, Roche oder Pfizer haben sich in Bayern niedergelassen. Das enorme Wirtschaftswachstum in Bayern lässt sich am Export messen, denn allein im Jahre 2009 exportierte Bayern mehr als Brasilien, Schweden oder Australien. Die European Aeronautic Defense and Space Company (EADS) ist ein Luft- und Raumfahrt Unternehmen, das weltweit an zweiter Stelle steht. Die weltweit bekannte Versicherung Allianz hat ihr Hauptquartier in München. Adidas ist als Hersteller und Ausstatter von Sportartikeln in der ganzen Welt bekannt. Bayern liegt auch sehr verkehrsgünstig. Der ICE, der Franz-Josef-Strauss-Flughafen, sowie ein sehr gut ausgebautes Autobahnnetz ermöglichen einen reibungslosen Ablauf für Güter, Tourismus und Verkehr. Nürnberg ist durch seine jährliche Spielwarenmesse bekannt. Hochwertiges Porzellan wie Rosenthal und Hutschenreuther kommen aus Ostbayern. Weltbekannt ist Bayern auch durch seine Bierbrauereien.

Potsdamer Platz

Städtepartnerschaft: Los Angeles (California)

Berlin ist seit 1990 wieder die Hauptstadt Deutschlands. Die Stadt ist flächenmäßig so groß wie München, Frankfurt am Main und Stuttgart zusammen. Mit 3.442.700 Mio. Einwohnern ist Berlin die größte Stadt Deutschlands und auch ein Bundesland. Seit 1999, dem Umzug der Regierung von Bonn nach Berlin, hat Deutschland nun auch wieder eine Metropole, die dem europäischen Standard entspricht. Berlin als Wirtschaftsstandort umfasst Tourismus, Biotechnologie[2], Medizintechnik[3], pharmazeutische Industrie[4], Medien/Informations- und Kommunikationstechnologie[5], Verkehrssystemtechnik (Logistik), Optik, sowie Energietechnik. Berlin gilt als Pharmahauptstadt, denn die ortsansässigen pharmazeutischen Unternehmen sind am Gesamtumsatz der Pharmaindustrie mit 13% beteiligt. Mehr als 20 Betriebe haben sich in Berlin niedergelassen. Als Messestadt ist Berlin besonders beliebt. Die „bautec" – Internationale Baufachmesse, die YOU – Europäische Jugendmesse für Outfit, Sport und Lifestyle, die größte Tourismusmesse Deutschlands, die Internationale Funkausstellung (World of Consumer Electronics), sowie die Internationale Grüne Woche (Ausstellung für Ernährungswirtschaft, Landwirtschaft und Gartenbau), und die größte deutsche Luftfahrtmesse ILA ziehen jährlich viele Besucher an. Die Siemens AG hat neben München einen Hauptsitz in Berlin. Die Deutsche Bahn lag im Jahre 2015 auf Rang 197 bei den *Fortune Global 500*. Viele Verlage, darunter der Berliner und Axel Springer Verlag haben ihren Hauptsitz in Berlin.

---

2 Firmen: Metanomics, Jerini, Glycotope, Silence Therapeutics und Epigenomics

3 Firmen: Biotronik, B. Braun Melsungen, Berlin Heart, Eckert und Ziegler und World of Medicine

4 Pfizer hat seine Deutschlandzentrale nach Berlin verlegt. Gleichfalls ansässig in Berlin sind Unternehmen wie Bayer Schering Pharma, Bausch & Lomb, B. Braun Melsungen, Berlin-Chemie, Biotronik und Sanofi-Aventis. Die Charité, Europas größtes Universitätsklinikum, das Max Delbrück Centrum für Molekulare Medizin und das Deutsche Herzzentrum Berlin sind die Kernstücke der Forschung und Wissenschaft in Berlin.

5 Firmen: Deutsche Telekom, Siemens, IBM, Sony, COLT Telecom und TENOVIS

Brandenburg

http://www.brandenburg.de

Schloss Sanssouci

Städtepartnerschaften: Huber Heights (Ohio), Sioux Falls (South Dakota)

Rund um Berlin liegt das Bundesland Brandenburg mit der Hauptstadt Potsdam und einer Bevölkerung von 2.511.500. Großartige Naturschutzgebiete erstrecken sich über ein Drittel des Landes. Industriell findet man in Brandenburg Stahlwerke, eine Mercedes-Benz Fabrik, Luftfahrttechnik und Raumfahrtindustrie, Solarfirmen, Braunkohleabbau, sowie Land- und Forstwirtschaft. In Deutschland gilt Brandenburg als bevorzugter Biotech-Standort mit mehr als 150 Unternehmen und nimmt auch europaweit eine Vorrangstellung ein[6]. Das Verkehrsnetz von Brandenburg überkreuzt sich mit dem von Berlin. Ebenfalls profitiert Brandenburg von den Berliner Flughäfen und Wasserstraßen. Berlin/Brandenburg liegt auch im Fadenkreuz der Horizontalen Moskau, Warschau und Paris sowie der Vertikalen Stockholm, Prag und Wien. Das Nachbarland Polen fördert Import und Export. Kulturell bedeutsam ist das Schloss Sanssouci, das auf der UNESCO Weltkulturerbeliste zu finden ist.

---

6 Andere Industriezweige erstrecken sich auf Verkehrstechnik, Mikrosystemtechnik, Energie- und Bautechnik, Elektronik, Optik, Chemie, Umwelttechnik, Life Sciences und erneuerbare Energien.

Städtepartnerschaft: Baltimore (Maryland)

Bremen ist das kleinste Bundesland und besteht aus zwei Städten. Die Bevölkerung von Bremen und Bremerhaven sowie dem Land Bremen beläuft sich auf 661.589. Die beiden Städte liegen in einer Entfernung von 53 km. Bremerhaven bindet Bremen direkt an die Nordsee an und fördert damit den Export. Bremen steht somit im Außenhandel neben Hamburg an zweiter Stelle. Export- und Importartikel sind Fisch-, Fleisch- und Molkereiprodukte, Tee, Baumwolle, Reis, Tabak, Wein und Zitrusfrüchte. Besonders der Kaffeeimport und Autoexport spielen eine wichtige Rolle. Der Container Terminal in Bremerhaven ist weltweit bekannt. Seine Stellfläche ist im Guiness Buch der Rekorde eingetragen. In Bremen finden wir Industrien wie Automobilindustrie (Mercedes), Airbusproduktion, Raumfahrtindustrie (EADS), Kaffee (Melitta) und Brauereien (Becks, Haake-Beck), Offshore-Windenergiewirtschaft, sowie Nahrungs- und Genussmittelindustrie. Der Flughafen Bremen bietet ausgezeichnete internationale Verbindungen für den Tourismus, Privatreisende und Geschäftsreisende[7]. Die Verbindung Bremen-Toulouse ist auch enorm wichtig für die AIRBUS Industrie, da immer wieder neue Teile ein- und ausgeflogen werden müssen.

---

7 Lufthansa, Air France, KLM, Air Berlin, OLT, XL Airways, Bulgarian Air Charter, Blue Wings, Tunis Air, Air Via, Sun Express, Hamburg International Airlines und Ryanair

Hamburg

http://www.hamburg.de/

Container Terminal
Burchardkai

Städtepartnerschaft: Chicago (Illinois)

„Deutschlands Tor zur Welt"

Hamburg ist wie Berlin und Bremen zugleich eine Stadt und ein Bundesland. Mit 1.774.224 Mio. Einwohnern steht Hamburg nach Berlin mit seiner Bevölkerung und Fläche an zweiter Stelle in der Bundesrepublik. Die Hansestadt Hamburg gilt auch heute noch als wichtigster Seehafen der Bundesrepublik und drittgrößter Seehafen Europas, und weltweit steht er auf Rang acht. Hamburg hat den weltweit modernsten Containerterminal „Altenwerder" im Hamburger Hafen. Nach London ist Hamburg der Reedereistandort Nr. 2 in Europa sowie Sitz des Internationalen Seegerichtshofs der Vereinten Nationen. Seit der Wiedervereinigung und dem EU-Beitritt der osteuropäischen Länder hat Hamburg im Außenhandel eine Wirtschaftsregion erschlossen, in der mehr als 50 Millionen Menschen leben. Wirtschaftszweige umfassen Logistik, Werften, Raffinerien, Banken, Medien, Luftfahrtindustrie, Chemie, Rohstoffverarbeitungsindustrien, Medien, Banken, Konsumgüterindustrie, Elektrotechnik, Maschinen-, Fahrzeug- und Schiffbau, Mineralölwirtschaft und Versicherungen. Verkehrsmäßig ist Hamburg nicht nur auf der Schiene erreichbar, sondern auch über seinen Flughafen, der der fünftgrößte Deutschlands ist.

Städtepartnerschaften: Brookfield (Wisconsin), Wilmington (Delaware)

Frankfurt am Main

Hessen liegt im Rhein-Main Gebiet und seine Bevölkerung beläuft sich auf ca. 6 Mio. Einwohner. Die Landeshauptstadt Wiesbaden und Frankfurt am Main liegen nach Berlin im größten wirtschaftlichen Ballungsraum Deutschlands. Frankfurt gilt als eine der verkehrsreichsten Schnittstellen in Europa mit dem Frankfurter Kreuz, Frankfurter Hauptbahnhof und dem Frankfurter Flughafen, dem größten in der Bundesrepublik. In Europa steht er als Frachtflughafen an zweiter Stelle und als Passagierflughafen an dritter Stelle. Die Deutsche Lufthansa hat ihren Standort in Frankfurt. Hier befinden sich die Europäische Zentralbank, sowie die meisten deutschen Großbanken wie die Deutsche Bundesbank, die Deutsche Bank und die Commerzbank sowie viele ausländische Banken. Der Industriestandort der Pharmakonzerne Sanofi-Aventis, Merck KGaA (EMD in den USA) und der Autoindustrie Opel (GM) steigert die Standortqualität dieser Wirtschaftsmetropole. Die Deutsche Börse und die drittgrößte Wertpapierbörse Europas befinden sich auch hier. Versicherungen haben sich primär in Wiesbaden niedergelassen. Die Lederindustrie hat sich in Offenbach angesiedelt. Feinmechanische Werke wie Leitz, Leica und Zeiss finden wir in Wetzlar. Das Volkswagenwerk Kassel ist nach dem Stammhaus in Wolfsburg das zweitgrößte Werk in Deutschland. Bombardier Transportation, ein kanadisches Unternehmen in Kassel, stellt Lokomotiven und Schienenfahrzeuge aller Art her. Internationale Messen wie die Internationale Automobil Ausstellung und die Buchmesse finden jedes Jahr statt. Als Vision für die Zukunft sieht Hessen seine Wirtschaftspolitik besonders in diesen Wirtschaftszweigen: Biotechnologie, Pharmazeutika, Medizintechnik, Gesundheit, Informations- und Kommunikationstechnologie, Umwelttechnologie und Nanotechnologie. Hessische Industrieunternehmen sind weltweit vertreten. Mehr als 50% ihres Umsatzes erwirtschaften diese Firmen im Ausland.

Mecklenburg-Vorpommern

http://www.mecklenburg-vorpommern.eu

Schloss Schwerin

Städtepartnerschaft: Raleigh (North Carolina)

Mecklenburg-Vorpommerns Bevölkerung mit der Landeshauptstadt Schwerin beläuft sich auf 1.652.000 Mio. und übertrifft damit das Saarland und Bremen. Die wichtigsten Städte sind die Hansestadt Rostock, Stralsund, Greifswald und Neubrandenburg. Das Binnenland ist sehr dünn besiedelt. Die Wirtschaftsstruktur umfasst die Bereiche Wind- und Solarenergie, maritime Industrie (Reederei und Werften), Fischerei, Land- und Forstwirtschaft sowie die Lebensmittelindustrie. Wie in Niedersachsen plant man Offshore-Windparks. Der erste sich im Aufbau befindende Windpark soll 50.000 Haushalte mit Strom beliefern. Fährverbindungen existieren nach Schweden, Dänemark und Finnland. Die primären Handelspartner, gemessen am Import und Exportvolumen, sind Dänemark, Russland, Holland, England und Polen, gefolgt von Frankreich, Schweden, Belgien, Finnland und Italien. Der Ostseeraum bietet einen riesigen Absatzmarkt von ca. 85 Millionen Menschen. Der kostengünstige maritime Transport kommt der Außenwirtschaft zugute. Jährlich finden mehrere Messeausstellungen statt. Besonders besucht ist die MeLa, die sich auf Landwirtschaft und Ernährung, Fischwirtschaft, Forst, Jagd und Gartenbau konzentriert. Das Bundesland fördert auch außerhalb von Mecklenburg-Vorpommern die Repräsentation der eigenen Industrie, etwa bei der Grünen Woche in Berlin oder der Computerfachmesse CeBit in Hannover.

Niedersachsen

http://www.
niedersachsen.de/

Windmühle in Friesland

Städtepartnerschaften: Omaha (Nebraska), Centerville, Toledo (Ohio), Coldwater (Michigan), Keene (New Hampshire), Lakewood (Colorado)

Niedersachsens Bevölkerung von knapp 8 Mio. positioniert das Bundesland auf Rang 4 und flächenmäßig nach Bayern auf Rang 2 bundesweit. Der Wirtschaftsstandort macht es möglich, 90 Mio. EU Bürger in fünf Stunden mit einem LKW zu erreichen. Die maritimen Häfen sind exportorientiert und zwar in Richtung USA und Asien. Die niedersächsischen Häfen rangieren auf Platz zwei in den Umschlagsstatistiken. Der Flughafen Hannover ist eine Drehscheibe für den Handel mit Osteuropa und den GUS-Staaten. Er rangiert in Deutschland an zweiter Stelle. Die CeBIT[8] und die Hannover Messe, die größte Industriemesse der Welt, finden jährlich statt. Daneben bietet das Messegelände Raum für weitere 14 Messen. Kreuzfahrtschiffe werden in Papenburg gebaut. Werftstandorte sind ferner Leer, Emden, Wilhelmshaven, Cuxhaven, Berne und Lemwerder. Niedersachsen steht beim Schiffbau auf Rang Nr. 1 in der Bundesrepublik. Innerhalb eines Jahres (2009) produzierten die Werften in Niedersachen allein 20 Schiffe. Die Volkswagen AG hat ihren Hauptsitz in Wolfsburg mit Zweigwerken in Emden, Braunschweig und Salzgitter. Salzgitter ist ein weiterer wichtiger Industriestandort mit dem Stahlkonzern Salzgitter AG und den Robert Bosch und MAN Werken. Die Continental AG, Marktführer in der deutschen Reifenproduktion, hat ihren Sitz in Hannover. Wirtschaftsdelegationen des Bundeslandes besuchen internationale Fachmessen, um potentielles Wirtschaftswachstum und Arbeitsplätze zu schaffen. Die Binnenwasserstraßen wie der Mittellandkanal verbinden West- und Osteuropa.

---

8 Centrum für Büro-und Informationstechnik.

Nordrhein-Westfalen

http://www.nrw.de/

Düsseldorf

Städtepartnerschaften: Abilene (Texas), Arlington (Virginia), Belleville (Illinois), Buffalo (New York), Charlotte (North Carolina), Chattanooga (Tennessee), Fresno (California), Hagerstown (Maryland), Kirkland (Washington), La Grange (Texas), Quincy (Illinois), St. Marys (Ohio), Santa Monica (California)

Mit einer Bevölkerung von 18 Mio. Einwohnern und der Landeshauptstadt Düsseldorf hat kein anderes Bundesland so viele Einwohner wie Nordrhein-Westfalen. Es leben mehr Menschen hier als in den Niederlanden, Belgien, Tschechien, Ungarn und Schweden. Nordrhein-Westfalen gilt als wichtigster Industriestandort bundesweit und man spricht auch von einer Metropolregion, in der sich 37 der 100 größten deutschen Unternehmen niedergelassen haben. Knapp ein Drittel ausländischer Investitionen wird in die Wirtschaft Nordrhein-Westfalens investiert. Nach einer Umfrage von Ernst & Young gilt Deutschland als attraktivstes Investitionsland in Europa und erscheint weltweit an fünfter Stelle. Zwei internationale Flughäfen, Düsseldorf-Lohausen und Köln/Bonn sowie vier weitere Flughäfen stehen Passagieren wie auch der Luftfracht zur Verfügung. Autobahnen, Wasserstraßen und die Schiene ermöglichen gute und schnelle Verbindungen für Güter und Passagiere. Duisburg hat den größten Binnenhafen der Welt. Weltweit stehen Nordrhein-Westfalens Messen an erster Stelle mit den Standorten Köln, Düsseldorf, Essen und Dortmund. Die Automobilindustrie ist mit Ford in Köln, Opel in Bochum und Daimler in Düsseldorf vertreten. Es gibt auch viele Bierbrauereien in Nordrhein-Westfalen.

Burg Pfalzgrafenstein

Städtepartnerschaften: Mobile, Cullman (Alabama), Manchester (New Hampshire), Louisville (Kentucky), Frederick (Maryland), Fort Worth (Texas), Bonita Springs (Florida), Austin (Texas)

Mit der Landeshauptstadt Mainz, einer Bevölkerung von mehr als 4 Mio., den Tälern des Rheins und der Mosel, gehört Rheinland-Pfalz zu dem wichtigsten Weinanbaugebiet Deutschlands. Mehr als 65% der gesamten deutschen Weinernte wird hier produziert. Von den 13 deutschen Weinbaugebieten befinden sich sechs in Rheinland-Pfalz[9]. Das Bundesland exportiert 46% seiner Inlandsprodukte, was zu einer Verdoppelung des Umsatzes der Industrie geführt hat. 36% der Fläche des Bundeslandes wird für landwirtschaftliche Zwecke genutzt. Das Chemiewerk BASF in Ludwigshafen sowie der Pharmakonzern Boehringer Ingelheim sind die größten Arbeitgeber des Landes. Opel baut Fahrzeuge in Kaiserslautern. Daimler betreibt in Wörth das größte LKW Montagewerk Europas. Die Firma Stabilus GmbH ist Weltmarktführer von Gasdruckfedern und produziert an 10 internationalen Standorten. Die Firma Schottel ist international bekannt für Schiffsantriebssysteme, Bitburger ist eine der größten Bierbrauereien, Geroldsteiner Brunnen wird in 30 Länder exportiert. Die Firma steht auf der Weltrangliste von Mineralwasserproduzenten auf Platz eins.

---

9 Rheinhessen, Pfalz, Mosel-Saar-Ruwer, Nahe, Mittelrhein und Ahr

Das Saarland

http://www.saarland.de/

Saarschleife

Das Saarland grenzt an Frankreich und Luxemburg. Seine Nordsüdachse ist lediglich 59 km lang und seine Westostachse 78 km. Seine Bevölkerung beträgt 1.022.585 Mio.. Die Landeshauptstadt Saarbrücken liegt an dem Fluss Saar und der französischen Grenze. Die Wirtschaft stützt sich auf die Automobilindustrie (Ford), den Maschinenbau und Autozulieferer, die Stahlindustrie sowie Metallverarbeitung. Die Manufaktur von Keramik befindet sich seit über 250 Jahren in den Händen der Familie Villeroy & Boch. Der Flughafen Saarbrücken ist zusammen mit Erfurt der kleinste der 16 internationalen Flughäfen in Deutschland. Messeausstellungen konzentrieren sich auf fünf Standorte[10], wobei das Messeportal vom Saarland genauere Auskunft vermittelt.

---

10 Messe Bexbach-Messe Dillingen-Messe-Saarbrücken-Messe St. Ingbert-Messe Überherrn

Die Elbe in der
sächsischen Schweiz

Städtepartnerschaften: Akron, Columbus, Portsmouth (Ohio), Houston (Texas), Running Springs (California)

Sachsen mit der Landeshauptstadt Dresden hat eine Bevölkerung von 4.171.000 Mio.. Die Wirtschaft konzentriert sich auf Ballungsräume[11], die unter dem Stichwort Sachsendreieck bekannt geworden sind. Der Freistaat Sachsen unterhält mit mehr als 30 internationalen Ländern wirtschaftliche Kontakte. Meißen ist als Porzellanmanufaktur weltbekannt. Mit der Messestadt Leipzig verbindet sich auch ein Zentrum des Verlagswesens. Die Automobilindustrie mit drei Standorten von VW[12], mit Werken von Porsche und BMW in Leipzig steigert den Umsatz. Zusätzlich werden über 500 Autozulieferer in der Statistik geführt. Unternehmen in der Bahnindustrie produzieren Lokomotiven, Waggons und Triebwagen. Der Flugzeugbau erfolgt durch die Elbe Flugzeugwerke.

---

11 Leipzig-Halle, Chemnitz-Zwickau und Dresden
12 Zwickau, Chemnitz, Dresden

Sachsen-Anhalt

http://www.sachsen-anhalt.de

Quedlinburg

Städtepartnerschaften: Springfield (Ohio), Nashville (Tennessee), Anderson (Indiana)

Das Bundesland Sachsen-Anhalt mit der Landeshauptstadt Magdeburg hat 2.246 Mio. Einwohner. Unter den 16 Bundesländern liegt Sachsen-Anhalt mit seiner Bevölkerung auf Platz 10. Sachsen-Anhalt ist über die Binnenschifffahrt (Elbe, Saale, dem Mittellandkanal und dem Elbe-Havel-Kanal) an die norddeutschen Seehäfen angebunden. Sachsen-Anhalt profitiert auch von der Bahnverbindung Nürnberg-Berlin. Die Landwirtschaft nutzt über 66% des Landes. Deshalb findet man auch hier die Branchenvertreter der Nahrungsmittelindustrie. Die Firma Bayer ist in Bitterfeld angesiedelt und der US-Flachglashersteller Guardian Industries in Wolfen. Industriell hat sich das Bundesland seit der Wiedervereinigung stark entwickelt. Heute finden wir Automobilzuliefererindustrie für VW, BMW, DaimlerAG und Porsche), Bergbau, Bauindustrie, Bio- und Gentechnologie, chemische Industrie, pharmazeutische Industrie, Post- und Telekommunikation, die Tourismuswirtschaft und viele andere Branchen. Das mitteldeutsche Chemiedreieck verbindet die chemische Industrie mit sieben Städten. Sachsen-Anhalt exportiert Kunststoffe, Kupfer, Eisen-, Blech- und Metallwaren, chemische und pharmazeutische Erzeugnisse.

Holstentor

Städtepartnerschaft: Rockville (Maryland)

Schleswig-Holstein ist das nördlichste Bundesland mit der Landeshauptstadt Kiel und einer Bevölkerung von 2.832.232. Es liegt zwischen Nord- und Ostsee. Die Vogelfluglinie verbindet Schleswig-Holstein mit seinem Nachbarland Dänemark. Der Nord-Ostsee-Kanal mit einer Länge von 98,6 km ist enorm wichtig für die Wirtschaft des Landes und der verkehrsreichste Kanal der Welt. Forschung und Wissenschaft an den Hochschulen konzentrieren sich auf Medizintechnik, Biotechnologie, Meereswissenschaften oder Informations- und Kommunikationstechnologien. Sieben Schiffswerften tragen zum Umsatz der maritimen Wirtschaft bei. Über 30 Häfen stehen der Handelsmarine und Passagieren zur Verfügung. Offshore-Windparks erzeugen den Strom für ein Drittel der Bevölkerung. Den wichtigsten Beitrag zum Bruttoinlandsprodukt leisten die Sektoren Dienstleistungen und verarbeitendes Gewerbe, insbesondere der Bereich Maschinenbau. Schleswig-Holstein ist neben den sportlichen Attraktionen (Kieler Woche, Surf World Cup Sylt, Kitesurf World Cup) auch als Messeland bekannt. Die Chemieindustrie ist durch den Chemcoast-Park Brunsbüttel vertreten. Das größte Ölfeld Deutschlands, Mittelplate, liegt vor der Küste Schleswig-Holsteins. Auch in einem Kooperationsvertrag mit den unmittelbaren Nachbarn hat sich Schleswig-Holstein wirtschaftlich und politisch profiliert. Die „Southwestern Baltic Sea TransRegional Area – Implementing New Geography"[13] regelt die Zusammenarbeit der Sektoren Umwelt- und Klimaschutz, Schiffssicherheit, erneuerbare Energien, Forschung und Wissenschaft, Biotechnologie, Verkehrsplanung und maritime Wirtschaft.

13 Schleswig-Holstein, Hamburg, Seeland, die Hauptstadtregion Kopenhagen und Skåne

Thüringen

http://www.thueringen.de/

Wartburg

Städtepartnerschaften:
Fort Wayne (Indiana), Berkeley (California), Blue Ash (Ohio), Bowling Green (Kentucky), Waverly (Iowa), Weimer (Texas)

Thüringen mit der Landeshauptstadt Erfurt und einer Bevölkerung von 2.251.000 gilt als „Deutschlands grünes Herz". Das Land wurde durch Jenaer Glas und den Mechaniker Carl Zeiss weltbekannt. Vor der Wiedervereinigung wurde hier das in der DDR populäre Automodell „Wartburg" gebaut, und jetzt sind die Opelwerke dort vertreten. Die größten Arbeitgeber sind die Deutsche Bahn, die Deutsche Post und die Deutsche Telekom. Maschinen- und Fahrzeugbau gibt es in Eisenach. Glas, Keramik, Spielwaren, Holz und Textilien und Metallverarbeitung sind die wichtigsten Industriezweige. Das Thüringer Schiefergebirge und der Thüringer Wald sind beliebte Erholungsgebiete und ein wichtiger Teil der Wirtschaft. Braunkohlekraftwerke liefern seit Jahren Strom. Energie wird auch durch Talsperren erzeugt. Thüringen hat außerdem viele Trinkwassertalsperren und versorgt sogar angrenzende Bundesländer.

Übungen zum Verständnis

A. Sind die folgenden Aussagen über den Lesetext richtig (R) oder falsch (F)? Wenn eine Aussage falsch ist, geben Sie die richtige Antwort.

1. _____ Das kleinste Bundesland ist Schleswig-Holstein.

2. _____ Bayern ist das größte Bundesland.

3. _____ Baden-Württemberg hat außer der Industrie auch viele touristische Attraktionen.

4. _____ Frankfurt ist ein Finanzzentrum.

5. _____ Niedersachsen hat exportorientierte Seehäfen.

6. _____ Der Mittellandkanal ist eine Wasserstraße.

7. _____ Der Nord-Ostsee-Kanal verbindet Deutschland mit Dänemark.

8. _____ Die meisten deutschen Weine kommen aus dem Rhein-Mosel-Gebiet.

9. _____ Mecklenburg-Vorpommern leidet an Wasserarmut.

10. _____ Mercedes-Benz hat eine Niederlassung in Brandenburg.

11. _____ Berlin gilt als Pharmahauptstadt.

12. _____ Bremerhaven ist ein Binnenhafen und kein Seehafen.

13. _____ Das Saarland grenzt an Frankreich.

14. _____ Nur Hamburg ist zugleich eine Stadt und ein Bundesland.

15. _____ Nordrhein-Westfalen hat von allen Bundesländern die meisten Einwohner.

B. Von welchem Bundesland ist hier die Rede?

1. der Ostseeraum _____

2. das Land der Bierbrauereien _____

3. High-Tech und Kuckucksuhren _____

4. Küstenfischerei an Nord- und Ostsee _____

5. größter europäischer Industriestandort _____

6. das Land rund um die Bundeshauptstadt _____

7. Standort der Chemie und Braunkohle _____

8. das kleinste Bundesland _____

9. dichtbesiedeltes Land mit berühmten Messen und Buchverlagen _____

10. Deutschlands Tor zur Welt _____

11. Knotenpunkt des Luftverkehrs, der Auto- und Eisenbahnen _____

12. Industrielandschaft an der Saar _____

13. Sitz der Volkswagen AG _____

14. Größtes Industriegebiet Europas _____

15. Berühmtes Weinbaugebiet _____

C. Was passt zusammen?

1. Meißener Porzellan		a. Hannover
2. Zeiss Optik		b. Sachsen
3. BASF		c. Hamburg
4. Bosch, Daimler, Porsche		d. Jena
5. Verkehrsknotenpunkt		e. Bremerhaven
6. Container Terminal		f. Wartburg
7. „Deutschlands Tor zur Welt"		g. Baden-Württemberg
8. Größtes Bundesland		h. Frankfurt
9. Größte Industriemesse der Welt		i. Rheinland-Pfalz
10. Bundeshauptstadt		j. Berlin
11. Land der tausend Seen		k. Bayern
12. Thüringen		l. Mecklenburg-Vorpommern

D. Beantworten Sie die Fragen und begründen Sie Ihre Antworten.

1. Ihre Firma, die Surfbretter herstellt, möchte eine Branche in der Bundesrepublik eröffnen. In welchem Bundesland wären die Verkaufschancen am besten?

   _____

2. Sie sind als Tourist/Touristin in Deutschland und wollen Ihrer Mutter eine Kuckucksuhr mitbringen, wenn Sie wieder in die USA zurückkehren. In welchem Bundesland finden Sie wohl die beste Auswahl?

   _____

3. Ihre Tante Frieda ist zur Kur in Wiesbaden. Sie wollen sie besuchen. In welches Bundesland müssen Sie reisen?

   _____

4. Sie lieben die Berge und wollen eine Woche im Hochgebirge verbringen. In welches Bundesland werden Sie reisen?

   _____

5. Ihr deutscher Freund Rolf arbeitet in einer Reederei. Er sagt: „Ich arbeite in einem sehr kleinen Bundesland, aber es hat den größten Fischereihafen." Wo ist er?

   _____

6. Sie wollen in der Nähe von Berlin arbeiten, aber nicht in der Stadt selbst. In welchem Bundesland werden Sie sich wohl niederlassen?

   _____

7. Weg von der Industrie! Weg von den vielen Menschen! Sie suchen Natur, Seen, Wälder, das Meer! Wohin möchten Sie ziehen?

   _____

8. Sie sind Unternehmer in der Pharmaindustrie. Sie lieben die Atmosphäre einer Weltstadt. Welcher Standort würde Sie interessieren?

_____

9. Sie wollen bei Volkswagen arbeiten. Wohin werden Sie ziehen? Sie haben eine Auswahl.

_____

10. Für Ihr Importgeschäft in den USA wollen Sie Meißener Porzellan importieren. Da Sie gern mit dem Osten Deutschlands Handelsbeziehungen hätten, besuchen Sie welches Land?

_____

Aktivitäten

A. Partnergespräch.

1. Sie kennen jetzt mehrere charakteristische Merkmale der verschiedenen Bundesländer. Füllen Sie die Informationstabelle zusammen mit einem Partner / einer Partnerin aus.

Merkmale	Bundesländer / Städte
Versicherungen	
High-Tech-Fachmessen	
	Berlin
Industriemesse	
Verkehrsknotenpunkt	
	Thüringen
Landwirtschaftliche Produkte	
Binnenhafen	
	Sachsen
Frankreichs wichtigster Handelspartner	
	Rheinland-Pfalz
ein riesiger Absatzmarkt	

2. Sie haben vor, im nächsten Sommer das Bundesland Ihrer Wahl zu besuchen. Ihr Partner / Ihre Partnerin ist brennend an Ihrer Wahl interessiert und möchte Folgendes wissen:
   - geographische Lage
   - Klima
   - Sehenswürdigkeiten
   - landschaftliche Schönheiten (Wälder, Seen usw.)
   - wirtschaftliche Bedeutung
   - Sportmöglichkeiten und Erholungsgebiete

B. Mündlicher/schriftlicher Bericht. Entscheiden Sie sich, wofür Sie sich am meisten interessieren, z.B. Landwirtschaft, Finanzwesen usw. und wählen Sie dann das Bundesland (oder die Länder), das Ihren Interessen am meisten entgegenkommt. Bereiten Sie dann mit Hilfe des Internets einen mündlichen oder schriftlichen Bericht vor, den Sie in Ihrem Kurs vortragen.

Schlussgedanken

- Die sechzehn deutschen Bundesländer unterscheiden sich in vieler Hinsicht, sei es geographisch, wirtschaftlich, in kultureller Tradition oder in ihrer Anziehungskraft auf Touristen. Finden Sie ähnliche Unterschiede in den Regionen Ihres Landes?
- Vergleichen Sie die geographische Lage und Bevölkerungsdichte Deutschlands mit denen Ihres Landes. Welche Probleme, die für Ihr Land nicht so sehr von Bedeutung sind, ergeben sich daraus für Deutschland?

Wussten Sie das schon?

- Deutsche Familien ziehen nicht oft um. Mehrere Generationen einer Familie leben oft in demselben Gebiet.
- Die Deutschen schätzen ihr Heim sehr. Man hat es entweder geerbt oder selbst bauen lassen und wird wahrscheinlich sein Leben lang darin wohnen bleiben. Der Garten wird sorgfältig gepflegt und der ganze Besitz mit einer Hecke oder einem Zaun umgeben. Eine feste, solide Haustür und Rolläden sorgen dafür, dass der Hausbesitzer vor fremden Augen und Ohren geschützt ist.
- Die Intimsphäre ist den Deutschen äußerst wichtig. Nachbarn besuchen sich nicht regelmäßig. Dicke Wände sorgen für Ruhe. Türen werden in Privathäusern und in öffentlichen Gebäuden geschlossen, weil eine offene Tür einen unordentlichen Eindruck macht. Man hält vom Gesprächspartner einen größeren Abstand, als es in vielen anderen Ländern der Fall ist. Man vermeidet unbeabsichtigten körperlichen Kontakt.
- Die Deutschen lieben es, im Freien zu sein. In einem Land, das nicht größer ist als Montana (Einwohnerzahl weniger als 1 Million) wollen sich mehr als 82 Millionen Menschen an der Natur erfreuen. Wälder und Parks werden liebevoll gepflegt und von den Spaziergängern sauber gehalten.
- Die deutschen Bundesbürger geben den größten Teil ihres Freizeitgeldes für Urlaub aus. An zweiter Stelle stehen die Ausgaben für ein Auto und an dritter Stelle Sport und Camping.
- Das beliebteste Reiseziel der Deutschen ist Spanien. Danach kommen Italien und die Türkei. Fast die Hälfte der deutschen Reiseausgaben fällt auf diese drei Länder.
- Die Bundesrepublik gibt immer mehr Geld für Forschung und Entwicklung aus. Man betrachtet diese Ausgaben als Investitionen in die Zukunft.

Die Europäische Union[1]

Von der EWG zur EU. Ein historischer Überblick
Die EU von heute
Studieren und arbeiten in der EU
Der Europass
Die Schweiz. Mitten in der EU und kein EU-Land
Ein Modell für die Welt von morgen
Vorteile für die neuen EU-Länder
Nachteile bei der Aufnahme neuer EU-Länder
Der EURO als stabile Währung
Vorteile des EURO

Lernziele

In diesem Kapitel werden Sie etwas über den geschichtlichen Hintergrund der Europäischen Union erfahren und über ihre Aufgaben und ihre Pläne für die Zukunft. Sie werden sich Gedanken machen über die Aufnahme von Nationen in die EU, die wirtschaftlich nicht von so großer Bedeutung sind, und ob wir die EU als Zukunftsmodell wirtschaftlicher und politischer Zusammenarbeit ansehen dürfen.

1 http://www.muskingum.edu/~modern/german/busgerm/Die%20EU.pdf

Einführende Gedanken

Die USA, Japan und China sind bedeutende Wirtschaftsmärkte. Wie kann man wirtschaftlich eine Konkurrenz aufbauen?

Die EU ist mit über 500 Millionen Verbrauchern die größte Handelsmacht weltweit.

Die EU exportiert bei weitem mehr als die USA oder Japan.

Die EU importiert ungefähr so viel wie die USA und drei Mal so viel wie Japan.

LESETEXT 1   Von der EWG zur EU. Ein historischer Überblick

Wortschatz

Substantive

Abschaffung, die	abolition, getting rid of
Binnenschifffahrt, die	inland navigation
Entwicklung, die	development
Forschung, die	research
Grundstein, der	foundation stone

Gründung, die	founding, foundation
Handelsmacht, die	economic power
Inlandszoll, der	domestic tariff
Kaufkraft, die	buying power
Kernforschung, die	nuclear research
Kernindustrie, die	nuclear industry
Mitgliedstaat, der	member state
Nutzung, die	usage
Schwankung, die	fluctuation
Vereinheitlichung, die	standardization
Vertrauen, das	confidence
Wechselkurs, der	exchange rate

Verben

abschaffen	to get rid of
abwickeln	to deal with, to complete
achten	to value, to pay attention to
ausweiten	to expand
erheben	to elevate
gelten	to be valid, to be effective
gründen	to found
sich befassen mit	to occupy oneself with
sich beteiligen	to participate
sorgen	to take care of
überwinden	to overcome
unterliegen	to be subject to
zulassen	to admit

Adjektive und Adverbien

anerkannt	reputable
bevorzugt	preferred
geringfügig	minimal
gleichmäßig	evenly
unentbehrlich	indispensible
zukünftig	future

Ausdrücke

einen Antrag stellen	to fill out an application
in Betracht ziehen	to take into account, consider
im Gegenzug zu	as a countermove to
in Umlauf bringen	to circulate

Die Europäische Union als größte Handelsmacht weltweit umfasst heute 28 Mitgliedstaaten mit einer Bevölkerung von mehr als 500 Millionen Menschen. Die Gründung des Europarates 1949 legte den Grundstein für die zukünftige wirtschaftliche Zusammenarbeit von den sechs europäischen Ländern: Belgien, Deutschland, Frankreich, Italien, Luxemburg, und die Niederlande. Der französische Außenminister Robert Schumann entwickelte einen Plan für die gemeinsame Nutzung von Kohle und Stahl (EGKS)[2], der am 18. April 1951 von den Mitgliedstaaten ratifiziert wurde. In den Verträgen von Rom am 25. März 1957 wurden die Europäische Wirtschaftsgemeinschaft (EWG) sowie die Europäische Atomgemeinschaft (EURATOM) zum Zweck der Kernforschung und Kernindustrie gegründet.

Brüssel ist nach wie vor Hauptquartier der EU (früher EWG), in Straßburg findet man das Europaparlament und in Luxemburg tagt der Europäische Gerichtshof. Die Sprachen Deutsch, Französisch, Italienisch und Niederländisch galten anfangs als offizielle Amtssprachen. Ihre Zahl ist auf 24 angewachsen. Im Zusammenhang mit der Entwicklung der EWG muss man auch die strategisch wichtige Rolle der NATO in Betracht ziehen, der Deutschland 1955 beitrat. Das Vertrauen der europäischen Staaten in die militärische Sicherheit Europas war eine unentbehrliche Voraussetzung für die wirtschaftliche Zukunft und Stabilität der späteren Nachkriegsjahre.

Anfang der sechziger Jahre[3] sorgte eine gemeinsame Agrarpolitik für ständiges und gleichmäßiges Wirtschaftswachstum. Als erste wirtschaftliche Maßnahme wurden am 1. Juli 1968 die Inlandszölle in der EWG abgeschafft und Außenzölle erhoben. Die Abschaffung der Handelszölle innerhalb der EU führte auch zu einer Vereinheitlichung der Importzölle für Waren und Güter aus Ländern außerhalb der EU, ganz gleich ob sie nun über Antwerpen oder Bremerhaven ins Binnenland gelangten. Im Gegenzug zur Gründung der EWG schlossen sich am 3. Mai 1960 mehrere andere Länder in Europa zu der Europäischen Freihandelsassoziation zusammen (EFTA),[4] der heute nur noch Island, Liechtenstein, Norwegen und die Schweiz angehören. Die ersten Schritte zu einer einheitlichen Währung begannen in den 70er Jahren, indem man auf Währungsstabilität achtete und nur geringfügige Schwankungen im Wechselkurs zuließ.

Am 1. Januar 1973 traten drei weitere Länder der EWG bei: Dänemark, Irland und Großbritannien. Griechenland wurde 1981 das zehnte Mitglied und 1986 kamen Spanien und Portugal dazu. Trotz offizieller Abschaffung der Inlandszölle 1968 musste man immer noch rechtliche Hürden überwinden. Deshalb musste 1986 erneut eine Funktion geschaffen werden, die sich mit dieser Frage befassen sollte. Ziel war eine Erweiterung des existierenden Vertrages, in dem nun Forschung, Entwicklung, Umwelt und Außenpolitik vertraglich geregelt werden sollten. Seit dem Vertrag von Maastricht am 7. Februar 1992 und seiner Ratifizierung am 1. November 1993 sprechen wir von der Europäischen Union.

Als neue Aufgaben sah man die zukünftige gemeinsame Währung, die Außen- und Sicherheitspolitik im Inland. Nach der Wiedervereinigung der beiden deutschen Staaten öffnete sich der EU der östliche Korridor. Vorerst aber traten

---

2 Europäische Gemeinschaft für Kohle und Stahl

3 30. Juli 1962

4 Dänemark, Norwegen, Österreich, Portugal, Schweden, die Schweiz und Großbritannien

1995 Finnland, Österreich (Schengen-Abkommen)[5] und Schweden der EU bei und erhöhten die Mitgliedschaft auf 15 Länder. Zehn weitere mittel- und osteuropäische Länder[6] stellten 1997 ihren Antrag auf Mitgliedschaft. Sie wurden 2004 in die EU aufgenommen, wobei Rumänien und Bulgarien erst offiziell 2007 Mitglied wurden. Die Aufnahme der Türkei, von Kroatien und Island wird diskutiert. Andere zukünftige Beitrittskandidaten sind die ehemaligen Balkanländer.

Die gemeinsame Währung (EURO) wurde am 1. Januar 1999 beschlossen, und elf Länder beteiligten sich zunächst an der Einführung des EURO. Zu diesen Ländern gehörten Belgien, Deutschland, Finnland, Frankreich, Griechenland, Irland, Italien, Luxemburg, die Niederlande, Österreich, Portugal und Spanien. Großbritannien, Dänemark und Schweden blieben nach einem Volksentscheid bei ihrer Währung. Erst am 1. Januar 2002 wurden Banknoten und Münzen in der sogenannten Eurozone in Umlauf gebracht. Die EU-Währung hat den Vorteil, dass man in diesen EU-Ländern mit dem Euro bezahlen kann. Heute benutzen 18 EU-Länder den Euro als nationale Währung. Die Europäische Zentralbank hat ihren Sitz in Frankfurt am Main. Sie überwacht die Kaufkraft und Preisstabilität des Euro. Nach der weltweiten Rezession 2009/10 erholen sich die Märkte nur langsam, obwohl Deutschlands Wirtschaftswachstum überraschenderweise positiver zu sein scheint als erwartet.

Die EU ist mit 20% am Welthandel beteiligt und der Euro gilt neben dem Dollar als international anerkannte und zum Teil bevorzugte Währung. Der Anteil der Weltbevölkerung in der EU liegt bei 7%, aber die EU hat am Import und Export des Welthandels einen Anteil von 20%. Die Entwicklungspolitik und der Handel mit Ländern der Dritten Welt hat dazu geführt, dass die EU deren Produkte zollfrei einführt. Die EU finanziert 60% der Entwicklungshilfe weltweit. Import und Export zwischen der EU und ihren industriellen Handelspartnern Japan und Amerika unterliegen den Mechanismen der Welthandelsorganisation (WTO). Beim Außenhandel der EU lag Asien 2008 vor den USA.

Der Transport und Verkehr innerhalb der EU haben deutlich zugenommen. Früher wurde sehr viel über die Binnenschifffahrt abgewickelt. Heute finden wir drei Viertel des Frachtverkehrs auf den Straßen der EU. Russland und Norwegen decken

---

5 Man kann jetzt innerhalb der EU ohne Grenzkontrollen in alle Nachbarländer reisen.

6 Bulgarien, Estland, Lettland, Litauen, Polen, Rumänien, Slowakei, Slowenien, Tschechische Republik, Ungarn, Malta sowie Zypern

53,8 % des Erdgasverbrauchs der EU. Der EU Mitgliedsbeitrag richtet sich nach dem Bruttonationaleinkommen und lag 2006 bei 1,24 Prozent des BNE[7] der EU. Deutschland stand 2006 mit 20,6 Milliarden Euro Beitrag in der Statistik vor Frankreich (16,6 Milliarden) und Italien (13,5 Milliarden).

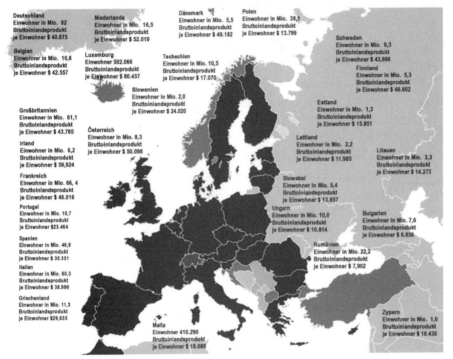

Deutschland
Einwohner in Mio. 82
Bruttoinlandsprodukt
je Einwohner $ 40.875

Belgien
Einwohner in Mio. 10,6
Bruttoinlandsprodukt
je Einwohner $ 42.557

Großbritannien
Einwohner in Mio. 61,1
Bruttoinlandsprodukt
je Einwohner $ 43.785

Irland
Einwohner in Mio. 6,2
Bruttoinlandsprodukt
je Einwohner $ 59.924

Frankreich
Einwohner in Mio. 66,4
Bruttoinlandsprodukt
je Einwohner $ 46.016

Portugal
Einwohner in Mio. 10,7
Bruttoinlandsprodukt
je Einwohner $23.464

Spanien
Einwohner in Mio. 46,9
Bruttoinlandsprodukt
je Einwohner $ 35.331

Italien
Einwohner in Mio. 60,3
Bruttoinlandsprodukt
je Einwohner $ 38.996

Griechenland
Einwohner in Mio. 11,3
Bruttoinlandsprodukt
je Einwohner $29.635

Niederlande
Einwohner in Mio. 16,5
Bruttoinlandsprodukt
je Einwohner $ 52.019

Luxemburg
Einwohner 502.066
Bruttoinlandsprodukt
je Einwohner $ 80.457

Slowenien
Einwohner in Mio. 2,0
Bruttoinlandsprodukt
je Einwohner $ 24.020

Österreich
Einwohner in Mio. 8,3
Bruttoinlandsprodukt
je Einwohner $ 50.098

Malta
Einwohner 410.290
Bruttoinlandsprodukt
je Einwohner $ 18.088

Dänemark
Einwohner in Mio. 5,5
Bruttoinlandsprodukt
je Einwohner $ 49.182

Tschechien
Einwohner in Mio. 10,5
Bruttoinlandsprodukt
je Einwohner $ 17.070

Polen
Einwohner in Mio. 38,1
Bruttoinlandsprodukt
je Einwohner $ 13.799

Schweden
Einwohner in Mio. 9,3
Bruttoinlandsprodukt
je Einwohner $ 43.986

Finnland
Einwohner in Mio. 5,3
Bruttoinlandsprodukt
je Einwohner $ 46.602

Estland
Einwohner in Mio. 1,3
Bruttoinlandsprodukt
je Einwohner $ 15.851

Lettland
Einwohner in Mio. 2,2
Bruttoinlandsprodukt
je Einwohner $ 11.985

Litauen
Einwohner in Mio. 3,3
Bruttoinlandsprodukt
je Einwohner $ 14.273

Slowakei
Einwohner in Mio. 5,4
Bruttoinlandsprodukt
je Einwohner $ 13.857

Ungarn
Einwohner in Mio. 10,0
Bruttoinlandsprodukt
je Einwohner $ 10.814

Bulgarien
Einwohner in Mio. 7,6
Bruttoinlandsprodukt
je Einwohner $ 6.856

Rumänien
Einwohner in Mio. 22,2
Bruttoinlandsprodukt
je Einwohner $ 7.902

Zypern
Einwohner in Mio. 1,0
Bruttoinlandsprodukt
je Einwohner $ 18.430

LESETEXT 2
Die EU von heute

Die Europäische Union bestand ursprünglich aus sechs Staaten und wurde im Laufe der Jahre (1973, 1981, 1986, 1995, 2004, 2007) auf 28 Mitgliedstaaten erweitert. Deutschland wurde nach der Wiedervereinigung im Jahre 1990 das bevölkerungsreichste Land in der EU. 16 Mio. Deutsche hatten in der DDR gelebt. Die EU umfasst damit auf einer Fläche von 4.324.782 km² eine Bevölkerung von über 500 Mio. Menschen – weit mehr als die USA (312 Mio.), Russland (141 Mio.) oder Japan (127 Mio.).

In der Bevölkerungsstatistik liegt Deutschland mit 82 Mio. Einwohnern in der EU an erster Stelle, gefolgt von Frankreich (66,4), England (61,1), Italien (60,1) und Spanien (46,9). Die EU Gesamtbevölkerung verteilt sich damit zu 63% auf die fünf großen und zu nur 37% auf die anderen 22 Mitgliedsstaaten.

Das westliche Europa ist eine der am dichtesten besiedelten Regionen der Erde. Innerhalb der EU finden sich auch relativ spärlich bevölkerte Gebiete. So zieht sich ein Siedlungsband[8] mit hoher Bevölkerungskonzentration von Norditalien über Süd- und Westdeutschland, Belgien und die Niederlande bis nach Süd- und Mittelengland. Daneben gibt es einzelne große Ballungsräume[9] - meist im Einzugsbereich[10] der Großstädte, wie z.B. um Athen, Rom, Madrid, Lissabon, Paris, Berlin und Kopenhagen.

---

7 gross national income-Bruttonationaleinkommen
8 stretch of dense population
9 densely populated areas
10 commuter belt

Übung zum Verständnis. Welche Informationen erhalten Sie aus dem Schaubild und dem Text? Geben Sie die Zahlen an.

1. Anzahl der Staaten, die zur EU gehören: _____

2. Deutschland hat eine Einwohnerzahl von _____

3. Luxemburg hat eine Einwohnerzahl von _____

4. Bulgarien hat das geringste Bruttoinlandsprodukt pro Einwohner: _____

5. Die EU bestand zu Anfang nur aus _____ Staaten.

6. 1990 kamen _____ Mio. Deutsche aus der ehemaligen DDR in die EU.

7. _____ Mio. Menschen gehören zur EU.

8. _____ der EU-Bevölkerung leben in den fünf größten Staaten.

9. Die EU ist ungefähr _____ Jahre alt.

10. In welchem Verhältnis stehen die neuen Mitgliedsstaaten zu den „alten" EU Staaten? Was können Sie über die Bevölkerung und die Wirtschaftsleistung sagen?

Europäisches Parlament

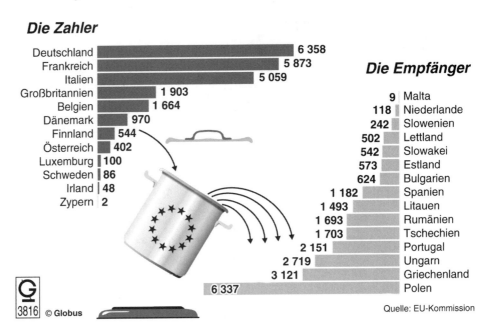

Europäische Union: **Zahler und Empfänger**

Nettobeträge im Jahr 2009 in Millionen Euro

Die Zahler

Deutschland	6 358
Frankreich	5 873
Italien	5 059
Großbritannien	1 903
Belgien	1 664
Dänemark	970
Finnland	544
Österreich	402
Luxemburg	100
Schweden	86
Irland	48
Zypern	2

Die Empfänger

9	Malta
118	Niederlande
242	Slowenien
502	Lettland
542	Slowakei
573	Estland
624	Bulgarien
1 182	Spanien
1 493	Litauen
1 693	Rumänien
1 703	Tschechien
2 151	Portugal
2 719	Ungarn
3 121	Griechenland
6 337	Polen

G 3816 © Globus

Quelle: EU-Kommission

LESETEXT 3   Studieren und Arbeiten in der EU

Man kann in allen EU-Staaten arbeiten. Jeder EU-Bürger kann einen Arbeitsvertrag unterschreiben, ohne vorher eine Behörde um Erlaubnis zu fragen. EU-Bürger brauchen innerhalb der EU auch keine Aufenthaltserlaubnis, denn es gilt ein unbefristetes Aufenthaltsrecht. In Deutschland gibt es eine zentrale Informations- und Beratungsstelle für Arbeitnehmer, die europaweit einen Job suchen: Der Europaservice der Bundesagentur für Arbeit (ES-BA).

Studierende mit europäischer Staatsangehörigkeit brauchen seit Januar 2005 keine Aufenthaltserlaubnis mehr, wenn sie in einem anderen EU-Land studieren. Der europäische Studentenaustausch wird zum größten Teil über das Bildungsprogramm ERASMUS organisiert, an dem inzwischen 31 europäische Staaten teilnehmen.

Ein Praktikum in einem anderen EU-Land zu machen, steht jedem über 18 Jahren offen. Zum Beispiel bietet der European Voluntary Service (EVS) der EU allen zwischen 18 und 30 Jahren die Chance, im europäischen Ausland zu arbeiten und zugleich eine fremde Sprache und eine andere Kultur kennenzulernen.

Übung zum Wortschatz.
Versuchen Sie, aus den folgenden Sätzen das unterstrichene Wort zu verstehen und in Ihrer Muttersprache zu erklären. Der Kontext hilft dabei.

1. Ein EU-Bürger, der in einem anderen EU-Land arbeiten will, muss einen <u>Arbeitsvertrag</u> unterschreiben.

2. Um sich in einem EU-Land aufzuhalten, braucht ein EU-Bürger keine <u>Aufenthaltserlaubnis</u>.

3. Als EU-Bürger hat man das Recht, so lange in einem anderen EU-Land zu bleiben, wie man will. Man hat das <u>Aufenthaltsrecht</u>.

4. 31 europäische Staaten nehmen an dem <u>Bildungsprogramm</u> ERASMUS teil, das Studenten hilft, in einem anderen Land zu studieren.

5. Man kann in einem anderen Land praktische Berufserfahrung sammeln. So ein <u>Praktikum</u> kann man durch den European Voluntary Service bekommen, wenn man zwischen 18 und 30 Jahre alt ist

LESETEXT 4   Der Europass

In der Europäischen Union gibt es 28 Länder, 24 verschiedene Amtssprachen und auch verschiedene Kulturen, in denen die Ausbildung anders ist. Wenn man in einem anderen EU-Land arbeiten will, ist es nicht einfach, die Qualifikationen richtig abzustimmen, da das Bildungssystem im eigenen Land oft unterschiedlich ist.

Um die Mobilität in Europa zu erhöhen, macht es die EU seit 2005 möglich, die Anerkennung von beruflichen Qualifikationen zu vereinfachen. Der Europass gibt Auskunft über Ausbildung, Berufserfahrung und Sprachkenntnisse. Er besteht aus fünf Dokumenten: einem Lebenslauf, einem Sprachenpass, Dokumentation von Lern- und Arbeitserfahrungen in Europa sowie Erklärungen über Abschlüsse in Studium und Beruf. Der Europass-Lebenslauf und der Europass-Sprachenpass können online auf dem Europass-Portal erstellt werden. Zusätzliche Erklärungen über die Ausbildung oder einen Auslandsaufenthalt bekommt man vom Arbeitgeber oder von der Universität.

Mehr als 3,5 Millionen Europass-Dokumente sind schon bearbeitet oder beantragt worden.

Übung zum Wortschatz.
Versuchen Sie, aus den folgenden Sätzen das unterstrichene Wort zu verstehen und in Ihrer Muttersprache zu erklären. Der Kontext hilft dabei.

1. In einem Land können mehrere Sprachen gesprochen werden. Aber die Sprache, die im öffentlichen Verkehr benutzt wird, nennt man die <u>Amtssprache</u>.

2. Zum <u>Bildungssystem</u> eines Landes gehören die allgemeinen und die berufsbildenden Schulen sowie die Universitäten. Ein gebildeter Mensch hat ein großes Allgemeinwissen und feine Umgangsformen.

3. Wenn berufliche Qualifikationen <u>Anerkennung</u> finden, heißt das, dass sie bestätigt und akzeptiert werden.

4. <u>Berufserfahrung</u> sammelt man während der Zeit, wenn man einen Beruf ausübt und immer mehr dazu lernt.

5. Amtliche Zeugnisse beweisen die <u>Abschlüsse in Studium und Beruf</u>.

6. Die Zeit, die man im Ausland verbringt, nennt man einen <u>Auslandsaufenthalt</u>.

LESETEXT 5   Die Schweiz: Mitten in der EU und kein EU-Land

Die Schweiz liegt sehr zentral in Europa und ist auch auf allen Seiten von EU-Ländern umgeben. Es überrascht, dass die Schweiz noch nicht der EU beigetreten ist. Warum wohl? Das Land ist sehr reich, und die Arbeitslosenquote ist sehr niedrig. In der Schweiz schätzt man die nationale Tradition und vor allem die Selbstbestimmung. Die Bürger der Schweiz werden häufig aufgerufen, in einer Volksabstimmung wichtige Entscheidungen zu treffen. Die Mitgliedstaaten in der EU sind dagegen an EU-Gesetze gebunden, die vom EU-Parlament festgelegt werden. In der Schweiz würde die Mehrheit entscheiden, welche Gesetze eingeführt werden. In der EU kann es passieren, dass das EU-Parlament Gesetze verabschiedet, die aber im EU-Land selbst nicht von der Mehrheit der Bürger gutgeheißen werden.

Übung zum Wortschatz
Versuchen Sie, aus den folgenden Sätzen das unterstrichene Wort zu verstehen und in Ihrer Muttersprache zu erklären. Der Kontext hilft dabei.

1. Ein Land, das der EU noch nicht <u>beigetreten ist</u>, unterliegt nicht den Gesetzen der Europäischen Union.

2. <u>Die Arbeitslosenquote</u> gibt an, wie viele Menschen ohne Arbeit sind.

3. <u>Selbstbestimmung</u> hat ein Volk, wenn es über seine eigene Regierung und Staatsform entscheiden kann.

4. In einer <u>Volksabstimmung</u> kann die Bevölkerung eine Entscheidung herbeiführen.

5. Zuerst werden <u>Gesetze verabschiedet</u> und dann treten sie in Kraft, d.h. sie gelten von jetzt an.

6. Eine <u>Mehrheit</u> bedeutet mehr als die Hälfte.

LESETEXT 6   Ein Modell für die „Welt von morgen"

Vor dem Lesen
Welche Vorteile hat die EU gegenüber Ländern, die nicht zu einer Gemeinschaft zusammengeschlossen sind?

——— VORTEILE DER EU ———

Wortschatz

Substantive

Aufbau, der	organization, construction
Auflösung, die	dissolution
Erweiterung, die	expansion
Friedenssicherung, die	peacekeeping measure
Gegebenheit, die	situation
Notwendigkeit, die	necessity
Zollschranken, Pl.	customs barrier
Zusammenwachsen, das	growing / coming together

Verben

bekämpfen	to fight against
erleichtern	to make easier
erproben	to try out
erstarken	to gain in strength
regeln	to regulate, to work out
sich vereinigen	to unite
sich zusammenschließen	to merge, to join together
zustimmen	to agree

Adjektive und Adverbien

einzeln	alone, singularly
erdenklich	thinkable
nahezu	nearly
preiswert	inexpensive
richtungsweisend	pointing the way
undenkbar	unthinkable
wettbewerbsfähig	competitive
wirksam	effective

Ausdrücke

Krieg führen	to make war

„Seit der Vertreibung aus dem Paradies" müssen die Menschen ihr Zusammenleben irgendwie regeln und organisieren. So haben sich in Jahrtausenden immer neue Formen sozialer und politischer Organisation entwickelt und sich den Veränderungen der Bevölkerungsentwicklung, der Wissenschaft, der Kriegstechnik und der Kultur angepasst.

Im Zusammenwachsen europäischer Staaten zur Europäischen Union ist eine völlig neue Form politischer Organisation entwickelt und erprobt worden, die den Gegebenheiten und Schwierigkeiten in der Welt von heute und morgen gewachsen sein muss: Entwicklungshilfe für die Länder der Dritten Welt, Sicherheits- und Friedenspolitik in Europa, Kampf gegen den Terrorismus, wirtschaftliche Kooperation mit Amerika und Asien. Die politische, wirtschaftliche und soziale Struktur der EU steht schon heute als Modell für die Welt von morgen.

Politische Vorteile:

Die Staaten der EU haben in vergangenen Jahrhunderten und bis 1945 viele Kriege gegeneinander geführt, nahezu jeder gegen jeden. Kriege innerhalb der EU gehören heute der Geschichte an. Einigung schafft Frieden und Sicherheit. Asyl- und Einwanderungsrechte lassen sich nur gemeinsam lösen. Der Drogenhandel und andere internationale Kriminalität können nur kooperativ wirksam bekämpft werden.

Und besonders für uns Deutsche: Nach zwei Weltkriegen ist Deutschland durch die EU heute wieder gleichberechtigter Partner in Europa. Die Mitgliedschaft in der

EU war sicherlich ein wichtiger Faktor, der die Wiedervereinigung beider deutscher Staaten erleichterte.

Wirtschaftliche Vorteile:

Zollschranken gab es zu einer Zeit, als Marktgebiete nur wenig Hunderttausend Menschen ausreichend versorgten. Heute ist der Markt auf 500 Mio. Menschen gewachsen, der wettbewerbsfähige Produkte und Dienstleistungen garantiert. Gleichfalls müssen neue und zukunftssichere Produkte entwickelt werden, damit die EU mit Amerika und Asien konkurrenzfähig bleiben kann.

A. Übung zum Verständnis: Steht das im Lesetext? Wenn nicht, wie heißt es denn da?

	Ja	Nein	
1.	____	____	Soziale und politische Organisationen müssen sich im Laufe der Zeit ändern, weil sich in der Bevölkerung Vieles ändert.
2.	____	____	In Europa gibt es keine Bürgerkriege mehr.
3.	____	____	Die Europäische Union kann als Modell für den Rest der Welt stehen.
4.	____	____	Die Europäische Union nimmt keine neuen Mitglieder mehr auf.
5.	____	____	Seit 1945 hat es keine Kriege in Europa gegeben.
6.	____	____	Jeder Staat kann das Asyl- und Einwanderungsrecht allein regeln.
7.	____	____	Kriminalität kann nicht international bekämpft werden.
8.	____	____	Zollschranken sind notwendig, um konkurrenzfähig zu bleiben.
9.	____	____	Europa ist gegen die USA und Asien nicht wettbewerbsfähig.

B. Übungen zum Verständnis. Was für Vorteile hat ein Land, das zur EU gehört?

1. **Politisch:** _____

2. **Wirtschaftlich** _____

3. **Sozial** _____

C. Übungen zum Wortschatz. Suchen Sie das gegenteilige Wort im Text oder, wenn nötig im Wörterbuch

1. das Auseinanderfallen _____

2. Schwächer werden _____

3. der Abbau _____

4. Frieden schließen _____

5. denkbar _____

6. erschweren _____

7. teuer _____

8. wettbewerbsfähig _____

D. Drücken Sie die folgenden Redewendungen aus dem Lesetext mit Hilfe eines Verbes aus

1. Auflösung der Sowjetunion _____

2. Wiedererstarken des Nationalismus _____

3. Aufbau einer Friedensordnung _____

4. wirtschaftliche Zusammenschlüsse in Amerika und Asien _____

5. die Vereinigung beider deutscher Staaten _____

E. Übungen zum Wortschatz. Machen Sie eine Liste der EU-Länder mit folgenden Angaben

Internat. Auto-kennzeichen	Nummernschilder	Land	Einwohner	Adj.
1. NL	SZ-VB-69			
2. L	CW 8950			
3. B	QAS-875	Belgien	Belgier/in	belgisch
4. I	BE 705WT			
5. D	KA PA 777			
6. DK	AF 54 539			
7. GB	YR53 JEP			
8. PL	S1 SKY			
9. F	AA-229-AA			
10. EST	574 MER			

11. IRL	92-WX-1156			
12. BG	CA 7845 XC			
13. A	K 510 BV			
14. E	0655 FGZ			
15. CZ	4A2 3000			
16. GR	IZB 4320			
17. CY	KQL 343			
18. LV	FC-473·1			
19. LT	AOG 830			
20. H	JXF-600			
21. M	JAC·184			
22. P	45·72·XQ 04/06			
23. RO	B 63 NTV			
24. SLO	LJ 13-1JP			
25. SK	TN-221BS			

26. FIN	FIN ·MMG·418·			
27. S	S WNF 11 766			
28. HR	KZ 746-AR			

F. Was sind die Ziele der EU? Setzen Sie die passenden Verben an ihre richtige Stelle

zu erreichen   zu nutzen

zu garantieren   zu schaffen

zu lagern   zu sichern

zu liefern

zusammenzuarbeiten

1. um friedlich _____

2. um einen gemeinsamen Markt _____

3. um die Kernenergie für friedliche Zwecke _____

4. landwirtschaftliche Produktivität _____

5. die Lebensmittelversorgung der EU-Bevölkerung _____

6. Waren zu stabilen Preisen _____

7. um eine harmonische Wirtschaftspolitik _____

8. anstatt die Erzeugnisse jahrelang _____

G. Ergänzen Sie mit einem passenden Wort aus den Lesetexten. Wählen Sie das richtige Wort.

Zusammenarbeit   Amtssprachen   Handelszölle

die Wiedervereinigung   gemeinsamen   Bruttonationaleinkommen

Aufenthaltserlaubnis   Entwicklungshilfe   Europäische

gemeinsam   konkurrenzfähig   Binnenschifffahrt

Frachtverkehr   Beitritt   bevölkerungsreichste

Berufserfahrung

1. Das Land mit dem größten_____ zahlt die höchsten EU-Beiträge

2. Der _____ ärmerer Länder ist wirtschaftlich nicht immer wünschenswert.

3. Die Gründung des Europarates 1949 legte den Grundstein für die zukünftige wirtschaftliche _____ von sechs europäischen Ländern.

4. Die Zahl der _____ der EU ist auf 24 gestiegen.

5. Die Mitgliedschaft in der EU war sicherlich ein wichtiger Faktor, der _____ beider deutscher Staaten erleichterte.

6. Der Europass gibt Auskunft über Ausbildung, _____ und Sprachkenntnisse.

7. Die ersten Schritte zu einer _____ Währung begannen in den 70er Jahren.

8. Früher wurde sehr viel über die _____ abgewickelt. Heute finden wir drei Viertel des _____ auf den Straßen der EU.

9. Studierende mit europäischer Staatsangehörigkeit brauchen seit Januar 2005 keine _____ mehr, wenn sie in einem anderen EU-Land studieren.

10. Die Abschaffung der _____ innerhalb der EU führte auch zu einer Vereinheitlichung der Importzölle für Waren und Güter aus Ländern außerhalb der EU.

11. Die EU finanziert 60% der _____ weltweit.

12. Die _____ Zentralbank hat ihren Sitz in Frankfurt am Main.

13. Deutschland wurde nach der Wiedervereinigung im Jahre 1990 das _____ Land in der EU

14. Der Drogenhandel und andere internationale Kriminalität können nur _____ wirksam bekämpft werden

15. Gleichfalls müssen neue und zukunftssichere Produkte entwickelt werden, damit die EU mit Amerika und Asien _____ bleiben kann.

LESETEXT 7 Vorteile für die neuen EU-Länder

Wortschatz

Substantive

Abbau, der	reduction
Handel, der	trade
Kraftwerk, das	power plant
Schutz, der	protection
Steuern, Pl.	taxes
Unterstützung, die	support
Zölle, Pl.	customs tariff

Verben

absetzen	to sell
beitragen	to result in, to insure
einstellen	to employ
erhöhen	to increase
spüren	to feel / to notice
vervielfältigen	to multiply

Adjektive und Adverbien

gesetzlich	legal
heimisch	domestic
wettbewerbsfähig	competitive

Wenn ein Land der EU beitritt, profitiert es wirtschaftlich und politisch. Besonders die Länder, die noch nicht das EU-Niveau erreicht haben, bekommen wirtschaftliche und finanzielle Unterstützung. Für die schon etablierten EU-Länder bedeutet es Profit, denn jetzt können sie ihre Waren ohne Zölle im EU-Nachbarland verkaufen.

Um die Wirtschaft der neuen EU Mitglieder auf das wirtschaftliche Niveau der EU Staaten zu bringen und sie wettbewerbsfähig zu machen, wird zum Beispiel in neue Kraftwerke oder in die Infrastruktur des Landes investiert. Diese Investitionen tragen zum Abbau der Arbeitslosigkeit bei, erhöhen den Lebensstandard und geben dem Bürger mehr gesetzlichen Schutz durch die EU-Gesetze.

Besonders im Handel spürt man den Vorteil. Waren können jetzt aus den neuen EU-Ländern exportiert werden, ohne den Zolltarif zahlen zu müssen. Waren werden billiger und man kann sie besser absetzen. Die heimische Wirtschaft kann intensiver produzieren, und immer mehr Arbeiter werden eingestellt. Das Kapital vervielfältigt sich und der Staat profitiert. Es gibt weniger Arbeitslose und höhere Steuereinnahmen.

Übung zum Verständnis. Sind die folgenden Aussagen laut Text richtig oder falsch?

1. _____ Als Mitglied der EU hat ein Land wirtschaftliche, aber keine politischen Vorteile.

2. _____ Ein neues EU-Mitgliedsland kann mit finanzieller Unterstützung rechnen, um sich wettbewerbsfähig zu machen.

3. _____ Die schon etablierten EU-Länder profitieren nicht von der Aufnahme neuer Länder in die EU.

4. _____ Die gesamte EU investiert in die Infrastruktur der neu aufgenommenen EU-Länder.

5. _____ Die neuen EU-Länder können in die alten EU-Länder zollfrei exportieren.

LESETEXT 8   Nachteile bei der Aufnahme neuer EU-Länder

Wortschatz

Substantive

Einzelhändler, der	retailer
Konkurrenzkampf, der	competition
Sozialleistungen, Pl.	social benefits
Wohlstand, der	prosperity

Verben

abwandern	to migrate
ausgrenzen	to exclude
auswirken	to impact
bangen	to worry
sich erholen	to recover
steigen	to increase

Adjektive und Adverbien

finanzkräftig	financially strong
verbunden	connected
gefährdet	endangered
zusätzlich	additional

Ausdrücke

Angst haben um	to be afraid of
im Gegensatz	in contrast

Natürlich steigt der Profit, die Arbeitslosigkeit sinkt und die Wirtschaft erholt sich. Aber da das neue EU-Land nun mit vielen anderen EU-Ländern verbunden ist, hat man auch Angst um den Wohlstand und die eigene Selbstbestimmung. Der Konkurrenzkampf ist hart, und besonders die Einzelhändler, Bauern und auch kleine Firmen bangen um ihre Existenz. Aber auch die Länder, die nicht zur EU gehören, werden immer mehr ausgegrenzt.

Die wirtschaftlich finanzkräftigen EU-Länder müssen die ärmeren EU-Mitgliedstaaten unterstützen. Dadurch sehen sie ihren eigenen Wohlstand gefährdet. Man hat auch Angst, dass viele EU-Bürger in die reicheren EU-Länder abwandern, für die zuätzliche Kosten bei den Sozialleistungen entstehen könnten. Und auch auf dem Arbeitsmarkt gibt es dann mehr Konkurrenz. Der EU-Beitritt kann sich auf die Preise, Steuern und Landwirtschaft auswirken.

Übung zum Verständnis. Sind die folgenden Aussagen laut Text richtig oder falsch?

1. _____ Bei der Aufnahme eines neuen EU-Landes gibt es keine Nachteile.

2. _____ Ein neues EU-Land macht sich keine Sorgen um die eigene Selbstbestimmung, da es sich als ein Teil der großen EU-Gemeinschaft fühlt.

3. _____ Die wirtschaftlich finanzkräftigen EU-Staaten haben nichts gegen die Aufnahme von wirtschaftlich ärmeren Staaten in die EU.

4. _____ Sozialleistungen der etablierten EU-Staaten werden von der Aufnahme neuer EU-Staaten nicht betroffen.

5. _____ Durch die Abwanderung von Bürgern ärmerer EU-Länder in reichere, kann es auf dem Arbeitsmarkt Konkurrenz geben.

LESETEXT 9　Der Euro als stabile Währung

Wortschatz

Substantive

Bedenken, das	concern, misgivings
Einführung, die	introduction
Währung, die	currency

Verben

aufbauen	to establish
sich äußern	to voice an opinion
verstummen	to turn silent

Adjektive und Adverbien

außergewöhnlich	extraordinary
erstaunt	amazed
gemeinsam	common
zweifellos	undoubtedly

Die Einführung der gemeinsamen europäischen Währung begann 1999 und damit auch eine neue Ära in der Geschichte der Europäischen Union.

Am Anfang waren viele Europäer sehr skeptisch. Man wusste nicht, ob die neue Währung sich stabilisieren würde. Der damalige amerikanische Notenbank Präsident Alan Greenspan schreibt in seiner Autobiographie, er habe zu dieser Zeit große Bedenken gehabt, ob die gemeinsame Währung der Europäer funktionieren könnte.

Aber im Jahr 2009 verstummten die Kritiker. Der Euro war zweifellos in der internationalen Währungspolitik ein Erfolg geworden. Die Länder in Europa reagierten positiv auf die Einführung der neuen Währung und ihre Wirtschaften stabilisierten sich. Alan Greenspan äußert sich sehr erstaunt, wenn er schreibt, dass es eine außergewöhnliche Leistung sei, was man in Europa aufgebaut habe.

Trotz der globalen Rezession konnte sich die Währung auf den Weltmärkten behaupten. Heutzutage ist es um vieles einfacher geworden, in Europa herumzureisen. Man muss nicht mehr wie früher vor der Reise Geld wechseln. Die Inflation ist sehr gering, weil sich die Mitgliedsländer auf eine Schuldendisziplin geeinigt haben.

Die Europäische Zentralbank (EZB) mit Sitz in Frankfurt am Main achtet auf die Kaufkraft des Euro und die Preisstabilität im Euro-Raum. Die Euro-Zone ist inzwischen auf 18 Länder und über 334.5 Millionen Menschen angewachsen.

Übung zum Verständnis. Sind die folgenden Aussagen laut Text richtig oder Falsch?

1. _____ Die Einführung des EURO begann vor der Jahrtausendwende.

2. _____ Die neue Währung, der Euro, wurde in den EU-Ländern jubelnd begrüßt.

3. _____ Der Notenbankpräsident der USA zweifelte daran, ob der EURO eine garantiert positive Währung für die EU-Länder sei.

4. _____ Zehn Jahre nach der Einführung des EURO hatte sich der Euro in der internationalen Währungspolitik als erfolgreich erwiesen.

5. _____ Die Einführung des EURO hatte dazu beigetragen, dass sich die Wirtschaften der EU-Länder stabilisierten.

LESETEXT 10 Vorteile des Euro[11]

Wortschatz

Substantive

Einführung, die	introduction
Geldumtausch, der	exchange
Kursschwankung, die	currency fluctuation
Unternehmen, das	business
Vergleichbarkeit, die	comparability
Zinsen, Pl.	interest

Verben

vereinfachen	to simplify
verhindern	to prevent

Adjektive und Adverbien

einfach	simple
einheitlich	uniform, common
günstig	favorable

Ausdrücke

im Durchschnitt	on average

1 Stabile Währung

Die Inflation in den Staaten der EU war vor der Euro-Einführung im Durchschnitt höher als heute.

2 Kein Geldumtausch

Die gemeinsame Währung verhindert Kursschwankungen und vereinfacht Reisen in der Euro-Zone.

3 Höhere Preistransparenz im Euro-Raum

Die einheitliche Währung erlaubt eine einfache Vergleichbarkeit von Preisen im europäischen Handel.

4 Günstigere Kredite für Privathaushalte

Da die EZB die Inflation niedrig halten will, bleiben auch die Zinsen für Kredite niedrig.

---

11 Mit freundlicher Genehmigung: www.magazin-deutschland.de

5 Internationale Rolle

Innerhalb von zehn Jahren wurde der Euro nach dem Dollar zur zweitwichtigsten Währung der Weltwirtschaft.

6 Vorteile für kleine und mittlere Unternehmen

Ohne Transaktionskosten ist die Absicherung gegen Kursschwankungen überflüssig.

7 Steigender Handel

Innerhalb der Euro-Zone ist der Handel seit 1999 um bis zu zehn Prozent gestiegen.

8 Sparmöglichkeiten für die Euro-Staaten

Eine niedrige und stabile Inflationsrate bedeutet, dass die Euro-Staaten Kredite günstig aufnehmen können.

9 Integration der Märkte

Dank der einheitlichen Währung lässt sich Investitionskapital in der Euro-Zone viel leichter dorthin bewegen, wo es effektiv genutzt wird.

10 Integration der europäischen Bürger

Eine gemeinsame Währung ist ein starkes Symbol einer europäischen Identität.

Aktivitäten

A. Schriftliches: Schreiben Sie unter Verwendung der folgenden Schlüsselwörter eine Zusammenfassung. Benutzen Sie ungefähr 100 bis 150 Wörter

> Schlüsselwörter:
> das Zusammenwachsen europäischer Staaten
> Einigung schafft Frieden
> preiswerte Produkte
> wettbewerbsfähig

B. Diskutieren Sie die folgenden Themen:

a. die Konsequenzen einer einheitlichen Währung.

b. die Konsequenzen einer einheitlichen Außenpolitik.

c. Glauben Sie, dass die Länder im Laufe der Zeit ihre Identität verlieren? Warum (nicht)?

Schlussgedanken

Erarbeiten Sie die Unterschiede zwischen NAFTA und der EU in einer Gruppendiskussion. Welche Vor- und Nachteile bringen solche Abkommen und Zusammenschlüsse? Begründen Sie Ihre Ansichten.

Wussten Sie das schon?

- Seit dem 1. Januar 1988 gibt es für jeden EU-Bürger den EU-Reisepass. Bei der Einreise in EU-Länder werden EU-Bürger an speziell eingerichteten Schaltern bevorzugt abgefertigt (See- und Flughäfen). Das erinnert den Reisenden daran, dass man z.B. als Deutscher auch Bürger Europas ist.

- Große deutsche Firmen achten darauf, dass ihre Vertreter im Ausland sich über Sitten und Gewohnheiten des fremden Landes informieren. Bei vielen deutschen Industriebranchen gibt es dafür eigens eingerichtete Seminare.

- Ab 2013 gibt es in allen EU-Ländern einen einheitlichen Führerschein. Die alten Führerscheine gelten bis 2033. Der neue Führerschein wird einen Computerchip haben und alle Verstöße werden automatisch gespeichert.

- Die EU verfolgt eine Politik der Chancengleichheit für Frauen. Seit 1984 gibt es einen Ausschuss für die Rechte der Frau. Er verlangt Chancengleichheit im Hinblick auf Entgelt (pay), Beschäftigung und Berufsausbildung sowie die Gleichbehandlung im Bereich der sozialen Sicherheit.

- EU-Bürger haben Freizügigkeit, d.h., sie können in jedem EU-Land mit den gleichen Vergünstigungen wie die einheimischen Arbeitnehmer arbeiten.

- Hochschuldiplome (nach mindestens dreijährigem Studium) von einem EU-Land werden in jedem anderen EU-Land anerkannt.

- Die EU ist offen für weitere Mitglieder. Die Voraussetzung: das Land muss demokratisch und europäisch sein. Beitrittsverhandlungen laufen für die Türkei. Kroatien, Mazedonien und die übrigen westlichen Balkanstaaten sind potentielle Beitrittskandidaten.

- Die vier Grundfreiheiten des Binnenmarkts sind: freier Verkehr von Personen, Waren, Dienstleistungen und Kapital.

- Das Ziel der Europäischen Union ist die Einigung der Mitgliedsstaaten auf politischem, sozialem und wirtschaftlichem Gebiet.

- Die Europäische Zentralbank (EZB) ist das Spitzeninstitut in der Europäischen Währungsunion. Ihre Hauptaufgaben sind die Ausgabe der europäischen Währung (Euro), die Sicherheit ihrer Stabilität und die Festlegung der Zinsen.

Verkehr und Transport[1]

der Verkehr
die Straße
die Bahn
mit dem ICE nach London
die Luftfahrt
die Schifffahrt

Lernziele

In diesem Kapitel erfahren Sie Einiges über Verkehrsprobleme, die in einem dichtbesiedelten Land wie Deutschland besonders schlimm sind. Städte und Länder bemühen sich, durch Verbesserung der Fahrwege und öffentlichen Verkehrsmittel der Bevölkerung eine attraktive Alternative zum Privatauto zu bieten. Die

---

1 http://www.muskingum.edu/~modern/german/busgerm/bahn.pdf

Hauptverkehrsmittel und deren Bedeutung für die Personenbeförderung und den Gütertransport werden einzeln besprochen.

Einführende Fragen

- Stellen Sie sich vor, Sie wollen Europa kennen lernen. Informieren Sie sich vorher über die Reisemöglichkeiten innerhalb Europas. Wie können Sie am günstigsten reisen und sehr viel sehen?
- Das Fliegen innerhalb Deutschlands ist heute sehr günstig. Wie kommt das?
- Was sind die Vor- und Nachteile, wenn man mit der Bahn oder mit dem Flugzeug reist?
- Was halten Sie von Geschwindigkeitsbegrenzungen oder Tempolimits? Wo sind sie angebracht und wo nicht?
- Was ist Ihre Meinung zu öffentlichen Verkehrsmitteln?

LESETEXT 1   Der Verkehr

Vor dem Lesen

1. Welche Verkehrsmittel befördern hauptsächlich Personen und welche Güter?
2. Zu welchen Tageszeiten ist der Verkehr am stärksten? Warum?
3. Welches Verkehrsmittel wird in Ihrem Land bevorzugt? Warum?
4. Welche Verkehrsmittel verursachen die meisten Umweltprobleme und welche die wenigsten?

Verkehrsdichte

Wortschatz

Substantive:

Binnenschifffahrt, die	inland navigation
Fracht, die	freight
Güterverkehr, der	freight shipping
Hauptverkehrszeit, die	peak traffic hour
Linienflug, der	regular flight
Personenbeförderung, die	transport of people
Personenkraftwagen, der (PKW)	car
Richtgeschwindigkeit, die	suggested speed limit, recommended speed
Schiene, die	track
Schnellbahn, die	rapid transit
U-Bahn, die	subway
Verkehrsmittel, das	means of transportation
Vorort, der	suburb

Verben:

sich abspielen	to take place
sich anpassen an	to adapt to
befördern	to carry, transport
bestehen	to insist
voraussetzen	to presuppose

Adjektive:

streckenweise	in sections
umweltgerecht	environmentally friendly
verstopft	jammed

Ausdrücke

mit großem Abstand	by a wide margin

Der Verkehr in Deutschland spielt sich auf Straßen und Autobahnen, auf Wasserstraßen, auf der Schiene und in der Luft ab. Die Hauptverkehrszeiten liegen morgens zwischen 6 und 8 Uhr und nachmittags zwischen 16 und 18 Uhr. Viele Straßen sind verstopft, freie Parkplätze selten und die öffentlichen Verkehrsmittel überfüllt. Schnellbahnen führen von den Vororten in die Stadtzentren, aber trotzdem bestehen viele darauf, mit dem Privatwagen zu fahren. Bei der Personenbeförderung steht der Personenkraftwagen (PKW) an erster Stelle. Auf den Autobahnen gibt es streckenweise Richtgeschwindigkeiten, auf einigen sogar Tempolimits.

Bus, U-Bahn und Straßenbahn stehen an zweiter Stelle. Danach kommen die Eisenbahn und das Flugzeug. Die Bahn ist ein sehr bequemes und vom Wetter unabhängiges Verkehrsmittel, das für den innereuropäischen Verkehr bedeutend billiger ist als das Flugzeug.

Der Flugverkehr spielt für Fracht- und Personenverkehr mit dem Ausland eine immer wichtigere Rolle. In der Ferienzeit kommen zu den Linienflügen auch noch

Chartermaschinen, die die Ferienreisenden in die beliebtesten Urlaubsorte bringen. Die größte Fluggesellschaft Deutschlands ist die Lufthansa.

Im Güterverkehr liegen die Lastkraftwagen (LKW) vorn: mit großem Abstand folgen die Eisenbahn und die Binnenschifffahrt. Durch die Expansion der EU hat sich die Verkehrslage in Deutschland verschlimmert, so dass man heute bei Verkehrssystemen umweltgerecht denkt und plant.

Grammatiknotizen

Subordinierende Konjunktionen

Subordinierende Konjunktionen verbinden einen Hauptsatz mit einem Nebensatz, der nicht für sich allein stehen kann. Der Nebensatz erklärt, warum, wie und unter welchen Umständen das Ereignis im Hauptsatz geschieht. In dem Nebensatz, der mit der untergeordneten Konjunktion eingeleitet wird, steht das konjugierte Verb am Ende. Ein Komma trennt die beiden Satzteile:

Er hat uns geschrieben, **dass** er am Dienstag **kommt**.

        dass er am Dienstag **zurückkommt**.

        dass er am Dienstag zurückkommen **muss**.

        dass er am Dienstag zurückgekommen **ist**.

Wenn man mit dem Nebensatz beginnt, **folgt** das konjugierte Verb des Hauptsatzes direkt.

Übung zur Grammatik. Fragewörter können auch subordinierende Konjunktionen sein: Verbinden Sie die Satzpaare mit einer passenden untergeordneten Konjunktion. Achten Sie dabei auf die Wortstellung.

als-anstatt-da-dass-obwohl-warum-weil-wenn-wo

1. Wir benutzten fast ständig öffentliche Verkehrsmittel. Wir waren in Deutschland.

2. Haben Sie eine Ahnung? Warum wollen so viele Deutsche keine Geschwindigkeitsbegrenzung?

3. Ich habe das nicht gewusst. Am Wochenende dürfen keine Lastwagen auf der Autobahn fahren.

4. Zu gewissen Tageszeiten meide ich die Autobahn. Der Verkehr ist dann zu stark.

5. Meine Kollegin fährt immer mit ihrem Auto zur Arbeit. Sie kann selten einen guten Parkplatz finden.

6. Können Sie es mir sagen? Wo gibt es Geschwindigkeitsbegrenzungen auf der Autobahn?

7. Ich nehme lieber einen Linienflug. Die Charterflüge sind meistens so voll.

8. Viele Geschäftsleute fahren gern mit der Bahn. Sie fliegen nicht.

9. Anstelle des Autos fahre ich lieber mit dem Zug nach Stuttgart. Ich muss pünktlich ankommen.

10. Im Osten Deutschlands darf man jetzt auch schneller fahren. Die Straßen sind ausgebaut.

Aktivitäten

A Partnerarbeit. Besprechen Sie mit Ihrem Partner / Ihrer Partnerin die Vor- und Nachteile der verschiedenen Verkehrsmittel. Notieren Sie sich hier Stichpunkte.

Verkehrsmittel	Vorteile	Nachteile
1. _____	_____	_____
2. _____	_____	_____
3. _____	_____	_____
4. _____	_____	_____

B. Mündlicher Bericht

1. Welche Verkehrsmittel halten Sie für besonders umweltfreundlich? Begründen Sie Ihre Meinung.

2. Vergleichen Sie die Situation in Deutschland mit der in Ihrem Land.

3. Welches Verkehrsmittel wird am häufigsten benutzt und welches am seltensten? Warum ist das so?

4. Welches Verkehrsmittel benutzen Sie täglich? Begründen Sie Ihre Antwort.

LESETEXT 2   Die Straße

Autobahnschilder

Vor dem Lesen

A. Beantworten Sie die folgenden Fragen.

1. Gibt es auf den Autobahnen in Ihrem Land eine Geschwindigkeitsbegrenzung?
2. Wodurch werden auf Ihren Autobahnen Staus verursacht?
3. Mit welchen öffentlichen Verkehrsmitteln können Sie zur Arbeit fahren?

B. Wählen Sie das Verkehrsmittel, das Ihrer Meinung nach in den folgenden Situationen benutzt wird. Sie dürfen jedes Verkehrsmittel mehr als einmal nennen.

das Auto	das Fahrrad	das Schiff
der Bus	das Flugzeug	die Straßenbahn
die Eisenbahn	die U-Bahn/die S-Bahn	

1. Herr Meineke fährt jeden Morgen mit sein _____ ins Geschäft.
2. Die Schüler fahren mit d _____. Sie wohnen außerhalb der Stadt.
3. Erik ist umweltbewusst. Er fährt mit d _____.
4. Die Reise mit d _____ ist teuer, aber geht am schnellsten.
5. D _____ _____ ist vom Wetter ziemlich unabhängig.
6. Sie können d _____ _____ von Bremerhaven nach New York nehmen. Das dauert aber mehrere Tage.
7. Mit d _____ _____ kommt man schnell ans Ziel. Man kann aber streckenweise nichts von der Stadt sehen.
8. Manche deutschen Großstädte haben eine _____. Dieses Verkehrsmittel läuft elektrisch und ist deshalb umweltfreundlich.
9. D _____ _____ fährt häufig mit einer Geschwindigkeit bis zu 250 km/h.
10. Sie können mit d _____ _____ von Calais (Frankreich) nach Dover (England) durch einen Tunnel fahren.

Wortschatz

Substantive

Autobahnnetz, das	network of highways
Ballungsgebiet, das	densely populated area
Beseitigung, die	removal
Brummi, der	truck (coll.)
Engpass, der	bottleneck
Geschwindigkeitsbegrenzung, die	speed limit

Hauptursache, die	main reason
Laster, der	truck
Maut, die	toll
Stau, der	traffic jam
Unfallschwerpunkt, der	concentration of accidents
Verkehrsdichte, die	traffic density

Verben

anpassen	to adapt
ausbauen	to widen
befördern	to transport
genießen	to enjoy
vermeiden	to avoid
verzichten auf +Akk.	to do without

Adjektive und Adverbien

außerstädtisch	outside of a city
innerstädtisch	within a city
unentbehrlich	indispensable
vorgeschrieben	required, prescribed

Ausdrücke

in Anspruch nehmen	to make use of
zu spüren bekommen	to feel

Nach den USA mit 75.376 km und China mit 45.400 km hat Deutschland das drittlängste Autobahnnetz der Welt mit 12.700 km. Die Straßen und Autobahnen im Osten Deutschlands wurden dem Standard des westdeutschen Straßennetzes angepasst. In den alten Bundesländern versucht man hauptsächlich Engpässe und Unfallschwerpunkte zu beseitigen.

Obwohl das Auto eine der Hauptursachen der Luftverschmutzung ist, will der Deutsche auf sein Auto nicht verzichten. Für manche ist es für den Weg zur Arbeit unentbehrlich, andere wollen ihren Privatwagen in der Freizeit genießen. Wegen der wachsenden Verkehrsdichte wird das Autofahren immer problematischer. Ferienreisende in den Ballungsgebieten starten oft schon in den ganz frühen Morgenstunden, um die schlimmsten Staus zu vermeiden.

Innerstädtisch und manchmal auch außerstädtisch können öffentliche Verkehrsmittel in Anspruch genommen werden. Es gibt Busse, Straßenbahnen, S-Bahnen und U-Bahnen. Oft kann man innerhalb einer gewissen Zeit mit derselben Fahrkarte auf alle anderen Verkehrsmittel umsteigen.

Der LKW spielt für den Gütertransport von Tür zu Tür eine unentbehrliche Rolle, nicht nur im Bundesgebiet, sondern auch im restlichen Europa. Da Lkws vom Wetter abhängig sind und an Wochenenden zu bestimmten Zeiten die Autobahnen nicht benutzen dürfen, werden sie häufig im „Huckepackverkehr" von der Bahn auf Spezialwaggons befördert.

Immer mehr ausländische LKWs rollen über Deutschlands Straßen. Sie müssen eine Maut bezahlen. Das Kraftfahrbundesamt berichtet: „Der 'Brummi' ist beim Gütertransport das Verkehrsmittel Nummer eins. Fast siebzig Prozent der Transportleistung in Deutschland entfallen auf den LKW. Besonders stark hat der Güterverkehr nach dem Fall des 'Eisernen Vorhangs' zugenommen. Deutschland, in der Mitte Europas und als wichtiges Transitland, bekommt das besonders zu spüren. Die größte Zahl ausländischer Lkws kam im vergangenen Jahr aus den Niederlanden, gefolgt von französischen und belgischen Lastern"[2].

Lastkraftwagen (LKW)

Geschwindigkeitsbegrenzungen, Höchsttempo, Tempogrenzen oder Tempolimits – Deutschland ist das einzige Land in Europa mit „freier Fahrt". Auf den Autobahnen darf man streckenweise so schnell fahren wie man will oder kann. In den anderen europäischen Staaten liegt das Höchsttempo auf Autobahnen zwischen 90 km/h und 130 km/h.

2 Mit freundlicher Genehmigung: http://de.trans.info/

Übung zum Verständnis. Suchen Sie im Lesetext alle Informationen, die sich auf den Lastkraftwagenverkehr und die Güterbeförderung im Allgemeinen beziehen.

1. Woher kommen die meisten Laster, die auf deutschen Straßen fahren?
2. Warum fahren wohl gerade durch Deutschland so viele Laster?
3. Nach dem Zweiten Weltkrieg gab es eine Zeit, als der Güterverkehr ziemlich plötzlich stark zunahm. Wann war das?
4. Wie versucht man in der Ferienzeit, die Staus auf den Autobahnen zu vermeiden?
5. Welche öffentlichen Verkehrsmittel gibt es innerhalb vieler großer deutscher Städte?
6. Warum ist der Huckepacktransport für LKWs manchmal nötig?
7. Wieviel % aller Güter wird innerhalb Deutschlands mit dem LKW befördert?
8. Was bedeutet es für Deutschland, ein „Transitland" zu sein?
9. Darf man auf deutschen Autobahnen so schnell fahren wie man will?
10. Was bedeutet „freie Fahrt"?

Aktivitäten

A. **Partnerarbeit. Erarbeiten Sie mit Ihrem Partner/Ihrer Partnerin eine Liste von Gründen für oder gegen das Tempolimit auf der Autobahn.**

Für	Gegen
1. _____	_____
2. _____	_____
3. _____	_____

B. **Mündlicher Bericht. Berichten Sie in Ihrem Kurs, wie Sie zum Tempolimit auf der Autobahn stehen. Begründen Sie Ihre Meinung.**

LESETEXT 3 Die Bahn

Hauptbahnhof Frankfurt

Vor dem Lesen

1. Warum reisen Sie gern / nicht gern mit der Bahn?

2. Ist die Bahn in Ihrem Land staatlich oder privat?

3. Inwiefern ist die Bahn umweltfreundlicher als andere Verkehrsmittel?

4. Was für Bahntypen kennen Sie?

Wortschatz

Substantive

Aktiengesellschaft, die	stock holding company
Bahnanschluss, der	connection to the railway system
Güterverkehr, der	freight traffic
Hauptstrecke, die	main line
Hauptverkehrszeit, die	peak traffic hours
Nahverkehr, der	local public transportation
Rabatt, der	discount
Verkehrsträger, der	transportation systems
Verkehrsverbund, der	transportation consortium
Zugfolge, die	train interval
Zusammenschluss, der	merger

Die Deutsche Bahn blickte im Jahre 2010 auf eine 175 Jahre alte Tradition zurück, als die erste Dampflokomotive am 7. Dezember 1835 von Nürnberg nach Fürth fuhr. Nach der Wiedervereinigung entstand 1994 die Deutsche Bahn AG (Aktiengesellschaft) als Zusammenschluss der ehemaligen DDR Reichsbahn und der westdeutschen Bundesbahn. Die Eisenbahnen sowie Busse der Bahn AG befördern täglich mehr als sieben Millionen Personen. 1991 begann die technische Revolution der Bahn mit den Hochgeschwindigkeitszügen ICE, die eine Geschwindigkeit von 280 km/h erreichten. Der ICE war so erfolgreich, dass er heute auf allen Hauptstrecken der Bahn eingesetzt wird. Der ICE Sprinter ist besonders für Geschäftsleute attraktiv, da er ohne Zwischenstopp die Städte Frankfurt am Main, Berlin, Hamburg und München verbindet und somit eine Alternative zum Flugzeug oder Auto bietet. Um auch international konkurrenzfähig zu bleiben und weiterhin nach Österreich, in die Schweiz, nach Belgien, Frankreich und in die Niederlande zu fahren, hat die Bahn mehrere ICE im Einsatz, die alle vier europäischen Stromsysteme benutzen können. Mit dem ICE kann man heute bis Amsterdam, Basel, Brüssel, Zürich, Interlaken, Chur, Innsbruck und Wien fahren. Die Reisezeit von Frankfurt nach Paris beträgt heute weniger als vier Stunden. In den kommenden Jahren wird es auch eine ICE Verbindung von Frankfurt über Köln und Brüssel nach London geben.

Eine besonders wichtige Funktion hat die Bahn in den wirtschaftlichen Ballungsräumen, z.B. in Berlin, Hamburg, im Ruhrgebiet, in Frankfurt am Main, Köln, Nürnberg, Stuttgart und München. Ein „Verkehrsverbund" verbindet die öffentlichen Verkehrsträger miteinander, so dass die Fahrgäste mit ein und derselben Fahrkarte alle Verbundverkehrsmittel benutzen können. Öffentliche Verkehrsmittel, besonders in den Zentren der Großstädte, entlasten den Individualverkehr und tragen auch zum Umweltschutz bei.

Die Bahn AG ist weltweit das zweitgrößte Transportunternehmen. Die drei bekanntesten Tochterunternehmen der Bahn sind DB Regio (Schienennahverkehr), DB Fernverkehr und DB Schenker Rail (Schienengüterverkehr).

Die BahnCard bietet die Möglichkeit, mit 25% oder 50% Rabatt auf den Normaltarif zu reisen. Den Reisenden steht eine Vielzahl an Zügen zur Verfügung:

Fernverkehr

ICE in Köln

EC= Der EuroCity verbindet Städte zwischen Deutschland und anderen EU-Staaten.

IC= Der InterCity hat den Schnellzug (D-Zug) ersetzt. Die Abkürzung ist international gebräuchlich und in Deutschland nicht mehr zuschlagpflichtig.

ICE= Der InterCity Express, wahrscheinlich der beliebteste Zug, der die größeren deutschen Städte so praktisch verbindet, dass der Reisende in ein paar Minuten und meist auf demselben Bahnsteig Anschluss bekommt.

ICE-Sprinter= Der ICE-Sprinter verkehrt nur morgens und auch abends. Primär ist dieser Zug für Geschäftsleute und verbindet die deutschen Metropolen Berlin, Frankfurt am Main, Hamburg und Köln direkt. Die Züge sind aufpreispflichtig und Sitzplätze müssen reserviert werden.

Der Nahverkehr

IRE= Den InterRegioExpress gibt es nur in Bayern, Baden-Württemberg, Sachsen und der Schweiz (Basel, Schaffhausen, Kreuzlingen)

InterRegioExpress

RE= Der Regional-Express ist besonders bei Reisenden beliebt, die am Wochenende das Schöne-Wochenende-Ticket ausnutzen wollen. Dieser Zug fährt nur auf bestimmten Strecken, wie zum Beispiel München-Landshut-Regensburg-Schwandorf-Hof-Gera-Leipzig.

RB= Die Regionalbahn war früher ein Personen- oder Nahverkehrszug. Sie hält an jedem Bahnhof.

S= Die S-Bahn, eine Stadtschnellbahn für den innerstädtischen und Vorortverkehr. Sie fährt teils ober-, teils unterirdisch (auch Hochbahn oder U-Bahn genannt) und hat besonders in den Hauptverkehrszeiten eine rasche Zugfolge.

Regionalbahn

U-Bahn/S-Bahn

Übungen zum Verständnis

A. Beantworten Sie die folgenden Fragen mit Hilfe der Informationen im Lesetext.

1. Welche Transportmittel fasst der Begriff „Bahn AG" zusammen?

2. Warum ist die Bundesbahn umweltfreundlicher als viele andere Verkehrsmittel?

3. Was macht das Umsteigen innerhalb einer Region von einem Verkehrsmittel in ein anderes so einfach?

4. Welcher Zug könnte innerhalb Deutschlands mit dem Flugzeug konkurrieren?

5. Mit welchem Zug fährt man, wenn man an einen Ort reisen muss, der nicht dem IC-Netz angeschlossen ist?

6. Welchen Vorteil hat die S-Bahn gegenüber dem Bus im innerstädtischen Verkehr?

7. Wann spricht man von Hoch- und wann von U-Bahnen?

B. Welchen Zug würden Sie in den folgenden Situationen benutzen?

1. In Ihrem Düsseldorfer Büro sagt Ihnen ein Kollege aus Paris am Telefon, Sie möchten doch bitte so bald wie möglich die neuen Baupläne mit ihm ansehen.
   Zug: _____

2. Sie wollen von Heidelberg nach Rothenburg ob der Tauber.
   Zug: _____

3. Sie wohnen am Rand der Stadt. Mit welchem Zug fahren Sie jeden Morgen ins Stadtzentrum?
   Zug: _____

4. Sie wohnen in Düsseldorf und haben in Oberwinter, einem kleinen Ort am Rhein, geschäftlich zu tun.
   Zug: _____

5. Sie müssen zu einem wichtigen Geschäftstermin von München nach Nürnberg.
   Zug: _____

LESETEXT 4   Mit dem ICE nach London[3]

Der deutsche ICE-Hochgeschwindigkeitszug fuhr am 19. Oktober 2010 zum ersten Mal unter den Eurotunnel auf dem Weg nach London. Es war ein historischer Tag, denn Großbritannien war bislang von Deutschland aus nur mit dem Flugzeug, der Fähre oder mit dem Schiff zu erreichen. Die beiden Länder sind nun zeitlich nicht mehr weit voneinander entfernt. Die Fahrt von Frankfurt über Köln und Brüssel soll nur 5 Stunden betragen. Die deutsche Bahn wird mit diesem Schritt dem Euro-Train Konkurrenz machen, denn bislang durften nur diese Züge durch den Tunnel fahren.

---

3 Mit freundlicher Genehmigung: www.magazin-deutschland.de

Zwischen Deutschland und Großbritannien soll es bald Direktverbindungen geben. London und Frankfurt, äußerst wichtige Finanzzentren in Europa, sind dann per Bahn zu erreichen. Mit diesem Schritt läutet die Bahn die Konkurrenz zum Flugzeug ein, das für diese Strecke auch inkl. Wartezeit mehrere Stunden benötigt.

Die Deutsche Bahn musste die historische erste Fahrt intensiv vorbereiten. Falls im Tunnel etwas passieren sollte, müssen alle 300 Passagiere schnell evakuiert werden. Dieser Test wurde auch durchgeführt und er war erfolgreich. Damit sind die Weichen für die Zukunft gestellt.[4]

Übung zum Verständnis

Beantworten Sie die folgenden Fragen.

1. Wo steht im Text, dass noch nie ein deutscher Zug vom Festland auf die Britische Insel gefahren ist?

2. Ab wann soll man ohne umsteigen zu müssen mit dem Zug von Deutschland nach Großbritannien fahren können?

3. Welche europäischen Städte wird der ICE von Frankfurt nach London durchfahren?

4. Welches Land fährt schon Züge durch den Eurotunnel?

5. Wie lange dauert die Fahrt mit dem ICE von Frankfurt nach London?

6. Woher wissen wir, dass die Zugpassagiere bei einem Unfall im Tunnel schnell ans Tageslicht befördert werden können?

LESETEXT 5   Die Luftfahrt

Vor dem Lesen

1. Welches Bundesamt (federal agency) überwacht in Ihrem Land die Flugsicherheit?

2. Hat Ihre Heimatstadt einen internationalen Flughafen? Wenn nicht, wie heißt der nächstgelegene? Von welchen U.S.-amerikanischen Flughäfen bestehen Direktverbindungen nach Frankfurt am Main?

Wortschatz

Substantive

Flugsicherheit, die	air safety
Linienverkehr, der	regularly scheduled flights
Umzug, der	move

---

4 The course has been set

Verben

anpassen	to adjust
beliefern	to supply
verkehren	to take off

Adjektive und Adverbien

belastet	congested

Ausdruck

macht es notwendig	makes it necessary

Für die Flugsicherheit in Deutschland sorgt die Deutsche Flug-sicherungsgesellschaft GmbH in Frankfurt. Der immer stärker belastete deutsche Luftraum macht es notwendig, dass die Sicherheitsstandards der Flughäfen in Deutschland ständig der technologischen Entwicklung angepasst werden.

Auf dem Frankfurter Flughafen verkehren im regelmäßigen Linienverkehr ca. 155 Fluggesellschaften. Dazu kommen, besonders zur Hauptreisezeit, eine Anzahl von Charterunternehmen. Die Lufthansa hat in Frankfurt ihr Hauptdrehkreuz.

Mehrere ausländische Unternehmen haben eine Niederlassung bei deutschen Flughäfen. So ist z.B. der Europa Hub von UPS Airlines in Köln/Bonn. Der Konkurrent FedEx plant wohl deshalb seinen Umzug von Frankfurt nach Köln/Bonn, um von hier aus Osteuropa zu beliefern.

Übung zum Wortschatz.

A. Deutsche Ausdrücke und Fremdwörter hört man oft nebeneinander. Sie sollten beide kennen. Ordnen Sie die Ausdrücke, die dasselbe aussagen, einander zu.

1. _____ die Buchung		a. die Airline
2. _____ der Fluggast		b. der Airport
3. _____ Erste Klasse		c. die Reservierung
4. _____ der Flughafen		d. die Kapazität
5. _____ die Fluglinie		e. First Class
6. _____ zollfrei		f. der Passagier
7. _____ die Zwischenlandung		g. Duty Free
8. _____ die Fasskraft		h. der Stopover

B. Im Bereich des Flugverkehrs wurden viele Ausdrücke aus dem Englischen ins Deutsche übernommen. Schreiben Sie neben jeden Begriff das richtige englische Wort.

1. die Bordkarte _____

2. die Businessklasse _____

3. der Start _____

4. die Touristenklasse _____

5. der Transitpassagier _____

6. einchecken _____

7. die Warteliste _____

8. der Direktflug _____

9. der Kontrollturm _____

C. Die folgenden Komposita haben alle etwas mit dem Flugverkehr zu tun. Wie viele können Sie erraten? Schreiben Sie neben jeden Begriff das richtige englische Wort.

1. der Flugverkehr _____

2. der Fluggast _____

3. der Flugschein _____

4. die Flugzeit _____

5. der Anschlussflug _____

6. der Flugpreis _____

7. die Flugzeugbesatzung _____

8. die Flugsicherheit _____

9. die Flugverbindung _____

10. das Flugpersonal _____

11. die Flughöhe _____

12. die Flugangst _____

13. die Flugdauer _____

14. der Bordservice _____

15. das Flugverbot _____

16. das Fluggepäck _____

17. der Nachtflug _____

D. Wählen Sie von den Ausdrücken in Übung C die aus, die den Text sinnvoll ergänzen.

1. Der Pilot sagt: „Wir haben eine _____ von 10 000 m erreicht."

2. Der Flug nach Frankfurt ist ein _____. Sie kommen um 6 Uhr morgens an.

3. Der _____ ist ausgezeichnet. Ist das ein Sonderpreis?

4. Die _____ beträgt 8 Stunden und 18 Minuten.

5. Die _____ ist nicht gut. Ich muss zu lange auf den _____ warten.

6. Finden Sie auch, dass die _____ unwahrscheinlich freundlich war?

7. Wie viel darf mein _____ wiegen?

8. Die _____ werden gebeten, Ihre Bordkarten bereitzuhalten.

Aktivitäten

Partnerarbeit

A. Bei jeder Art von Reisen braucht man bestimmte Redewendungen. Hier finden Sie spezielle Redewendungen für Flugreisen. Versuchen Sie, zusammen mit einem Partner / einer Partnerin, die entsprechende englische Redewendung zu finden. Vergleichen Sie dann Ihre Ergebnisse im Plenum.

1. Wo kann ich den Rückflug bestätigen?

2. Wann startet die Maschine?

3. Wie lange wird sich der Flug verzögern?

4. Wird während des Fluges eine Mahlzeit serviert?

5. Was kostet Übergepäck?

6. Mein Koffer ist verlorengegangen.

7. Sie können eine Stunde vor Abflug einchecken.

8. Ich kann Sie auf die Warteliste setzen.

9. Der Flug ist verschoben worden.

10. Der Flug wurde gestrichen.

11. Alle Transitpassagiere des Lufthansafluges 430 nach Chicago werden dringend gebeten, sich sofort zum Flugsteig B57 zu begeben.

12. Letzter Aufruf für British Airways–Flug von Düsseldorf nach Manchester, Flugsteig C81.

B. Bilden Sie kleine Gruppen (drei bis vier Personen). Ihre Gruppe will einen Transatlantikflug buchen. Besprechen Sie, was Ihnen bei der Wahl einer Fluggesellschaft wichtig ist. Lesen Sie die folgenden vierzehn Angebote und bewerten Sie, wie wichtig Ihnen jedes einzelne Angebot ist. Eine 1 ist für Sie am wichtigsten und eine 14 ist für Sie am unwichtigsten.

Hinweis: Diese Angebote existieren (noch nicht) alle.

1. _____ Flugsicherheit
2. _____ Direktflug ohne Zwischenlandung
3. _____ keine Gewichtsbegrenzung
4. _____ kürzere Flugdauer als bei anderen Fluglinien
5. _____ freundliche Flugzeugbesatzung
6. _____ bequeme Sitze
7. _____ alkoholische Getränke umsonst
8. _____ Lesematerial und Unterhaltungsfilm während des Fluges
9. _____ Sonderpreis
10. _____ Pünktlichkeit
11. _____ getrennte Sitzreihen für Eltern mit Kindern
12. _____ ausgezeichnete Mahlzeiten
13. _____ gutes Vielfliegerprogramm mit Bonusmeilen
14. _____ problemloses Einchecken

LESETEXT 6   Die Schifffahrt

Vor dem Lesen

1. Hat Ihr Staat einen Hafen (See- oder Binnenhafen)?

2. Welcher Hafen / Welche Häfen in Ihrem Land spielen für den Transatlantikverkehr eine Rolle?

3. Welche Häfen kennen Sie am Pazifik?

4. Was für eine Rolle spielt die Binnenschifffahrt in Ihrem Land?

Deutsches Eck. Der Rhein und die Mosel bei Koblenz.

Wortschatz

Substantive

Binnenschifffahrt, die	inland shipping
Fördereinrichtung, die	container crane
Flusskreuzfahrtschiff, das	river cruise ship
Frachtschiff, das	freight vessel
Güterverkehr, der	freight traffic
Handelsflotte, die	merchant marine
Hebeeinrichtung, die	container crane
Kanal, der	canal
Überseehafen, der	sea port
Umsatz, der	revenue
Wasserstraßennetz, das	network of waterways

Verben

abwickeln	to process
beitragen	to contribute
beladen	to load
betreffen	to concern
entsprechen	to correspond to
löschen	to unload

Adjektive und Adverbien

kostensparend	money saving
umweltschonend	environmentally friendly

Containerschiff auf dem Rhein

Die Binnenschifffahrt in Deutschland spielt sich auf circa 7.350 Kilometern ab, wovon 75% Flüsse sind und 25% Kanäle. Zwei Drittel betreffen den Rhein (mit den

Nebenflüssen Neckar, Main, Mosel und Saar), die Donau, die Weser und Elbe. Die Nord- und die Ostsee lassen sich über Seeschifffahrtsstraßen erreichen.

Die Kanal-Netze zwischen Rhein und Oder machen den Güterverkehr zwischen Westen und Osten möglich. Deutschland hat eine sichere und hochmoderne Handelsflotte und ist auf dem Gebiet der Containerschiffe und des Roll-on-Roll-off Verkehrs weltweit führend. Die Überseehäfen Hamburg, Bremerhaven, Wilhelmshaven, Lübeck und Rostock sind auf Grund der großen Investitionen in die Infrastruktur und in die modernen Förder- und Hebeeinrichtungen international bekannt. Sie sind „schnelle Häfen", in denen große Seeschiffe in Rekordzeit gelöscht und beladen werden können. In Deutschland findet man mehr als 100 See- und Binnenhäfen. Mehr als 50 Großstadtregionen haben direkten Zugang zur Schifffahrt. Die jährlichen Gütertransporte auf dem Wasserstraßennetz entsprechen beinahe 75% der Eisenbahnleistung und 14 Millionen Lkw-Fahrten. Dieser Güterverkehr ist deshalb besonders kostensparend und umweltschonend. Die Nord- und Ostseehäfen wickeln pro Jahr über 300 Millionen Tonnen ab. Der Mittellandkanal verbindet Dortmund im Ruhrgebiet mit Berlin an der Havel. Der Rhein-Main-Donau-Kanal verbindet das Schwarze Meer mit der Nordsee.

Nord-Ostsee-Kanal

Auch die Tourismusindustrie trägt zum jährlichen Umsatz bei. Mehrere Millionen Touristen reisen auf den Flusskreuzfahrtschiffen durch Deutschland. Mehr als 30 Millionen Fahrgäste benutzen jährlich die Seehäfen. Urlauber auf den ost- und nordfriesischen Inseln sowie der Fährverkehr zwischen Deutschland und Skandinavien stehen statistisch ganz oben auf der Liste.

Übung zum Verständnis. Beantworten Sie anhand des Lesetextes folgende Fragen.

1. Was will man damit ausdrücken, wenn man von einem „schnellen Hafen" spricht?

2. Nennen Sie zwei Nordsee- und zwei Ostseehäfen

3. Inwieweit ist der Rhein-Main-Donau-Kanal für die Wirtschaft sehr wichtig?

4. Warum werden in Deutschland so viele Güter auf den Wasserstraßen transportiert?

5. Welche Möglichkeiten haben Touristen, die gern mit dem Schiff reisen?

Übungen zum Wortschatz. Ergänzen Sie die folgenden Sätze.

1. Das _____ wird immer weiter ausgebaut und auf den neuesten technologischen Stand gebracht, weil es für die Beförderung der Fracht so wichtig ist.

2. Der Rhein-Main-Donau-Kanal erstreckt sich von der _____ bis zum _____.

3. Schiffe, die aus Amerika kommen, laufen einen deutschen _____ an.

4. Ein _____schiff befördert Güter, aber es ist nicht für den Personentransport bestimmt.

5. Ein Schiff entladen nennt man _____.

6. Eine künstliche Wasserstraße, die zwei Flüsse verbindet, ist ein _____.

7. Schiffe, die Güter in riesigen Behältern transportieren, sind _____.

8. Den Schiffsverkehr innerhalb eines Landes nennt man _____.

Grammatiknotizen

-ig oder -lich

Die Endung **-ig** drückt eine Zeitspanne (Dauer) aus: Nach einer zweitä**tig**en Reise erreichten sie Rotterdam. (Die Reise dauerte zwei Tage.)

Die Endung **-lich** drückt eine regelmäßige Wiederkehr aus. Das Schiff macht stünd**liche** Hafenrundfahrten. (jede Stunde einmal)

Übungen zur Grammatik

A. Erklären Sie, was die folgenden Ausdrücke bedeuten.

Beispiele: ein dreiwöchiges Programm → Das Programm dauert drei Wochen
Ein monatliches Gehalt → Jeden Monat bekommt man ein Gehalt

1. eine jährliche Urlaubsreise _____

2. ein zweimonatiger Sprachkurs _____

3. ein stündlicher Bahnanschluss _____

4. der wöchentliche Mülltransport _____

5. ein neunmonatiges Praktikum _____

6. eine halbstündige Fahrt _____

7. ein viertelstündlicher S-Bahn-Anschluss _____

8. eine halbjährlich erscheinende Zeitschrift _____

9. tägliche Verkehrsprobleme _____

10. eine monatliche Sitzung _____

B. Ergänzen Sie jeden Satz mit dem passenden Adjektiv und vergessen Sie die Endung nicht!

1. Die Hostessen machten einen _____ Kurs (zwei Monate lang)

2. Die Fahrzeuge werden _____ überprüft (jedes Jahr einmal).

3. Die Intercity-Züge verkehren _____ (jede Stunde)

4. Ein _____ Busverkehr ist nicht gut genug (jede halbe Stunde).

5. Sie machten eine _____ Kreuzfahrt im Mittelmeer (vierzehn Tage lang).

6. Nach einer _____ Zugfahrt waren sie in Dresden (vier Stunden lang)

7. _____ um ein Uhr wird auf dem Schiff das Mittagessen serviert (jeden Tag).

8. Die Wagen werden _____ überprüft (jedes Vierteljahr).

9. Die Parkplätze werden _____ gereinigt (jede Woche).

10. Die Zeitschrift der Deutschen Bahn AG erscheint _____ (jeden Monat).

Mittellandkanal bei Magdeburg

Aktivitäten

Partnerarbeit. Als Import- und Exportland spielt die Bundesrepublik eine wichtige Rolle. Erstellen Sie zusammen mit Ihrem Partner / Ihrer Partnerin eine Liste der wichtigsten deutschen Seehäfen und Wege der Binnenschifffahrt. Erklären Sie an Hand Ihrer Liste, wie Deutschland sich im internationalen Wettbewerb behaupten kann.

Schlussgedanken

Welche Verkehrsprobleme müssten noch gelöst werden?

Was können wir vom europäischen Verkehrsmodell lernen?

Wussten Sie das schon?

- Die meisten Hauptbahnhöfe befinden sich im Zentrum einer Stadt. Das ist besonders praktisch für Geschäftsleute auf Reisen und für solche, die auf weitere Verkehrsmittel angewiesen sind.

- Züge kommen pünktlich an und fahren pünktlich ab. Pünktlichkeit spielt nicht nur im öffentlichen Verkehr eine bedeutende Rolle, sondern auch im geschäftlichen und privaten Leben.

- Das Schienennetz, das die Metropolen Europas miteinander verbindet, ist für eine Reisegeschwindigkeit von 300 km/h ausgebaut. Ein Zug fährt in weniger als vier Stunden von Köln nach Paris und in weniger als einer Stunde von Köln nach Frankfurt. Die Fahrt von Frankfurt über Köln und Brüssel nach London mit dem ICE-Hochgeschwindigkeitszug dauert fünf Stunden.

- Seit der Einführung der Maut-Gebühren wird in Zukunft eventuell auch auf allen Bundesstraßen Maut erhoben, denn um die Gebühren zu vermeiden, weichen täglich mehr als fünfzig schwere Lkws von der Autobahn auf vierspurige Bundesstraßen aus.

- Den Führerschein für Kleinkrafträder (leichte zwei- oder dreirädrige Motorräder), mit einer Höchstgeschwindigkeit 45 km/h, kann man im Alter von 16 Jahren bekommen. Ab 17 Jahren darf man vierrädrige Kraftfahrzeuge (Autos) fahren, aber nur in Begleitung einer Person, die einen regulären Führerschein besitzt. Ab 18 Jahren darf man dann allein fahren.

Geschäftskorrespondenz[1]

Der Geschäftsbrief
Anfrage, Angebot, Bestellung, Mängelrüge
Musterbriefe
Lernziele

In diesem Kapitel lernen Sie die Standardform eines deutschen Geschäftsbriefes kennen. Wie informiert man sich schriftlich, wie akzeptiert man ein Angebot und wie bestellt man eine Ware? Sollte die Lieferung falsch oder beschädigt sein, muss man reklamieren.

Einführende Fragen

Worauf achten Sie, wenn Sie Geschäftskorrespondenz schreiben müssen?

Welche Fähigkeiten braucht man, um erfolgreich internationale Korrespondenz zu führen?

LESETEXT 1   Der Geschäftsbrief

Vor dem Lesen
Inwiefern (to what degree) sieht Geschäftskorrespondenz anders aus als Privatkorrespondenz?

Besprechen Sie die folgenden Punkte.

Beispiel: Größe des Briefpapiers
In der Geschäftskorrespondenz hat der Briefbogen eine Standardgröße.
In der Privatkorrespondenz kann der Briefbogen jede Größe haben

Wortschatz

Substantive
Anlage, die	enclosure, attachment
Anrede, die	salutation
Bestandteil, der	part, element
Betreff, der	reference
Bezugszeichenzeile, die	reference line

---

1 http://www.muskingum.edu/~modern/german/busgerm/web_brief.pdf

Briefbogen, der	sheet of writing paper
Durchwahl, die	telephone extension number
Empfänger, der	recipient
Geschäftsvermerk, der	business information
Leerzeile, die	blank line
Nichtbeachtung, die	disregard

Verben

sich befinden	to be located
bestehen aus	to consist of
bestellen	to order
sich beziehen auf + Akk.	to reference
vorkommen	to occur
verärgern	to annoy

Adjektive und Adverbien

bezugnehmend	in reference to
einzeilig	single spaced
gewöhnlich	usually
hochachtungsvoll	sincerely
peinlich	embarrassing
schmal	narrow

Ausdrücke

Beste Grüße
Mit freundlichen Grüßen
Mit freundlichem Gruß

Das Format: Der deutsche Geschäftsbrief hat das Standardformat DIN A4 (297 mm hoch x 210 mm breit). Das ist etwas länger und schmaler als das amerikanische Format.

Der Firmenkopf: Name und Adresse der Firma stehen gewöhnlich ganz oben auf dem Briefbogen.

Die Anschrift: Links oben befinden sich der Absender und darunter die Anschrift des Briefempfängers·

Frau	Herrn Direktor	Modehaus Dietz
Dr. Christa Junghans	Dr. Rolf Knutsen	Abteilungleiter
Gartenstrasse 12	Bismarkstraße 25	Klaus Weber
		Lindenallee 45
26129 Oldenburg	94032 Passau	42551 Velbert

Die Bezugszeichenzeile:
Ihre Nachricht vom: Erhalt eines Briefes
Unsere Nachricht/unser Zeichen: Antwort auf einen Brief
Durchwahl, Name: Wer den Brief geschrieben hat mit Tel.
Datum: Das heutige Datum. (Tag, Monat, Jahr)

Betreff: Auf dieser Zeile schreibt man den Namen der Bestellung ohne das Wort Betreff.

Die Anrede: Zwischen Betreff und der Anrede lässt man zwei Zeilen frei. Nach der Anrede steht heute ein Komma und danach schreibt man klein weiter. Anrede am Anfang und Gruß am Ende müssen zueinander passen. Titel sind ein wichtiger Bestandteil des Namens, und die Nichtbeachtung eines Titels kann peinlich sein oder sogar einen Kunden verärgern. Im Geschäftsleben kann man Titel und akademische Grade ohne Hinzufügen des Namens als Anrede gebrauchen.

Herr Direktor   Frau Oberstudiendirektorin   Frau Doktor

Akademische Grade werden in der Briefanschrift abgekürzt:

Dr. (Doktor)   Dipl. Ing. (Diplomingenieur)

Allgemein übliche Anredemöglichkeiten sind:

Sehr geehrter Herr von Steuben   Sehr verehrte Frau Dr. Wenzel

Bei amtlichen Stellen gebraucht man gar keine Anrede:

Einwohnermeldeamt[2]

Abt. Ausländerangelegenheiten

Dann folgt der Text des Briefes.

Bei Firmen und Behörden kann es vorkommen, dass man nicht weiß, an wen man den Brief richten soll. In dem Fall schreibt man: „Sehr geehrte Damen und Herren"

Die Standardanrede in offiziellen Briefen:

Sehr geehrte Damen und Herren
Sehr geehrter Herr Direktor Müller
Sehr geehrte Damen
Sehr geehrte Frau Müller
Verehrte Frau von Stubben
Sehr geehrte Frau Professorin Schmidt
Sehr geehrte Frau Professorin
Sehr geehrte Frau Dr. Götting
Sehr geehrter Herr Professor Meyer
Sehr geehrter Herr Professor

Text: Nach der persönlichen Anrede folgt ein Komma, und der nächste Satz beginnt nach einer Leerzeile mit einem kleinen Buchstaben. Der Brieftext selbst ist einzeilig zu schreiben. Am Ende des Briefes erfolgt nach einer Leerzeile die Grußformel: Hochachtungsvoll, Mit freundlichen Grüßen, Mit freundlichem Gruß, Beste Grüße. Nach einer weiteren Leerzeile schreibt man den Namen der Firma. Die Unterschrift setzt sich deutlich von dem Text ab. Unten am Brief findet man das Wort Anlagen.

Geschäftsvermerke

Auf dem unteren Rand erfolgen Informationen Fax, Bankverbindung, Postgirokonten und Geschäftszeiten

---

2 registry office

Übungen zum Verständnis

A. Beantworten Sie bitte die folgenden Fragen.

1. Welche Vorteile hat die Normung von Geschäftsbriefen?

2. Welche Größe hat ein deutscher Standardbriefbogen im Vergleich zu einem amerikanischen?

3. Wo auf dem Briefbogen steht die Adresse der Person, an die man den Brief schreibt?

4. Adressieren Sie einen Brief an Helmut Mandel, Abteilungsleiter der Baufirma Klettermann.

5. Schreiben Sie die folgenden Daten auf Deutsch: April 24, 2011 und August 12, 2011.

6. Was weiß man sofort, wenn man die Betreff-Zeile liest?

7. Manchmal sind Titel sehr lang und klingen steif. Würde man durch das Weglassen eines Titels eine vertraute Atmosphäre schaffen[3]?

8. Sie haben eine Frage an das Finanzamt. Mit welcher Anrede beginnen Sie Ihren Brief?

9. Welche Anrede gebraucht man, wenn man nicht weiß, ob man mit einer Dame, einem Herrn oder einer Gruppe korrespondiert?

B. Welche Anrede an die folgenden Personen und Ämter gebrauchen Sie in Ihrem Brief?

1. Direktor Schmidt _____

2. Dr. med. Inge Lorenzen _____

3. Deutsche Bank _____

4. Einen Professor, dessen Namen Sie nicht wissen _____

5. An die Direktion einer Firma, die aus sechs Herren und zwei Damen besteht _____

6. Deutsche Bundespost _____

7. An den Vorstand einer Modefirma, die nur aus Damen besteht.

_____

Übung zum Wortschatz

1. _____ zerbrechlich   a. air mail
2. _____ eilig   b. personal
3. _____ postlagernd   c. printed matter
4. _____ Drucksache   d. express
5. _____ Luftpost   e. postage paid
6. _____ gebührenfrei   f. registered letter
7. _____ persönlich   g. to be called for

---

3 create

8. _____ Einschreiben	h. sample
9. _____ Eilbrief	i. urgent
10. _____ Muster	j. please forward
11. _____ bitte nachsenden	k. fragile
12. _____ vertraulich	l. confidential

Grammatiknotizen

Rechtschreibung, Grammatik im Geschäftsbrief

In der deutschen Geschäftskorrespondenz sind es oft die kleinen, scheinbar unbedeutenden Rechtschreib- und Grammatikfehler, die einem auffallen. Bemühen Sie sich, diese zu vermeiden.

1. Die subordinierende Konjunktion **dass** schreibt man mit **ss**. Sie kennzeichnet eine Folge oder Absicht.

   Beispiel: Er arbeitete so schnell, dass er schon in zwei Stunden fertig war.

2. Verben und Adjektive, die als Substantive gebraucht werden, schreibt man groß. Dazu gehören alle Adjektive, die nach den Pronomen **etwas, nichts, viel** und **wenig** (Neutrum, mit starker Endung) stehen und dem Pronomen **alles** (Neutrum mit schwacher Endung).

   Beispiel: Das Faxen von Geschäftsbriefen wird heutzutage immer beliebter. Kaufen Sie **etwas** Preiswertes. Sie haben **alles** Brauchbare mitgenommen.

3. Adjektive, die sich auf Orte beziehen, schreibt man groß. Beispiel: die **Leipziger** Messe.

4. Der Apostroph wird im Geschäftsbrief vermieden. Beim Genitiv darf er nicht stehen.

   Beispiel: Unserem Personalchef geht es (**nicht:** geht's) jetzt gesundheitlich etwas besser. Frau Buddes (**nicht:** Budde's) Schreibtisch steht gleich hier links.

5. **Wieder** bedeutet „noch einmal", **wider** bedeutet „gegen".

   Beispiel: Widerwillig hat er die Ware **wieder** in den Korb gelegt.

6. Eine Gruppe maskuliner Substantive hat die Endung –(e)n in allen Fällen außer im Nominativ. Zu dieser Gruppe gehört das Wort „Herr".

   Beispiel: Bitte, richten Sie Herrn Koslowski meine besten Wünsche aus.

Übungen zur Grammatik

A. Das oder dass? Herr oder Herrn?

1. Wir bitten Sie, _____ Einschreiben sofort _____ Schreiner zu geben. Sie wissen doch, _____ die Drucksache eilig ist? Der Brief darf nur von _____ Schwegmann persönlich in Empfang genommen werden.

2. _____ der Titel beim Namen stehen muss, ist doch selbstverständlich.

3. Ich wusste nicht, _____ _____ Muster im Brief lag.

4. Haben Sie _____ Jakobsen darüber informiert, _____ wir _____ Einzelzimmer für _____ Hagedorn reserviert haben?

5. _____ zu tun, ist keine einfache Sache.

6. _____ ein Hotelzimmer in Deutschland eine Klimaanlage hat, ist ganz ungewöhnlich.

7. _____ Sonthausen und _____ König wären Ihnen dankbar, wenn Sie im Oktober kommen könnten.

8. _____ ist nicht das Zimmer, _____ wir bestellt hatten.

B. Adjektivierte Substantive

1. Was haben Sie gefunden? (nothing interesting) _____

2. Was wurde ausgestellt? (everything possible) _____

3. Was gibt es da zu sehen? (nothing special) _____

4. Was können wir von ihm lernen? (something new) _____

C. Adjektive, die sich auf Orte beziehen

Beispiel: die Börse in Frankfurt → die Frankfurter Börse

1. Die Buchmesse in Frankfurt _____

2. Der Flughafen von Düsseldorf _____

3. Der Hafen von Hamburg _____

4. Das Volkswagenwerk in Wolfsburg _____

D. Wie schreibt man das?

1. _____ (das/dass) wir _____ vergessen haben, tut uns schrecklich leid.

2. Haben Sie auf der Messe _____ (something interesting) gesehen?

3. Die _____ (Munich BMW factory) ist doch bekannt.

4. _____ (that which was ordered) ist soeben eingetroffen.

5. Haben Sie schon _____ (the newest) gehört?

6. Unser Vertreter hat wirklich _____ (everything possible) versucht.

7. _____ (the best) wäre, Sie kämen mal vorbei.

8. Dieses _____ (blue) eignet sich nicht für unser Briefpapier.

E. Wieder oder wider

1. Wir müssen uns _____ mehr um unsere ausländischen Kunden kümmern.

2. Immer _____ kommen solche dummen Dinge vor.

3. Der _____ verkäufer ist _____ rechtlich mit der Ware umgegangen.

4. Der Lack glänzt so sehr, dass sich alles darin _____ spiegelt.

5. Im _____ holungsfall muss er mit einer Geldstrafe rechnen.

6. Das Für und _____ muss sorgfältig überlegt werden.

7. Wissen Sie, was ein _____ sacher ist? Das ist ein Gegner, ein Antagonist, ein Opponent, jemand, der immer _____ sprechen muss.

8. Das kann ich nicht tun, das _____ strebt mir ganz und gar.

9. Ein _____ holungskurs in Deutsch wäre eine gute Idee.

10. Seit der _____ vereinigung Deutschlands gibt es _____ mehrere Firmen, die im Osten und im Westen ihren Standort haben.

11. Ein Kunde kann seine Bestellung _____ rufen, d.h. er nimmt sie zurück.

Grammatiknotizen

> 1. Fremdwörter werden im Geschäftsleben viel benutzt und lassen sich oft nur ungeschickt ins Deutsche übersetzen. Aber Vorsicht bei der übertriebenen Anwendung von Fremdwörtern! Für viele gibt es einen ebenso guten deutschen Ausdruck, den viele Geschäftsleute vorziehen.
>
> 2. Gute Stilistik schafft Klarheit. Jeder hat eine gewisse Freiheit in seinem Sprech- und Schreibstil, aber manchmal klingen bestimmte Ausdrucksweisen einfach besser als andere, obwohl sie das Verständnis nicht beeinträchtigen.

F. Wissen Sie, wie man das auf Deutsch sagen kann? Ordnen Sie jedem Fremdwort das passende deutsche Wort zu

1. _____ generell   a. entscheidend, wichtig, dringend

2. _____ akkurat   b. Drucker

3. _____ modifizieren   c. Mitarbeit

4. _____ extrem   d. ändern, abändern

5. _____ akut   e. beschränken

6. _____ limitieren   f. Bescheinigung

7. _____ Kondition   g. beanstanden

8. _____ retournieren   h. genau

9. _____ Zertifikat   i. äußerst

10. _____ Printer   j. zurückschicken, -geben

11. _____ total   k. sinngemäß, entsprechend

12. _____ reklamieren   l. im Allgemeinen

13. _____ Novität   m. Bedingung

14. _____ analog   n. ganz und gar

15. _____ Kooperation   o. Neuheit, Neuerscheinung

G. Manche Fremdwörter, vor allem Fachausdrücke, haben sich so eingebürgert, dass sie am besten nicht übersetzt werden. Erklären Sie, was die folgenden Ausdrücke bedeuten oder geben Sie ein Beispiel.

1. der Kongress _____

2. der Computer _____

3. die Korrespondenz _____

4. der Experte _____

5. der Rabatt _____

6. brutto _____

7. netto _____

8. der Konkurs _____

9. die Konkurrenz _____

LESETEXT 2   Anfrage, Angebot, Bestellung, Mängelrüge

1. Sie wollen sich eine sehr gute Tischsäge kaufen, die grobe und ganz feine Holzarbeiten ausführen kann. Wie informieren Sie sich über die verschiedenen Modelle?

2. Waren Sie schon einmal von einer Ware enttäuscht, die Sie bei einem Versandhaus bestellt hatten? Was war geschehen?

3. Welche Schritte würden Sie einleiten, wenn eine Firma ihren Liefertermin nicht einhält?

4. Sie haben einen ziemlich teuren Wasserhahn installieren lassen und stellen plötzlich fest, dass er tropft. Was unternehmen Sie nun?

5. Sie haben auf Ihre Anfrage ein Angebot erhalten. Nun meldet sich die Firma telefonisch bei Ihnen. Wie reagieren Sie auf diesen Anruf?

Wortschatz

Substantive

Besonderheit, die	special feature
Behebung, die	rectification
Fachkenntnis, die	specialized knowledge
Fachleute, pl.	experts
Gegenstand, der	item
Haftung, die	liability
Kundendienst, der	customer service
Lieferzeit, die	delivery time
Mängelrüge, die	complaint
Missverständnis, das	misunderstanding
Preisermäßigung, die	price reduction
Rabatt, der	discount
Unterstützung, die	help, support
Werbebrief, der	advertising flyer
Zahlungsweise, die	mode or method of payment

Verben

anbieten	to offer
ausschalten	avoid competition
sich beschweren über+Akk.	to complain about
ersparen	to save, prevent
reklamieren	to complain; to make a complaint
rückgängig machen	to undo

Adjektive und Adverbien

verbindlich	binding
defekt	defective
einwandfrei	perfect
formgebunden	having a prescribed form
heutzutage	nowadays
rechtlich	legally
rückgängig	reverse
sachlich	matter-of-fact
unverlangt	unsolicited

Ausdrücke

ab Werk	direct from the factory

Wer sich über die Lieferung einer Ware oder Dienstleistung informieren will, kann das telefonisch, im persönlichen Gespräch oder schriftlich tun. Die schriftliche Anfrage mit der Bitte um ein schriftliches Angebot kann spätere Missverständnisse ersparen. Um genaue Auskunft zu erhalten, sollten Sie natürlich so detailliert wie möglich angeben, wofür Sie sich interessieren. Da uns in vielen Fällen die nötige Fachkenntnis fehlt, (z. B. beim Kauf eines Computers, bei der Wahl einer Autoversicherung oder bei einem Hausanbau), müssen wir die Fachleute um Rat fragen. Manchmal tun sie das als kostenlosen Kundendienst, und manchmal kostet es etwas.

Wer etwas verkaufen will, muss es anbieten. Ein Werbebrief ist ein unverlangtes Angebot, und ein Informationsbrief ist ein verlangtes Angebot. Eigentlich wird aber jeder Geschäftsbrief, der etwas erreichen will, zu einem werbenden Text. Da wir heutzutage dank der modernen Technologie mit wunderschön illustrierten Werbeschriften überflutet werden, kommt es immer mehr darauf an, dass der Kunde mit dem bestmöglichen Text angesprochen wird – um eventuelle Konkurrenz auszuschalten. Ein guter Informationsbrief sollte folgende Punkte beinhalten:

- für die Anfrage danken
- das Angebot genau angeben
- Besonderheiten erwähnen
- den Preis und die Zahlungskonditionen angeben
- einen freundlichen Schluss finden und auf eine erneute Kontaktaufnahme vorbereiten.

Sie haben ein Angebot bekommen und möchten nun aufgrund dieses Angebots etwas bestellen. Ihre Bestellung ist nicht formgebunden, aber eine schriftliche Bestellung (immer schriftlich, damit später keine unangenehmen Überraschungen passieren) muss klar formuliert sein und die folgenden Angaben enthalten:

- Gegenstand (Typ, Modell, Farbe usw.)
- Menge (Stückzahl)
- Preise

- Liefertermin
- Zahlungsweise

Da Menschen und Maschinen Fehler machen, kommt es vor, dass Sie eine defekte Ware erhalten. Natürlich ärgern Sie sich, da Sie jetzt Zeit, Energie und eventuell Kosten aufbringen müssen, um die Sache zu reklamieren. In Ihrem Ärger möchten Sie sofort anrufen, um sich zu beschweren. Eine bessere Lösung wäre es jedoch, eine Mängelrüge zu schreiben, höflich-sachlich und bestimmt. Je ruhiger Ihr Ton, desto besser. Die Reklamation ist rechtlich meistens unbedeutend und ein unfreundlicher Ton verärgert Ihren Vertragspartner nur. Falls Sie Mängel feststellen, reklamieren Sie sie sofort. Nach einem Jahr können Sie nur noch Mängel anzeigen, wenn der Verkäufer (Ihr Vertragspartner) Haftung auf längere Zeit übernommen hat. Halten Sie sich an folgende Punkte:

- Erwähnen Sie Versand- und Empfangsdatum.
- Beschreiben Sie die Mängel sachlich, verständlich und ausführlich.
- Erwähnen Sie, wie Sie sich die Behebung der Mängel vorstellen:
    a. Kauf rückgängig machen
    b. Preisermäßigung der Ware verlangen
    c. Reparatur oder Ersatz von einwandfreier Ware fordern.
- Setzen Sie Termine.

Übungen zum Verständnis

A. Steht das im Lesetext? Ja oder Nein.

1. _____ Anfragen können schriftlich oder mündlich gemacht werden

2. _____ Fachliche Beratung kostet etwas.

3. _____ Ein verlangter Informationsbrief ist meistens schön illustriert.

4. _____ In einem Informationsbrief muss man die Zahlungskonditionen nicht angeben.

5. _____ Bei der Bestellung muss man sich an eine bestimmte Form halten.

6. _____ Eine schriftliche Bestellung ist verbindlich.

7. _____ Eine Bestellung kann nicht rückgängig gemacht werden.

8. _____ Ein Verkäufer reagiert positiver, wenn Sie ihm Ihren Zorn über Mängel zeigen.

9. _____ Wenn man eine Ware reklamieren will, soll man sofort anrufen.

10. _____ Nach einem Jahr können Sie rechtlich nicht mehr reklamieren.

B. Beenden Sie die Sätze mit passenden Informationen aus dem Lesetext

1. Beim Einkauf eines teuren Gegenstandes oder einer wichtigen Dienstleistung bittet man am besten um ein *schriftliches* Angebot, damit

   _____

2. Eine fachliche Beratung (eine Beratung von Fachleuten) ist manchmal nötig, da

   _____

3. Viele Leute werfen die vielen täglichen Werbebriefe weg, weil

_____

4. Eine Bestellung ist verbindlich, weil

_____

5. Schreiben Sie eine Mängelrüge, wenn

_____

6. Reklamieren Sie so bald wie möglich, weil

_____

Übungen zum Wortschatz

A. Ergänzen Sie jeden Satz mit einem passenden Ausdruck aus dem Lesetext.

1. Etwas Charakteristisches, was andere Waren nicht haben, ist _____

2. Die _____ bestimmt, ob man sofort den gesamten Betrag zahlen muss oder man ihn monatlich abbezahlen kann.

3. Ihr Verkäufer hat nicht genau verstanden, bis wann Sie die Waren haben mussten. Deshalb ist dieses _____ entstanden.

4. Die meisten _____ wandern sofort in den Papierkorb, weil man gar nicht vorhat, diese Dinge zu kaufen.

5. Ich habe mich anders entschlossen. Kann ich den Vertrag _____ machen?

6. Wenn man eine falsche oder fehlerhafte Ware bekommen hat, soll man sich bei dem Verkäufer _____. Aber bitte ohne zornig zu werden!

7. Da die Ware nicht Ihren Vorstellungen entspricht, versuchen Sie, sie billiger zu bekommen. Sie bitten den Verkäufer um eine
_____.

8. Wenn Sie einmal einen Kaufvertrag unterschrieben haben, dann ist er
_____.

B. Definieren Sie die folgenden Begriffe. Am einfachsten geht das an Hand eines Beispiels.

1. die Fachkenntnis _____

2. die Mängelrüge _____

3. einwandfrei _____

4. das Missverständnis _____

5. sich beschweren _____

Eingangsformeln und Schlussworte für bestimmte Geschäftsbriefe

Anfrage:

- Könnten Sie uns bitte so bald wie möglich …
- Ich interessiere mich für … und möchte Sie bitten, mir …
- Bitte teilen Sie uns mit …
- Wir wären Ihnen sehr dankbar, wenn …

Angebot:

- Auf Ihre Anfrage vom … müssen wir Ihnen mitteilen, dass …
- Wir danken Ihnen für Ihre Anfrage und …
- Wir freuen uns über Ihre Anfrage und . . .
- Wir ersehen aus Ihrer Anfrage vom …, dass Sie beabsichtigen …

Bestellung:

- Wir haben Ihre Preisliste / Muster / Proben erhalten und …
- Hiermit möchten wir … bestellen
- Es freut uns sehr, Ihnen einen Auftrag über … zu erteilen

Mängelrüge/Reklamation:

- Die am … abgeschickte Sendung traf heute bei uns ein.
- Beim Öffnen des Kartons …
- Beim Prüfen der Waren …
- Beim Vergleichen der Waren mit der Rechnung waren wir erstaunt festzustellen, dass
  - a. Sie unsere Vorschriften nicht beachtet haben.
  - b. die Qualität der Ware unseren Erwartungen nicht entspricht.
  - c. der Artikel bei weitem nicht so gut ist wie die Probe, nach der Sie ihn verkauften.
  - d. die Sendung mehrere Artikel enthält, die wir nicht bestellt haben.

Schlussworte:

- Für Ihr Verständnis danken wir.
- Wir danken für Ihre Bemühungen.
- Für eine schnelle Lösung sind wir Ihnen dankbar.
- Bitte teilen Sie uns Ihre Entscheidung bald mit.
- Wir würden uns freuen, Ihren Auftrag ausführen zu dürfen.

Musterbriefe

Liebe Hamburgerinnen und Hamburger,

Das ALSTER-Café wird am 12.10.2011 eröffnet. Unsere Gäste haben Zugang zu einer kleinen, aber gut sortierten Bibliothek sowie zu Computern, die Sie beim Kaffee trinken verwöhnen sollen. Vielleicht möchten Sie kurz Ihre E-mails abfragen und sich im Internet informieren? Verschiedene Tageszeitungen und Wochenzeitungen liegen für Sie bereit. Lassen Sie sich ein wenig Zeit und genießen Sie unser Ambiente bei Kaffee und Kuchen. Schauen Sie einfach mal vorbei.

Wir freuen uns schon jetzt auf Ihren Besuch!

Ihr ALSTER-Café

(Anschrift)

**Kiekert
Automatiktüren Gmbh**

Würzburger Straßenbahn GmbH
z. H. Herrn Dipl. – Ing. P. Lehmann
Postfach 10 05 25

97018 Würzburg   VK/K1/Fg   -201   15. 07. 2011

Public Transport Leipzig vom 22. 08. – 26. 08. 2011

Sehr geehrter Herr Lehmann,

als Hersteller von automatischen Türsystemen für Hochleistungszüge, Reisezugwagen, Stadtbahnwagen, Straßenbahnwagen und Busse sind wir auch auf dieser Messe als Aussteller vertreten.

Da viele Städte derzeit in den Ausbau des öffentlichen Nahverkehrs investieren, stellen wir aus aktuellem Anlass aus:

- **elektrische Schwenkschiebetür, Typ Frankfurt, 2flügelig, mit Mikroprozessor-Steuerung**
- **elektrische Außenschwingtüre, 2flügelig, Typ München, mit Mikroprozessor-Steuerung und intelligentem Einklemmschutz (I. E. S.)**

Beiliegend finden Sie außerdem eine Referenzliste, wo diese Türanlagen zum Einsatz kommen.

Wir würden uns freuen, wenn Sie uns auf unserem Messestand B06 in Halle 1 besuchen.

Mit freundlichen Grüßen

Kiekert-Automatiktüren GmbH

R. Thiel

P. Meier   R. Thiel

Anlage

Kiekert-Automatiktüren GmbH   Tel: (02051) 2 97 0   National-Bank Velbert   AG Velbert HRB 1502
Postfach 10 05 25 D-42505 Velbert   Fax: (02051) 2 97-111   BLZ 360 200 30 Kto.-Nr. 685569   Geschäftsführer
                                    Fax: (02051) 2 97-112   Deutsche Bank Düsseldorf   Peter Meier, Reinhold Thiel
Stahlstr. 25 D 422551 Velbert   BLZ 300 700 10, Kto.-Nr. 5635511

Wolfgang Münstermann
Lindenallee 35

26160 Bad Zwischenahn

Bauunternehmen Heinemann
Herrn Müller
Gartenstrasse 36

26129 Oldenburg

20. 7. 2011

Anfrage zur Renovierung

Sehr geehrter Herr Müller,

in der Nähe von Bad Zwischenahn haben wir als Zweitwohnsitz einen alten Bauernhof,
den wir jetzt renovieren möchten. Da uns die nötige Fachkenntnis fehlt, wenden wir uns
an Sie mit der Bitte, uns einen Kostenvoranschlag zu machen. In welch einem Zeitraum
wäre so eine Renovierung möglich und wann hätten Sie Zeit, das Projekt zu besprechen?

Mit freundlichem Gruß

Wolfgang Münstermann

Bauunternehmen Heinemann
Herr Müller
Gartenstrasse 36

26129 Oldenburg

Wolfgang Münstermann
Lindenallee 35
26160 Bad Zwischenahn

22.7. 2011

Renovierung Ihres Zweitwohnsitzes

Sehr geehrter Herr Münstermann,

auf Ihre Anfrage vom (Datum) konnte ich Ihren Zweitwohnsitz in der Zwischenzeit gründlich überprüfen und mir über eine Renovierung Gedanken machen. Ich unterbreite Ihnen hiermit folgenden Kostenvoranschlag:

Renovierungszeitraum: 15. Mai – 15. Oktober

Materialkosten: 70.000 €
Arbeitsstunden: 30.000 €
Gesamtkosten: 100.000 €

Wir würden uns freuen, Ihren Auftrag ausführen zu dürfen. Bitte teilen Sie uns Ihre Entscheidung bald mit.

Mit freundlichen Grüßen

Bauunternehmen Heinemann

Günther Müller
Nadorster Straße 15

26122 Oldenburg

29.08.2011

Vosgerau am Damm GmbH
Damm 25

26135 Oldenburg

Bestellung: 1 Herrenfahrrad "XY"

Sehr geehrter Herr Hanken,

ich bestelle:

1 Herrenfahrrad
- Typ: City Rad
- Hersteller: XY
- Farbe: Schwarz/weiß
- Rahmenhöhe: 57 cm   250,00 €
als Zubehör:
- 1 Fahrradschloss"XY"   25,00 €
                 300,00 €

Beste Grüße

Ihr

Günther Müller

Peter Meyer

Im Neerfeld 11

43015 Essen

20. 08. 2011

Versandkaufhaus AG

Reklamationsabteilung

Haarenstraße 67

44444 Gütersloh

Reklamation der Bestellung (Bestellnummer)

Sehr geehrte Damen und Herren,

leider muss ich meine Bestellung von Hemden zurückschicken. Die am 16. 08. 2011 abgeschickte Sendung traf heute bei mir ein. Beim Öffnen des Kartons musste ich feststellen, dass Sie mir leider die falschen Farben zugeschickt haben. Bitte senden Sie mir die entsprechenden Farben erneut zu. Anbei erhalten Sie eine Kopie der ursprünglichen Bestellung, mit den Farbenangaben, sowie die falsche Ware. Sollte eine Nachlieferung innerhalb kürzester Zeit nicht möglich sein, trete ich von meinem Kaufvertrag zurück und erwarte die Erstattung meiner Zahlung.

Mit freundlichen Grüßen

(Unterschrift)

**Fischer International
Container Shipment**

Boston Branch
Logan Airport
c/o All Freight Intl.
177-09, 35th Ave.
Boston, MA 11434
Tel: 617-656-4313
Fax: 617-656-5139

Mr. Thomas Schmidt
German Information Center
40 West 57th Street, 31st floor
Boston, MA 10019-4092

25. Aug. 2011

Praktikum für Herrn A. Müller

Sehr geehrter Herr Schmidt,

ich bestätige den Erhalt Ihres Schreibens vom 20. Aug. 2011.

Die beigelegte Rechnung habe ich bereits zur Zahlung angewiesen, und es wird Ihnen in den nächsten Tagen ein Scheck direkt von meiner Steuerkanzlei zugehen.

Für die weiteren Informationen soweit meinen herzlichen Dank. Wir sind sehr glücklich darüber, dass es nun doch geklappt hat und Herr Müller wie gewünscht sein Praktikum antreten kann.

Sollte Ihrerseits noch irgendwelche Unterstützung seitens Fischer Intl. notwendig sein, so lassen Sie es mich bitte wissen.

Ich möchte es bei dieser Gelegenheit nicht versäumen, nochmals unseren ganz herzlichen Dank für Ihre persönlichen Bemühungen zum Ausdruck zu bringen.

Weiteren Kontakten sehe ich gerne entgegen.

Mit besten Grüßen

FISCHER Intl. Inc.
Boston, MA

W. Lederer

Wolfgang Lederer

**AIR   CONTAINER
SERVICE   SERVICE**

Subsidiary of Fischer International GmbH & Co, Düsseldorf – International Freight Forwarders

Übung zum Verständnis. Sehen Sie sich die Geschäftsbriefe noch einmal an und beantworten Sie die folgenden Fragen.

1. Wo befindet sich der Name des Absenders oder der Firma?
2. Wo befindet sich der Name des Empfängers?
3. Gibt es eine Betreffzeile in allen Briefen?
4. Wie lautet die Anrede in den Briefen?
5. Wo steht die Grußformel und wie lautet sie?
6. Welcher Brief ist ein Werbebrief?

Schlussgedanken

Sie haben jetzt mehrere Geschäftsbriefe gelesen. Welche kulturellen Unterschiede sind Ihnen im schriftlichen Umgang aufgefallen? Worauf muss man besonders achten, wenn man einen Brief liest oder selbst schreibt?

Wussten Sie das schon?

- Ein Geschäftsbrief hat gegenüber einem Telefonat Vorteile: Er wird für bestimmte Zeit aufbewahrt und kann später bei Missverständnissen als Beweismittel dienen.
- Übertriebener Gebrauch von Fremdwörtern kann als Angeberei (show off) angesehen werden. Gebrauchen Sie Fremdwörter nur dann, wenn diese allgemein verständlich sind.
- Wenn Sie das Angebot eines Verkäufers schriftlich annehmen, dann ist das ein rechtlich verbindlicher Vertrag.
- Höflichkeit und Freundlichkeit am Telefon und im Geschäftsbrief kann nur zum Vorteil beider Seiten sein.
- Wenn Sie eine Frist für den Widerruf Ihrer Bestellung haben, denken Sie daran, dass sich das Datum Ihres Widerrufs nach dem Eintreffen Ihres Briefes beim Empfänger richtet, *nicht* nach dem Poststempel.
- Bei Nicht-Bezahlung erhält der Schuldner meistens zwei Mahnungen. Bei der dritten und letzten Mahnung werden gewöhnlich Zinsen erhoben und der Fall einem Inkassobüro (collection agency) übergeben.
- Sollten Sie einmal für Ihren Betrieb einen Werbebrief schreiben, seien Sie originell! Das psychologische Vorgehen ist wichtig, denn Sie wollen zukünftige Kunden davon überzeugen, dass Ihr Angebot das Beste ist (ohne dabei Ihren Konkurrenten schlecht zu machen, was in Deutschland strafbar ist). Ausdrucksweise mit treffenden Wörtern, Rechtschreibung und Stil können in einem Werbetext ebenso wichtig sein wie die Qualität Ihres Produkts.

5

Bewerbung[1]

Bewerbungsstil
Lebenslauf
Vorstellungsgespräch
Stellenausschreibung

Lernziele

In diesem Kapitel lernen Sie, wie man sich schriftlich um eine Stelle bewirbt, wie man verschiedene Arten von Lebensläufen schreibt und wie man sich auf ein Interview vorbereitet. Hinweise auf die deutsche Geschäftskultur können Ihnen diesen wichtigen Schritt in die Arbeitswelt sehr erleichtern.

Einführende Fragen

Was für Karrierepläne haben Sie?
Wollen Sie Ihr Leben lang in Ihrem jetzigen Beruf bleiben?
Wie bereiten Sie sich auf die Jobsuche vor?
Wo finden Sie die besten Informationen über Stellenangebote?
Haben Sie sich schon einmal erfolgreich oder erfolglos um eine Stelle beworben?

---

1 http://www.muskingum.edu/~modern/german/busgerm/web_bewerbung.pdf

Vor dem Lesen

A. Ihre Muttersprache ist Englisch, und Sie haben als Hauptfächer Deutsch und Französisch studiert. Jetzt suchen Sie eine Stelle, in der Sie Ihre Sprachkenntnisse anwenden können. Welche Möglichkeiten, eine passende Arbeitsstelle zu finden, sind Ihrer Meinung nach am wirksamsten? Ordnen Sie von 1 (die beste) bis 10.

1. _____ Sie suchen ein Inserat in einer Zeitung.

2. _____ Sie geben eine Anzeige in einer Zeitung auf.

3. _____ Sie sehen im Branchenverzeichnis (Yellow Pages Directory) nach.

4. _____ Sie suchen in Fachzeitschriften nach Inseraten.

5. _____ Sie sehen eine Annonce bei der Berufsberatung Ihrer Universität.

6. _____ Sie gehen zum Arbeitsamt.

7. _____ Sie suchen im Internet nach einer Stelle.

8. _____ Sie haben persönliche Beziehungen.

9. _____ Sie gehen zu einem Stellenvermittlungsbüro (Job Referral Office).

10. _____ Andere Möglichkeiten.

B. Besprechen Sie Folgendes mit einem Partner / einer Partnerin: Sie haben ein Stellenangebot gefunden, wofür Sie sich sehr interessieren. Sie schreiben an die Firma und bitten um ein Vorstellungsgespräch. Sollten Sie in diesem Brief folgende Informationen geben? Tragen Sie Ja oder Nein in die Liste ein. Falls Sie sich nicht einigen können, geben Sie bitte beide Ihre Gründe für Ihre Meinungen an.

1. _____ wie Sie heißen

2. _____ wie Ihre Eltern heißen

3. _____ wo Sie wohnen

4. _____ was Sie gelernt haben, was Ihre Fähigkeiten sind

5. _____ wie viel Sie verdienen wollen

6. _____ wie Sie von dieser Stelle erfahren haben

7. _____ wo Sie jetzt arbeiten

8. _____ warum Sie Ihre jetzige Tätigkeit aufgeben wollen

9. _____ ob Sie verheiratet sind

10. _____ ob Sie ganztags oder halbtags arbeiten können

11. _____ wie alt Sie sind

12. _____ dass Sie alle gewünschten Unterlagen schicken oder bringen können

13. _____ dass Sie im nächsten Sommer Ihre Spanischkenntnisse verbessern wollen

C. Sie haben sich als Chefsekretär / Chefsekretärin in einem großen internationalen Unternehmen beworben. Der Personalchef bittet Sie, sich selbst zu beschreiben. Wählen Sie aus den folgenden Eigenschaften fünf, die auf Sie passen und für diese Stelle optimal wären. Begründen Sie Ihre Wahl.

anpassungsfähig	freundlich	selbstständig arbeitend
mit Auslandserfahrung	hilfsbereit	mit erstklassigen Umgangsformen
charmant	jung	verschwiegen
erfolgreich	kollegial	vielseitig interessiert
fleißig	kreativ	zukunftsorientiert
flexibel	mit Organisationstalent	zuverlässig
fließend in zwei Fremdsprachen	Computerkenntnisse	

LESETEXT 1   Bewerbungsstil

Wortschatz

Substantive

Bewerbung, die	application
Dolmetscher, der	interpreter
Dolmetscherin, die	
Einheitsschreiben, das	form letter
Gegenwartsform, die	present tense
Selbstlob, das	self-praise
Stichwort, das	key word
Taschenrechner, der	calculator
Umgangsformen, Pl.	manners
Voraussetzung, die	prerequisite
Werdegang, der	career, development

Adjektive

einheitlich	uniform(ly)
einseitig	*here:* on one side
erforderlich	necessary

Ausdrücke

Briefverkehr führen	to handle correspondence

Jede Bewerbung muss einen persönlichen Charakter haben; Einheitsschreiben werden leicht zur Seite gelegt. Der Empfänger soll schon bei den ersten Zeilen aufmerksam werden und denken: Diesen Bewerber / diese Bewerberin müssen wir uns näher ansehen.

Der Briefbogen

Format DIN A4, weiß (Standardblatt). Briefbögen und alle anderen Blätter sollen nur einseitig beschrieben werden. Einheitlich breiten Rand lassen! Nach der Anrede und nach jedem Absatz eine Zeile frei lassen. Die erste Zeile des neuen Absatzes nicht einrücken, im Text nichts unterstreichen, keine Ausrufezeichen und keine Kontrastfarben — nichts, was das einheitliche Bild stört.

Der Stil

Gegenwartsform
Kurze, klare Ausdrucksweise
Adjektive nur, wenn unbedingt nötig
Keine Superlative
Kurze Sätze
Öfter einem Absatz machen
Interessen und Fähigkeiten erwähnen, aber ohne Selbstlob

Adressen:

Wolfgang Müller ● Hauptstraße 24 ● 20001 Hamburg ● Tel.: 040/345789
Mobil: 0130/5324877 ● E-Mail: wolfgang.müller@web.de

Margot Klein
Gartenstrasse 24
67891 Seefeld
Tel.: 08152/2149683
Mobil: 0130/9876543
E-Mail: m.klein@web.de
Datum: 12. Juni 2011

Musterbriefe

Wolfgang Müller ● Hauptstraße 24 ● 20001 Hamburg ● Tel.: 040/345789
Mobil: 0130/5324877 ● E-Mail: wolfgang.müller@web.de

Wunderbar AG
Herrn Walter Lübbe
Herbertstraße 2

20001 Hamburg

16.04.2011

Stellenanzeige in der F.A.Z. vom 13. April 2011
„Marketing Manager mit Vertriebserfahrung"

Sehr geehrter Herr Lübbe,

nach dem sehr informativen Telefonat sende ich Ihnen hiermit meine Bewerbungsunterlagen zu.

Als Diplom-Kommunikationswirt verfüge ich über ein fundiertes Wissen der Bereiche Kommunikation und Ökonomie. In den letzten zwei Jahren war ich als stellvertretender Marketing- und Vertriebsleiter für ein großes Unternehmen der Automobil-Branche tätig und in ungekündigter Position.

In Ihrem Unternehmen werden meine umfassenden Kenntnisse in Marketing und mein organisatorisches Talent von großem Nutzen sein. Auf Grund meiner Leistungen wurde ich in den letzten Jahren durch besondere Seminare, einen einjährigen Auslandsaufenthalt (Zweigstelle New York) und ein höheres Gehalt gefördert und belohnt.

Ich suche und liebe die Herausforderung und habe dies mehrfach unter Beweis stellen können, z. B. durch außergewöhnliche Umsatz- und Gewinnsteigerungen in den Jahren 2002 in Höhe von 23% Umsatzsteigerung und 14% Gewinnsteigerung und 2003 mit 33% Umsatzsteigerung und einer Gewinnsteigerung von 50%.

Da ich Hamburg sehr mag, kann ich mir einen Start bei der Wunderbar AG ab dem 6. Juni 2011 gut vorstellen.

In einem persönlichen Gespräch werde ich Sie gerne von meinen Qualifikationen überzeugen und freue mich auf Ihre Antwort.

Mit freundlichen Grüßen

Wolfgang Müller

Anlagen

Margot Klein
Gartenstrasse 24
82229 Seefeld
Tel.: 08152/2149683
Mobil: 0130/9876543
E-Mail: m.klein@web.de

12. Juni 2011

Verband für Jugendarbeit Sigmaringen
Herrn Karl Meyer
Goetheplatz 45

72488 Sigmaringen

Ihre Anzeige in der *Welt* vom 10.06.2011
Diplom-Sozialpädagoge/Diplom-Sozialpädagogin für Jugendarbeit

Sehr geehrter Herr Meyer,

mit großem Interesse habe ich Ihre Anzeige gelesen und bewerbe mich bei Ihnen als Diplom-Sozialpädagogin.

Auf Grund meiner langjährigen Berufserfahrung verfüge ich über viel praktische Erfahrung in der Jugendarbeit. Seit ca. 5 Jahren arbeite ich als Leiterin des Jugendtreffs in Seefeld und kann auf eine gelungene Jugendarbeit zurückblicken. Unter meiner Leitung entstanden Projekte mit jugendlichen Immigranten und Deutschen, die einen großen Kreis von problematischen Jugendlichen in Seefeld zusammenführten und sie erfolgreich in das gesellschaftliche Leben integrierten.

Aus persönlichen Gründen ziehe ich einen Wohnortwechsel von Seefeld nach Sigmaringen in absehbarer Zeit in Betracht. Meine Stärken liegen im eigenverantwortlichen und selbstständigen Handeln, sowie in meinen guten Fremdsprachenkenntnissen in Türkisch und Russisch.

Durch die Erziehung meiner eigenen drei Kinder verfüge ich über viel Erfahrung im Umgang mit Jugendlichen und deren Problemen.

Sollten Ihnen meine Bewerbungsunterlagen zusagen, stehe ich Ihnen gern für ein Vorstellungsgespräch zur Verfügung.

Mit freundlichen Grüßen

Margot Klein

Anlagen

Übung zum Verständnis

1. Was für eine Stelle suchen die beiden Bewerber?
2. Wo finden Sie die Antwort auf Frage 1 auf den ersten Blick?
3. Welche besonderen Fähigkeiten hat Margot Klein?
4. Welchen Beruf hat Wolfgang Müller ausgeübt?
5. Warum glaubt Margot Klein, dass sie besonders für die Stelle geeignet ist?
6. Was betont Herr Müller in seiner Bewerbung?

Online bewerben

Online Bewerbungen werden immer beliebter. Bei vielen Firmen ist es heute üblich, sich auf Webseiten online zu bewerben. Dabei gibt es immer noch die Möglichkeit, sich per E-mail zu bewerben oder über eine Software mit bestimmten Bewerbungsformularen. Bei einer E-mail Bewerbung kann man sich generell nach freien Stellen erkundigen und einen Lebenslauf anhängen. Es ist heutzutage üblich, Dokumente als PDF- und WORD-Dateien einzureichen. Man sollte auch auf die Dateiengröße achten, da es vorkommen kann, dass die Datei zu groß ist und deshalb zurückgeschickt wird. Achten Sie darauf, dass Ihre Bewerbung genau den Anforderungen entspricht.

Bewerbung per Online-Formular

Hier müssen Sie Ihre Daten eingeben. Am besten legt man seine Unterlagen neben den Computer und kopiert die Daten. Es kann auch vorkommen, dass Sie sich zuerst anmelden müssen. Danach können Sie dann Ihre Unterlagen in das Formular eingeben. Man kann sich auch bei einer Jobbörse anmelden, wo man seine Dateien registriert. Dann erhält man täglich E-mails mit Stellenangeboten, für die man sich interessiert.

Grammatiknotizen

Relativsätze / Relativpronomen

Wenn Sie beim Sprechen und Schreiben Relativsätze verwenden, hört sich Ihr Deutsch nicht nur eleganter an, sondern Sie beweisen dadurch auch eine gute Beherrschung der Sprache. Sehen Sie sich eine deutsche Zeitung an; Sie werden ständig auf Relativsätze stoßen.

Ein Satz und sein folgender Relativsatz haben eine enge Beziehung zueinander. Das Relativpronomen leitet eine Aussage ein, die sich auf ein Substantiv des vorhergehenden Satzes bezieht.

> Unsere Firma sucht **Mitarbeiter, die** Auslandserfahrungen haben.
> (Ohne den Relativsatz gibt uns der Satz nicht die Information, die wir brauchen.)

Im Englischen darf das Relativpronomen wegfallen, aber im Deutschen nie.

> Die Firma, die ich meine, heißt Bayer AG.   *The firm I mean is Bayer AG.*

Nach einem Substantiv muss eine Form des Artikels als Relativpronomen stehen.

> Die Stelle, **die** Sie wollen, ist schon besetzt.

Nach einem substantivierten Adjektiv heißt das Relativpronomen „was".

> Das ist **das Beste, was** es gibt.
> *Aber:* Das ist das beste Auto, das ich je gefahren habe.

Was steht auch nach **alles, nichts, etwas, wenig(es), viel(es), manches, einiges**, und nach den Demonstrativpronomen **das** und **dasselbe**.

> Das ist alles, **was** ich für Sie tun kann.
> Sie können nicht das bekommen, **was** Sie fordern.
> In Ihrem Bewerbungsschreiben steht nicht dasselbe, **was** Sie mir eben erzählt haben.

Was kann sich auch auf den gesamten Inhalt des vorhergehenden Satzes beziehen.

> In der EU wird viel für Umweltschutz getan, **was** wirklich nötig ist.

Was und **wer (wen, wem, wessen)** sind unbestimmte Relativpronomen, die sich auf nichts Vorhergehendes beziehen.

> **Was** Sie wünschen, kann ich Ihnen leider nicht bieten.
> Uns ist es ganz egal, **wem** Sie den Auftrag geben wollen.

Ein Relativsatz besteht aus zwei selbstständigen Sätzen, die durch ein Relativpronomen verbunden sind.

Zwei Sätze: Herr Hansen studiert in Heidelberg. Er möchte dort sein Dolmetscher-Diplom machen.

Ein Satz mit Relativpronomen: Herr Hansen, der in Heidelberg studiert, möchte dort sein Dolmetscher-Diplom machen. (**der** ist das Relativpronomen, das sich auf Herrn Hansen bezieht.)

Relativpronomen sehen aus wie Artikel, aber im Genitiv heißen sie **dessen** (masc./neutr.) und **deren** (fem./pl.) und im Dativ pl. **denen**.

> Die Bewerber, **deren** Bewerbungen ausgezeichnet waren, wurden zu einem Vorstellungsgespräch eingeladen.

> Die Bewerber, **denen** man eine Absage geschickt hatte, suchten in Fachzeitschriften neue Inserate.

Präpositionen behalten ihre Funktion.

> Der Streik ist ein Mittel, **zu dem** die Deutschen nicht gern greifen.
> Das Stellenvermittlungsbüro hatte mehrere Stellen, **für die** es noch keine Bewerber gab.

Wer (he who, she who) ist auch ein Relativpronomen und leitet meistens den Satz ein.

Wer eine Stelle sucht, kann zum Arbeitsamt gehen.

Übungen zur Grammatik

A. Verbinden Sie jedes Satzpaar zu einem Relativsatz.
   Beispiel: Die Firma sucht Mitarbeiter. Sie können Fremdsprachen. ⊠
   Die Firma sucht Mitarbeiter, die Fremdsprachen können.

1. Das Arbeitsamt ist ein öffentliches Amt. Es verschafft Arbeit.

2. Arbeitnehmer sind Arbeiter und Angestellte. Sie arbeiten für einen Lohn oder ein Gehalt.

3. Zeitungen haben oft einen Wirtschaftsteil. Man kann in ihm Stellenangebote finden.

4. Die Bewerber wollen wir zu einem Vorstellungsgespräch einladen. Ihre Bewerbungen haben einen persönlichen Charakter.

5. Hier ist eine Bewerbung. Für die Bewerbung interessiere ich mich sehr.

6. Hier sind zwei Bewerber. Ich empfehle ihnen ein Auslandsstudium.

7. Deutsche Geschäftskultur ist etwas sehr Wichtiges. Man muss sie kennen, wenn man in Deutschland erfolgreich arbeiten will.

8. Ein Auslandskorrespondent hat bei uns keine Chance. Er hat nie im Ausland gelebt.

B. Gebrauchen Sie statt der zwei Sätze einen Relativsatz.

1. In Los Angeles gibt es eine Praktikantenstelle. Ich habe von der Praktikantenstelle gehört.

2. Hier sind meine Bewerbungsunterlagen. Sie haben mich um die Bewerbungsunterlagen gebeten.

3. In der Industrie- und Handelskammer kann ich nützliche Erfahrungen sammeln. Die Erfahrungen sind für meine berufliche Zukunft wichtig.

4. In unserer Firma haben wir mehrere Praktikanten. Ihre Fremdsprachenkenntnisse sind ausgezeichnet.

5. In Ihrem Stellenangebot suchen Sie eine Sekretärin. Sie kann selbstständig arbeiten.

6. Ich habe in Essen eine Stelle gefunden. Das freut mich außerordentlich.

C. Welches Relativpronomen fehlt hier?

1. _____ Sie hier sagen, finde ich hochinteressant.

2. _____ nicht rechtzeitig zu einem Vorstellungsgespräch erscheint, macht einen schlechten Eindruck.

3. Dieser junge Mann hat schon drei Jahre im Ausland Erfahrungen gesammelt, _____ für unsere Firma sehr nützlich sein können.

4. Gute Umgangsformen sind eine Voraussetzung, auf _____ wir sehr achten.

5. Hier sind drei Bewerber, _____ Bewerbungsschreiben mich interessieren.

LESETEXT 2 Lebenslauf

Vor dem Lesen
Der Lebenslauf enthält Angaben über den Bewerber / die
Bewerberin, die für den Leser wichtig sind. Was gehört Ihrer Meinung
nach in einen Lebenslauf?

Wortschatz

Substantive

Aufsatzform, die	composition style
Datenbogen, der	data sheet
Lebenslauf, der	C.V., résumé
Personalchef, der	personnel director
Schriftbild, das	style of handwriting
Tabelle, die	table, chart
Übersichtlichkeit, die	clarity

Verben

ankommen auf +Akk.	to depend on

Adjektive und Adverbien

eindrucksvoll	impressive
entsprechend	corresponding
tabellarisch	in tabular form

Ausdrücke

sich ein Bild machen von	to get an impression of

Der Lebenslauf beschreibt Ihren Werdegang. Viele Personalchefs glauben, dass sie daraus Wichtiges über Ihre Person erfahren können. Es kann vorkommen, dass Sie Ihren Lebenslauf handgeschrieben einreichen müssen, da er in manchen Firmen graphologisch begutachtet wird. Besonders wichtig ist die Übersichtlichkeit, denn der / die Angesprochene soll sich in ganz kurzer Zeit ein Bild von Ihnen machen können. Wenn man einen Punkt noch einmal lesen will, dann sollte man die entsprechende Stelle auch sofort finden können. Und noch etwas: Denken Sie daran, dass der Lebenslauf kein Bewerbungsschreiben ist. Falls Sie innerhalb Europas nach einer Stelle suchen, sollten sie den Europass-Lebenslauf online ausfüllen.

Heutzutage reicht man einen tabellarischen Lebenslauf ein, der am PC erstellt ist. Zuerst führt man die persönlichen Daten auf. Im Gegensatz zu den USA ist es in Deutschland üblich, dass man neben den persönlichen Daten auch den Familienstand nennt (ledig, verheiratet, verwitwet) und auch das Geburtsdatum. Gleichfalls muss man ein Foto einfügen sowie die Nationalität angeben. Es kann auch vorkommen, dass man auch den Beruf der Eltern angibt, wenn man wie die Eltern denselben Beruf ausüben will. Der Arbeitgeber weiß dann, dass der Bewerber besondere Qualifikationen mitbringt.

Tipps für die Struktur eines Lebenslaufes:

Name, Geburtsdatum, Geburtsort, Familienstand
Schulausbildung (eventuell auch mit Abschlussnotendurchschnitt),
Berufsausbildung

Beruf, praktische Erfahrungen (Praktika)
besonderes Interesse (PC, Sprachkenntnisse)
Auslandserfahrung, Ferienbeschäftigung
besondere Kenntnisse, Mitgliedschaft
Interessen, Ort, Datum, Unterschrift

LEBENSLAUF

Christiane Schwarz

Brückenweg 68
01281 Dresden
Mobil 0143/ 123 44 567
Mail: cschwarz@gmx.de

Persönliche Daten

Geburtstag:	20. März 1985
Nationalität:	Deutsch
Familienstand:	Ledig

Schulausbildung

1992 - 1996	Volksschule in Dresden
1996 – 2004:	Wirtschaftsgymnasium (Notendurchschnitt: 1,5)

Ausbildung/ Studium

2006 – 2010	FH Deggendorf International Management

Praktische Erfahrungen

09. 2005 – 09. 2006	Volontär bei Siemens
07. 2004 – 08. 2005	Sparkasse Dresden

Auslandsaufenthalte

03. 2005 – 07.2005	Auslandsstudium in Bournemouth, England
08. 2006 – 12.2006	Assistentin im Department of Economics, Boulder, Colorado

Zusatzqualifikationen

Fremdsprachen:	Fließend Englisch in Wort und Schrift Grundkenntnisse in Spanisch und Französisch
EDV-Kenntnisse:	Sehr gute Kenntnisse in MS Word, MS Excel, MS PowerPoint

LEBENSLAUF

Dipl.-Kulturwirtin Univ.
KATARZYNA BUDKA

PERSÖNLICHE DATEN

geb. 30. Oktober 1985/Wadowice (Polen)
Polnische Staatsbürgerschaft

ANSCHRIFT

Am Grubenweg 178/6
4299 Linz, Österreich
Telefon: 0043-343/537 23 514
E-Mail: budka@gmx.at

FAMILIENSTAND

ledig

SCHULBILDUNG

April 2011:	Abschluss des Diplomstudiums „Sprachen, Wirtschafts- und Kulturraumstudien" an der Universität Passau
August 2007 – Mai 2008:	Auslandsstudium und „German Teaching Assistant" - Muskingum University in New Concord, Ohio, USA
Oktober 2004 – April 2011:	Studium: „Sprachen, Wirtschafts- und Kulturraumstudien" mit dem Schwerpunkt auf Ostmitteleuropa an der Universität Passau
September 2000 – Mai 2004:	Bundesoberstufenrealgymnasium Linz, abgeschlossen mit der Reifeprüfung (ausgezeichneter Erfolg)

PRAKTISCHE ERFAHRUNG

April 2009 – März 2010:	Wissenschaftliche Hilfskraft bei der Initiative „Perspektive Osteuropa", einer fakultätsübergreifenden Initiative der Universität Passau
Mai 2008 – Juli 2008:	Praktikum beim Generalkonsulat der Republik Polen in München (Kultur- und Wirtschaftsabteilung)
September 2007 – Mai 2008:	„German Teaching Assistant" Muskingum University in Ohio, USA
November 2006 – März 2009:	Engagement bei der Initiative „Perspektive Osteuropa"

ZERTIFIKATE

Fachspezifische Fremdsprachenausbildung II für Wirtschaftswissenschaftler – Polnisch
Zertifikat Management und interkulturelle Kommunikation

SONSTIGES

September 1995 – Mai 2006:	Klavierausbildung an der Landesmusikschule Grieskirchen; Abschluss: goldenes Leistungsabzeichen
September 2000 – Mai 2004:	Oboenunterricht am BORG Linz
Mai 2003 – Juni 2008:	Mitglied des Jugendblasorchesters der Eisenbahnermusikkapelle Linz

SPRACHEN

Deutsch – Muttersprache
Polnisch – Muttersprache
Englisch – Fließend in Wort und Schrift
Russisch – Sehr gute Kenntnisse
Latein – Grundkenntnisse

BESONDERE KENNTNISSE UND FÄHIGKEITEN

Sehr gute Kenntnisse: MS Office
Gute Kenntnisse: MS Windows, Adobe Reader, Adobe Photoshop, HTML, Java, SQL
Selbstständigkeit, Bereitschaft zur Weiterbildung, Freude an Herausforderungen, hohe Reisebereitschaft

Fragen zum Verständnis:

1. Welche Staatsangehörigkeit haben die beiden Bewerberinnen?
2. Was für Auslandserfahrungen haben Christiane und Katarzyna?
3. In welchen Ländern haben die beiden Bewerberinnen Studienerfahrungen gesammelt?
4. Was sagen die Bewerberinnen über ihre Computerkenntnisse?
5. Spricht Katarzyna oder Christiane mehr Fremdsprachen? Welche?
6. Wann haben die beiden Bewerberinnen in den USA studiert?
7. Woher wissen Sie, dass Katarzyna musikliebend ist?
8. An welchen amerikanischen Universitäten haben die beiden Bewerberinnen als Assistentinnen gearbeitet?

Interview und Stellenangebot

Denken Sie über die folgenden Situationen nach, die sich im Zusammenhang mit einem Interview ergeben. Treffen Sie in jeder Situation zusammen mit einem Partner / einer Partnerin eine Entscheidung und berichten Sie im Plenum darüber.

- Ich bin zu einem Vorstellungsgespräch eingeladen worden. Die Firma erstattet mir sogar meine Unkosten. Die Stelle ist mir ganz bestimmt / noch gar nicht sicher.
- Ich muss mit dem Zug fahren. Sollte ich mit Verspätung zu meinem Termin kommen, hat der Chef sicher Verständnis / kein Verständnis dafür.
- Das Wetter ist scheußlich und die Bahnfahrt dauert viele Stunden. Ich ziehe trotzdem einen guten Anzug an. / Ich ziehe etwas Warmes und Bequemes an.
- Als Frau darf ich mich etwas auffallend kleiden / kleide ich mich dezent.
- Da / obwohl die Firma sehr konservativ ist, darf ich auf keinen Fall / darf ich etwas Make-up tragen.
- Ich hasse Krawatten und trage deshalb keine / aber trage trotzdem eine zum Vorstellungsgespräch.
- Im Vorzimmer muss ich eine Weile warten und benutze die Gelegenheit dazu, den Sekretär / die Sekretärin über den Chef auszufragen, damit ich informiert bin. Oder sollte ich das lieber nicht tun?
- Ich bitte die Sekretärin um eine Tasse Kaffee / um nichts.
- Ich sitze im Vorzimmer und konzentriere mich auf das bevorstehende Gespräch. Oder soll ich mich ablenken und z. B. die Zeitung lesen?
- Ich lasse meinen Mantel an / lege meinen Mantel ab.
- Der Chef kommt, um mich zu begrüßen. Ich bleibe sitzen / stehe auf.
- Ich nehme die mir angebotene Zigarette an / nicht an.
- Der Chef hat einen Doktortitel. Ich rede ihn mit „Herr Doktor Siebels" / „Herr Doktor" an.
- Der Chef beginnt das Gespräch. / Ich beginne das Gespräch

- Ich kann ruhig zugeben, dass ich Schwächen habe. / Es wäre besser, als Supermensch aufzutreten.
- Beim ersten Vorstellungsgespräch frage ich / frage ich noch nicht nach meinen Aufstiegsmöglichkeiten.
- Ich frage / frage nicht nach meinem Gehalt.
- Beim Abschied sollte der Chef mir sagen / noch nicht sagen, ob ich angenommen bin.

LESETEXT 3 Vorstellungsgespräch

Wortschatz

Substantive

Anstellungsvertrag, der	contract of employment
Ausbildung, die	training, education
Ausbildungsvergütung, die	training pay
der/die Auszubildende	trainee
der/die Azubi	trainee
Beförderung, die	promotion
der Chef/die Chefin	boss
Essenszuschuss, der	meal allowance
Fachmann, der	expert
Fachleute, pl.	experts
Gehalt, das	salary
Gehaltserhöhung, die	raise
Geschäftsführer, der	manager
Gleitzeit, die	flextime
Kantine, die	firm's cafeteria
Kündigungsfrist, die	notice period
Personalleiter, der	personnel manager
Probezeit, die	trial period, probation
Referenz, die	references
Schichtarbeit, die	shift work
Sozialleistungen, Pl.	social benefits
Unternehmensleitung, die	management
Vorstellungsgespräch, das	interview
Werdegang, der	career

Verben

weiterbilden	to further educate

Adjektive und Adverbien

gegenseitig	mutual
gleitend	flex (time)

Wenn Ihr Bewerbungsschreiben erfolgreich gewesen ist, wird man Sie zu einem Vorstellungsgespräch einladen und das bedeutet auch, dass Ihr zukünftiger Arbeitgeber von Ihrer Qualifikation beeindruckt ist. Sie sollten sich intensiv auf dieses Gespräch vorbereiten, denn außer Ihnen hat man bestimmt noch andere Kandidaten eingeladen. Dieser erste persönliche Kontakt ist außerordentlich wichtig, und Sie sollten einige gute Antworten auf Fragen haben, die man Ihnen mit Sicherheit stellen wird. Heutzutage findet man Informationen über die Unternehmensstruktur auf der Webseite der Firma. Hier kann man Jahresberichte und aktuelle Daten aus der Presse abrufen. Im Gespräch wird man Ihnen Fragen über Ihren Lebenslauf stellen. Es ist wichtig, dass Sie überzeugend auftreten und auch in Ihrer Wortwahl professionell wirken.

Übungen zum Verständnis

A. Bereiten Sie sich auf ein Vorstellungsgespräch vor, indem Sie die folgenden Aufgaben machen. Die folgenden Fragen können in einem Interview gestellt werden.

1. Warum interessieren Sie sich gerade für diesen Beruf?

2. Warum interessieren Sie sich für unsere Firma?

3. Welches Gehalt erwarten Sie?

4. Wie stellen Sie sich Ihren beruflichen Weg in den nächsten Jahren vor?

5. Haben Sie schon einmal eine Ausbildung abgebrochen? Wenn ja, warum?

6. Warum wollen Sie Ihre jetzige Stelle aufgeben?

7. Wann können Sie beginnen?

B. Überlegen Sie sich, welche Fragen Sie zu den folgenden Themen formulieren könnten.
Beispiel: Weiterbildung →
        Welche Möglichkeiten habe ich, mich bei Ihnen weiterzubilden?

1. Ausbildungsvergütung

2. gleitende Arbeitszeit

3. Sozialleistungen

4. Karrierechancen

5. Probezeit

6. Kündigungsfrist

7. Urlaub

Übungen zum Wortschatz

A. Erklären Sie die folgenden Begriffe
Beispiel: die Gleitzeit →
        Beginn und Ende der Arbeitszeit an einem Tag sind flexibel.
        Wenn man um 8 Uhr beginnt, ist der Arbeitstag um 17 Uhr zu Ende.
        Wenn man um 9 Uhr beginnt, ist der Arbeitstag um 18 Uhr zu Ende.

1. der Anstellungsvertrag
2. die Ausbildung
3. die Gehaltserhöhung
4. die Kantine
5. die Beförderung
6. die Schichtarbeit
7. der Werdegang

B. Ergänzen Sie die Sätze mit einem passenden Wort.

1. Mein Bewerbungsschreiben war erfolgreich. Man hat mich zu einem
_____ eingeladen.

2. Bevor Sie entlassen werden, gibt die Firma Ihnen eine vierwöchige
_____.

3. Es fällt mir schwer, schon um 8 Uhr am Arbeitsplatz zu sein. Gibt es bei Ih
nen _____ Arbeitszeit?

4. Wann weiß ich genau, dass ich fest angestellt bin? Mit anderen Worten, wie
lang ist Ihre _____?

5. Herr Schurike weiß wirklich alles. Er ist _____ auf seinem
Gebiet.

6. Der _____ der Firma hat mir alles über meine Sozialleistungen
erklärt.

7. Nach drei Jahren kann ich mit einer _____ rechnen. Damit ist
dann auch eine Gehaltserhöhung verbunden.

8. Ich habe zwei meiner Professoren und meinen früheren Chef um
_____ gebeten. Ich hoffe, sie werden mich positiv beurteilen.

Schriftliches

**Schreiben Sie auf ein extra Blatt Papier einen tabellarischen Lebenslauf.
Folgen Sie den vorgedruckten Beispielen. Erwähnen Sie unter „besondere
Fähigkeiten" das, was für Ihren zukünftigen Chef interessant sein könnte.
Vergessen Sie nicht zu unterschreiben!**

LESETEXT 4 Stellenausschreibung: Online Händler

Schon frühzeitig hat Otto das E-Commerce-Geschäft als Chance erkannt. Und dieser Vorsprung[2] hält sich bis heute - in der Position als zweitgrößter Online-Händler weltweit. Die Abteilung Shop Management ist für den Vertrieb[3] der Angebots-Sortimente im Onlineshop otto.de zuständig. In dieser Aufgabe[4] verantwortet die Abteilung den operativen Betrieb, die Steuerung[5] und fachliche Weiterentwicklung[6] des Shopping-Bereichs von otto.de.

Was Sie erwartet:

- Sie managen eigenverantwortlich[7] die Angebotskategorien Multimedia und Haushaltselektronik.
- Wo es hingehen soll, ist vorgegeben: erreichen Sie eine Steigerung[8] des Kategorie-Umsatzes[9] - den Weg bestimmen Sie!
- Geben Sie Impulse. Mit Ihren cleveren Ideen für die Optimierung der Angebotskategorien aus Kunden und Vertriebssicht.
- Sie haben Schnittstellen[10] zum Einkauf, dem Online-Marketing und anderen Bereichen - interessante Kontakte und Blicke über den Tellerrand inklusive.
- Sie beweisen Souveränität[11] bei der Betreuung externer Kooperationspartner.

Was Sie mitbringen sollten:

- Bereits beim Abschluss Ihres wirtschafts- oder medienwissenschaftlichen Studiums hat Sie das Potenzial im Onlinehandel fasziniert.
- Auch in der Praxis des E-Commerce oder Distanzhandels haben Sie sich bereits bewährt.
- Ausgeprägtes[12] betriebliches Denken zeichnet Sie aus.
- Ihre Analysen und konzeptionellen Talente begeistern.
- Und natürlich sind Sie Teamspieler. Das spürt man sofort an Ihrer Durchsetzungskraft[13] und Kommunikationskompetenz.

Ihre aussagekräftige Bewerbung mit Bezug auf die Nummer 00238998 richten Sie bitte an:

Otto (GmbH & Co KG)
Recruitment
Christina König
Wandsbecker Straße 3-7
22179 Hamburg
Tel.: 0410/6461-8507
Jetzt direkt online bewerben
info@on-shop24.de

---

2 Competitive edge

3 sales

4 task

5 Supervision

6 future trend

7 having sole responsibility

8 increase

9 revenue

10 connecting links

11 aplomb

12 distinctive

13 power of perseverence

Übungen zum Verständnis

A. Machen Sie sich Notizen zum Stellenangebot des Otto Versands

1. Von was für einer Art von Unternehmen ist in dieser Annonce die Rede?

2. Was für eine Stelle wird angeboten?

3. In welcher Stadt hat der Otto Versand seinen Standort?

4. Welche Qualifikationen sollten Sie haben?

5. Ist man direkt nach dem Studium für diese Stelle geeignet?

6. Wie können Sie den Umsatz steigern?

B. Schriftliches: Bewerben Sie sich schriftlich beim Ottoversand um die Stelle als Online-Händler in der Abteilung Shop Management, die für den Vertrieb[14] der Angebots-Sortimente im Onlineshop zuständig ist. Suchen Sie mögliche Ideen aus den folgenden Bewerbungstextvorlagen.

Schriftliche Bewerbungstextvorlagen[15]

- wie ich aus Ihrer interessanten Stellenanzeige in der <Zeitung> entnommen habe, suchen Sie eine <Berufsbezeichnung>. Da ich den Anforderungen des Stellenprofils entspreche, bewerbe ich mich.

- wie telefonisch mit Ihnen besprochen, übersende ich Ihnen meine Bewerbungsunterlagen.

- über Ihr Interesse an meiner Initiativbewerbung habe ich mich sehr gefreut. Wie von Ihnen per E-mail angefordert, übermittle ich Ihnen meine vollständigen Bewerbungsunterlagen.

- durch ein Telefonat am <Datum> mit Herrn Mayer aus Ihrer Personalabteilung habe ich erfahren, dass Sie für Ihr Unternehmen in <Ort> noch Arbeitsplätze zu vergeben haben. Deshalb bewerbe ich mich um diese Stelle.

- da ich auf der Suche nach einer beruflichen und persönlichen Herausforderung bin und Sie mir die Möglichkeit bieten, meine bisher erworbenen Erfahrungen und Kenntnisse einzusetzen und zu erweitern, bewerbe ich mich um die ausgeschriebene Stelle.

- Das MS-Office-Paket beherrsche ich sicher. Auch die Arbeit mit einer speziellen <Software> ist mir bestens vertraut.

- Desweiteren verfüge ich über langjährige Führungserfahrung als Team- und Gruppenleiter und hatte <Anzahl der Mitarbeiter> Mitarbeiter und mehrere Auszubildende zu führen.

- Teamfähigkeit, selbstsicheres Auftreten und eine ausgeprägte Kundenorientierung sind für mich selbstverständlich. Diese persönlichen Stärken zeigten sich stets im Umgang mit meinen Kunden und Kollegen.

---

14 sales

15 Mit freundlicher Genehmigung: www.bewerberbibel.de

- Eine sorgfältige und zuverlässige Arbeitsweise ist für mich selbstverständlich. Ebenso verfüge ich über weitere Stärken, wie Teamfähigkeit und Flexibilität. Ich arbeite gerne zu den in <Branche> üblichen Zeiten und bin auch bereit in anderen Bereichen des Unternehmens eingesetzt zu werden.

- Ich bin sehr engagiert und ergebnisorientiert, zuverlässig und geduldig, strukturiert, organisiert und verfüge über eine gute Auffassungsgabe, habe einen gut ausgeprägten Teamgeist, bin flexibel und möchte meine Fertigkeiten in Ihr Unternehmen einbringen und erweitern.

- Meine Gehaltsvorstellung liegt Brutto bei <Betrag> pro Jahr.

- Auf ein persönliches Gespräch, in dem ich Ihnen evtl. Fragen beantworten kann, würde ich mich freuen.

- Über ein Vorstellungsgespräch würde ich mich freuen.

Aktivitäten

A. **Partnergespräch. Vorstellungsgespräch beim Otto Versand. Sie spielen die Rolle des Bewerbers / der Bewerberin. Ihr Partner / Ihre Partnerin spielt die Rolle des Personalchefs / der Personalchefin.**

1. Stellen Sie sich vor und bedanken Sie sich für die Einladung zum Vorstellungsgespräch. Beantworten Sie alle Fragen und stellen Sie selbst auch Fragen. Nehmen Sie das Stellenangebot zu Hilfe.

2. Begrüßen Sie den Bewerber / die Bewerberin und bitten Sie ihn /sie, Platz zu nehmen. Erfragen Sie die folgenden Informationen:

   - Ausbildung
   - Arbeitserfahrung: Wo? Wie lange? Aufgaben?
   - Besondere Fähigkeiten
   - Interessen und Hobbys
   - Grund, warum die Firma von Interesse ist
   - Gehaltserwartungen
   - Wann der Bewerber / die Bewerberin die Stelle antreten kann

3. Beenden Sie das Gespräch mit dem Versprechen, innerhalb der nächsten Tage mit einer Entscheidung anzurufen.

B. **Sie glauben, dass das Interview gut verlaufen ist und dass man Ihnen die Stelle anbieten wird. Das würde aber bedeuten, dass Sie Ihren Wohnsitz wechseln müssten.**

   a. Sprechen Sie über die Firma, den neuen Aufgabenbereich, die neuen Verdienstmöglichkeiten, usw. Drücken Sie auch Ihre Bedenken darüber aus, dass Sie eventuell umziehen, Ihr Haus verkaufen und ein Neues erwerben müssten.

   b. Geben Sie Ihrem Partner / Ihrer Partnerin gute Ratschläge, wie er / sie die neue Stelle meistern kann.

C. Sie haben schon mehrere Jahre Berufserfahrung gesammelt. Ein jüngerer Kollegin / eine jüngere Kollegin sucht Ihren Rat für die Jobsuche. Geben Sie Informationen über:

- Format des Bewerbungsschreibens
- Lebenslauf
- Vorstellungsgespräch

D. Vergleichen Sie die kulturellen Unterschiede zwischen deutschen und amerikanischen Unternehmen (Formalität, Pünktlichkeit, kein Selbstlob usw.) Bevor Sie Ihre Unterhaltung beginnen, lesen Sie die folgende Checkliste der möglichen Fragepunkte. Überlegen Sie sich, wie Sie darauf antworten und reagieren würden. Welche Fragen kämen vielleicht in einem amerikanischen Vorstellungsgespräch vor? Welche nicht?

1. Welchen Hobbys gehen Sie nach?
2. Haben Sie einen Führerschein?
3. Was können Sie mir über sich selbst erzählen?
4. Welche Erfahrungen haben Sie?
5. Haben Sie einen Freund oder eine Freundin?
6. Was ist der größte Fehler, den Sie je begangen haben?
7. Wie sind Sie auf uns aufmerksam geworden?
8. Wo glauben Sie in 5 Jahren zu stehen?
9. Was wäre für Sie das ideale Unternehmen?
10. Was verstehen Sie unter Teamarbeit?
11. Wo liegen Ihre beruflichen Stärken/ Schwächen?
12. Wie reagieren Sie unter Termindruck?
13. Wie sehen Sie sich selber? - Wie würden Sie sich selbst beschreiben?
14. Können Sie mir die sechzehn Bundesländer nennen?
15. Wie reagieren Sie auf Kritik?
16. Welche Gehaltsvorstellungen haben Sie?
17. Möchten Sie später Kinder haben?
18. Für welchen Beruf interessieren Sie sich in unserer Firma?
19. Welche Sprachen sprechen Sie?
20. Welche persönlichen Ziele verfolgen Sie?
21. Haben Sie eine eigene Wohnung?
22. Üben Sie Ehrenämter aus?
23. Wie stellen Sie sich die ersten 30 Tage in Ihrem neuen Job vor?

Schlussgedanken.

Welche Unterschiede zwischen amerikanischen und deutschen Bewerbungen sind Ihnen aufgefallen? Welche allgemeinen Schlüsse können Sie daraus in Bezug auf die Geschäftswelt ziehen?

Wussten Sie das schon?

- Wenn man zu einem Interview eingeladen wird, muss man unbedingt pünktlich erscheinen. Sollte etwas dazwischen kommen, muss man von unterwegs anrufen. Pünktlichkeit ist sowohl im gesellschaftlichen als auch im geschäftlichen Leben sehr wichtig. Unpünktlichkeit wird als Unzuverlässigkeit angesehen.

- Geschäftskorrespondenz wird auf weißem Papier, Größe DIN A4 geschrieben oder mit dem Computer.

- Es kann vorkommen, dass ein handgeschriebener Lebenslauf verlangt wird, weil die Geschäftsführung an der Handschrift des Bewerbers interessiert ist. Früher war das üblich, aber heute wird es immer seltener.

- Sie werden nie vorher wissen, was für Fragen Ihnen bei einem Vorstellungsgespräch gestellt werden. Ihr zukünftiger Arbeitgeber ist nicht nur an Ihren sachlichen Kenntnissen interessiert, sondern will auch herausfinden, ob Sie sich seinem Arbeitsteam anpassen können. Gewisse persönliche Fragen, die das Arbeitsgesetz in den USA verbietet (z.B. Sind Sie verheiratet? usw.) dürfen in Deutschland gefragt werden. Sollte Ihnen eine Frage peinlich sein, antworten Sie einfach so knapp und kurz wie möglich, ohne Ihre Entrüstung zu zeigen.

- Zu einem Interview zieht man sich am besten konservativ an. Schlichte Eleganz macht immer einen guten Eindruck.

- Reden Sie den Personalchef / die Personalchefin, d.h. die Person, die Sie interviewt, auf keinen Fall mit dem Vornamen an, auch wenn sich diese Person mit Vor- und Nachnamen vorstellt.

- Sagen Sie bei der Begrüßung nicht „Wie geht es Ihnen?" Diese Begrüßung benutzt man nur, wenn man eine Person kennt.

- Es macht immer einen guten Eindruck, wenn Sie Fragen stellen, die zeigen, dass Sie sich schon etwas über die Firma informiert haben.

- Die durchschnittliche Länge eines Interviews ist dreißig Minuten, es sei denn, man hat sich zu einem Gruppengespräch entschlossen, das länger dauern kann.

- Manche Angestellten in Deutschland dürfen ihre Arbeitszeit selbst bestimmen.

6

Tourismus[1]

Deutschland laut Umfrage das weltweit beliebteste Land
Übernachtungen in Deutschland
Die Deutsche Zentrale für Tourismus
Deutschland – das beliebteste Urlaubsland der Deutschen
Busreisen
Wichtiger Hinweis für Touristen in Deutschland
Tipps für Touristen

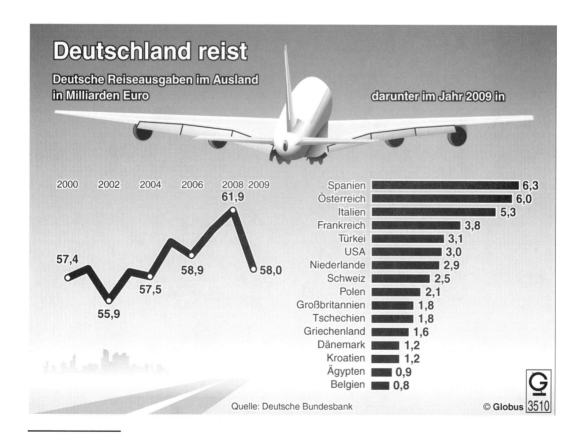

Deutschland reist

Deutsche Reiseausgaben im Ausland
in Milliarden Euro

darunter im Jahr 2009 in

2000	2002	2004	2006	2008	2009

61,9
57,4
58,9   58,0
57,5
55,9

Spanien	6,3
Österreich	6,0
Italien	5,3
Frankreich	3,8
Türkei	3,1
USA	3,0
Niederlande	2,9
Schweiz	2,5
Polen	2,1
Großbritannien	1,8
Tschechien	1,8
Griechenland	1,6
Dänemark	1,2
Kroatien	1,2
Ägypten	0,9
Belgien	0,8

Quelle: Deutsche Bundesbank

© Globus 3510

1 http://www.muskingum.edu/~modern/german/busgerm/web_Tourismus.pdf

Lernziele

Sie werden etwas über die Reiselust der Deutschen erfahren, über die wichtige Rolle, die der Tourismus für die deutsche Industrie spielt. Sie werden eine Urlaubsreise planen und Ihre Hotelreservierungen vornehmen. Außerdem werden Sie erfahren, was jeder Geschäftsreisende und jeder Tourist wissen sollte.

Einführende Gedanken

Der deutsche Dichter Theodor Fontane (1819 – 1898) sagte einmal über das Reisen: „Man soll den guten Willen haben, das Gute zu finden, anstatt es durch kritische Vergleiche totzumachen." Wie interpretieren Sie diese Aussage?

LESETEXT 1: Deutschland laut Umfrage das weltweit beliebteste Land

Vor dem Lesen

Die folgenden Wörter haben mit dem Thema Urlaub zu tun. Was fällt Ihnen zu diesen Stichwörtern ein? Machen Sie sich Notizen.

Wetter _____

Geographie _____

Ausgaben / Geld _____

Reiseziele _____

Unterkunft _____

Zeit _____

Gepäck _____

Wortschatz

Substantive

Ansehen, das	image, reputation
Bewertung, die	assessment
Einschätzung, die	rating
Umfrage, die	poll
Wertschätzung, die	high regard

Verben

bewerten	to judge
erfahren	to receive
verzeichnen	to register
zustimmen	to approve

Adjektive und Adverbien

überwiegend	predominant

Ausdrücke

das höchste Ansehen	the highest prestige
laut Umfrage	according to a poll

Laut einer Umfrage des britischen Senders BBC hat Deutschland unter 28 Staaten das höchste Ansehen - und dies schon zum zweiten Mal in Folge. 59 Prozent der Befragten beurteilten den deutschen Einfluss in der Welt als positiv. Besonders gute Bewertungen kamen dabei aus Frankreich und Südkorea.

In insgesamt 24 Staaten gaben die Befragten ein positives Urteil über Deutschland ab. Damit lag Deutschland, wie im Vorjahr, auf dem ersten Platz der internationalen Wertschätzung. Auf Platz zwei stand Japan (53 Prozent positive Bewertungen), gefolgt vom Vereinigten Königreich, Kanada und Frankreich. Die BBC führt ihre Umfrage zur Einschätzung des Einflusses von Nationen seit 2005 durch. In diesem Jahr wurden 30.000 Menschen in 28 Staaten befragt.

Deutschland auf allen Kontinenten angesehen

Besonders positive Einschätzungen über die Rolle Deutschlands in der Welt kamen von den französischen Nachbarn (84 Prozent) sowie aus Italien (79 Prozent) und aus Südkorea (82 Prozent). Aber auch auf anderen Kontinenten lag Deutschland ganz oben auf der Beliebtheitsskala. So hatten 75 Prozent der befragten Kenianer eine gute Meinung über den deutschen Einfluss, in Brasilien waren es 70 Prozent und in Australien 65 Prozent. In Ägypten erfuhr Deutschland zwar nur bei 50 Prozent der Befragten Zustimmung, aber der Wert stieg gegenüber dem Vorjahr um 11 Prozent.

Auch die Meinungen zur Rolle der Europäischen Union insgesamt sind überwiegend positiv (53 Prozent) in der Welt. Besonders viel Wertschätzung genießt die EU in Deutschland (71 Prozent positiv), Frankreich (64 Prozent) und Italien (64 Prozent). Auch in 22 von 28 (von der Umfrage umfassten) Staaten außerhalb der Union wird der Einfluss der EU insgesamt positiv bewertet (49 Prozent zustimmende gegenüber 19 Prozent negative Einschätzungen). Dabei sind von Land zu Land jedoch erhebliche Unterschiede zu verzeichnen. In Russland stieg das Ansehen der EU innerhalb eines Jahres um 19 Prozent auf 50 Prozent positive Meinungen.

Fragen zum Verständnis:

1. Wer hat die Umfrage gemacht?
2. Wann war schon einmal solch eine Umfrage durchgeführt worden?
3. Wie viele Staaten haben an der Umfrage teilgenommen?
4. Wie weiß man, dass Deutschland in der Welt sehr beliebt ist?
5. Wer steht dann auf Platz zwei und drei der Beliebtheitsskala?
6. Nennen Sie drei Länder, die Deutschland besonders hoch einschätzen.
7. Wie hat sich Ägyptens Einstellung zu Deutschland im Vergleich zum Vorjahr geändert?
8. Äußern Sie sich darüber, wie EU- Staaten und Staaten außerhalb der EU die Europäische Union einschätzen.

Wortschatz

Substantive

Einreise, die	entry
Passersatzpapiere, Pl.	documents in lieu of passport
Personalausweis, der	personal identification card
Schengen-Raum, der	

Adjektive

erforderlich	necessary
gültig	valid
miteingetragen	included

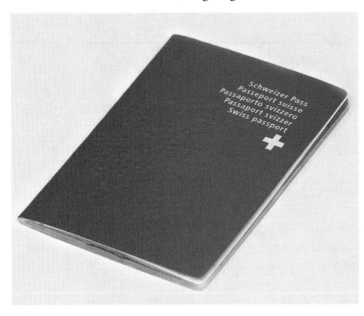

Einreise nach Deutschland

Ausländer brauchen bei der Einreise einen gültigen Reisepass oder ein Passersatzpapier. Der Reisepass muss bei der Einreise nach Deutschland bzw. dem Schengen-Raum noch mindestens vier Monate gültig sein. Für Staatsangehörige der EU-Staaten genügt ein gültiger Personalausweis. Kinder müssen im Pass der Eltern miteingetragen sein oder einen eigenen Kinderausweis mit sich führen. Für Staatsangehörige bestimmter Länder ist zur Einreise ein Visum erforderlich. Detaillierte Informationen gibt die Deutsche Botschaft.

LESETEXT 2: Übernachtungen in Deutschland

Wortschatz

Substantive

Aufschwung, der	upturn, upswing
Konjunktur, die	economic situation

Verben

sich belaufen auf	to come to

In den ersten sechs Monaten des Jahres 2010 stieg die Zahl der Übernachtungen in Deutschland dem Vorjahr gegenüber um 3% auf 166,9 Mio.. Der Anteil der Ausländerübernachtungen belief sich auf 25,6 Mio.. Gegenüber dem Vorjahr bedeutete das ein Plus von 9%. Allein im Juni 2010 konnte sich das Ergebnis um 5% auf 27,5 Mio. verbessern, darunter 5,5 Mio. Übernachtungen ausländischer Gäste. Dieses Ergebnis bedeutete eine Erholung aus der globalen wirtschaftlichen Rezession von 2009. Dieser Trend machte sich auch im Monat Juli bemerkbar, so dass man von einem dynamischen Aufschwung im Deutschland-Tourismus sprechen konnte.

LESETEXT 3: Die Deutsche Zentrale für Tourismus

Wortschatz

Substantive

Gründung, die	foundation
Industriezweig, der	industrial branch
Vielfalt, die	variety
Zuwendung, die	financial contribution
Zuschuss, der	subsidy

Verben

erwirtschaften	to obtain through careful management
vermarkten	to market, to commercialize

Die Deutsche Zentrale für Tourismus e.V. (DZT) mit Sitz in Frankfurt am Main wird durch das Bundesministerium für Wirtschaft und Technologie finanziert. Seit der Gründung im Jahre 1948 sollten das Reiseland Deutschland und seine Vielfalt primär im Ausland vermarktet werden, aber seit 1999 regelt die DZT auch die Tourismusindustrie im Inland und arbeitet eng mit den 16 Bundesländern zusammen. Durch ihre Tätigkeit soll die DZT zur Pflege des gegenseitigen Verständnisses der Völker beitragen.

Trotz der Finanz- und Wirtschaftskrise konnte die DZT ihr Geschäftsergebnis im Wirtschaftsjahr 2009 erneut verbessern. So stieg der Gesamthaushalt von 34,6 Millionen Euro auf 35,8 Millionen Euro, was einem Zuwachs von 3,3 Prozent entspricht. Der Industriezweig Tourismus hat circa 2,8 Millionen Beschäftigte. Sie erwirtschafteten 2009 etwa 212 Milliarden Euro.

Die DZT ist national und auch international tätig. Das Reiseland Deutschland wird in sechs Regionen weltweit vermarket:

1. Nordwesteuropa   31% Ausländerübernachtungen (17 Mio.)
2. Nordosteuropa   14% Ausländerübernachtungen (7,5 Mio.)
3. Südwesteuropa   20% Ausländerübernachtungen (11,2 Mio.)
4. Südosteuropa   7% Ausländerübernachtungen (4,0 Mio.)
5. Amerika/Israel: 11% Ausländerübernachtungen (4,3 Mio.)
6. Asien/Australien   9% Ausländerübernachtungen (5,1 Mio.)

Strategisch bedeutsam ist die Funktion als Tourismusorganisation, aber für die Wirtschaft ist auch der Geschäftstourismus (Messe-, und Kongressreisen) von großer Wichtigkeit.

Jedes Jahr wirbt die DZT mit besonderen Marketing-Themen:

- Themenjahr 2008: Schlösser, Parks und Gärten
- Themenjahr 2009: Aktivurlaubsziel Deutschland - Lifestyle, Wandern und Radfahren

- Themenjahr 2010: Kulturhauptstadt Europas - Ruhr 2010, „Kulturstädte Deutschlands"
- Themenjahr 2011: Gesundheitsurlaub und Wellness in Deutschland
- Themenjahr 2012: Geschäftsreiseziel Deutschland

Der Tourismus in Deutschland wird auch durch besondere Ausstellungen, z.B. Geschichtsereignisse oder Messen gefördert:

- **2009:**
  - 20 Jahre Fall der Mauer
  - 90 Jahre Gründung Bauhaus in Weimar
  - Imperium Konflikt Mythos, 2000 Jahre Varusschlacht
  - 250. Todestag Georg Friedrich Händel
- **2010**
  - 300 Jahre deutsche Porzellan-Geschichte in Deutschland
  - 41. Oberammergauer Passionsspiele
  - 200 Jahre Oktoberfest in München
  - Internationale Bauausstellung (IBA) Sachsen-Anhalt
  - 175 Jahre Deutsche Eisenbahn

LESETEXT 4 Deutschland - das beliebteste Urlaubsziel der Deutschen[2]

Mehr als 300 Millionen Übernachtungen pro Jahr bilden die Basis des Deutschland-Tourismus. Nach wie vor hat Deutschland auch im Ausland eine magnetische Anziehungskraft, denn 56 Millionen ausländische Touristen übernachten pro Jahr in Deutschland. Dabei handelt es sich um kontinuierlich steigende Zahlen aus Europa, sowie Indien, China und den arabischen Golfstaaten. Europäer reisen gerne in Städte und genießen den Kulturtourismus. Für 2015 prognostiziert die DZT insgesamt erstmals rund 400 Millionen Übernachtungen aus dem In- und Ausland.

Deutschland liegt im weltweiten Ranking „Markenimage" des Anholt-GfK Roper Nation Brands Index auf Platz 1. Deutschland liegt als Kulturreiseziel bei Reisenden aus Europa an 2. Stelle weltweit. Deutschland ist Marktführer im Geschäftsreisesegment – als Tagungs- und Kongressstandort auf Platz 1 in Europa und als Messeziel Nummer 1 in der Welt. Etwa ein Viertel des internationalen Reiseaufkommens nach Deutschland sind Geschäftsreisen. Im Jahr 2009 bestätigte die International Congress & Convention Association der Kongress- und Tagesdestination Deutschland erneut eine herausragende Position im internationalen Vergleich mit Rang 1 in Europa und Rang 2 weltweit.

Übung zum Verständnis:

1. Welchen Stellenwert (ranking) hat Deutschland als Reiseziel innerhalb Europas?

---

2 Mit freundlicher Genehmigung: http://www.entdecke-deutschland.diplo.de/

2. Woran können Sie erkennen, dass der Tourismus ein sehr wichtiger Wirtschaftszweig ist?

3. Was ist wohl der Grund, warum so viele Geschäftsreisende nach Deutschland kommen?

4. Welche Aufgaben hat die DZT?

5. Aus welchen Staaten kommen die Touristen primär?

Übungen zum Wortschatz

A. **Bilden Sie mit allen Wörtern des Schüttelkastens zusammengesetzte Wörter, die entweder mit Reise- anfangen oder mit –reise aufhören. Schreiben Sie den Artikel zu den Substantiven, und geben Sie die englische Bedeutung an.**

gepäck	schiffs	dienst	forschungs	zeit
welt	führer	geschäfts	tages	pass
ziel	urlaubs	auslands	senioren	bericht
abenteuer	büro	durch	verkehr	gesellschaft

B. **Folgende Komposita können Sie erraten. Zerlegen Sie jedes Wort in seine Bestandteile, und geben Sie die Bedeutung der Bestandteile sowie die Bedeutung des Kompositums an:**

Beispiel: das Reisebüro. Die Reise. (travel, trip) Das Büro (office).

Markenimage _____

Kulturreiseziel _____

Tagungsstandort _____

Kongressstandort _____

Geschäftsreisen _____

Anziehungskraft _____

Kulturtourismus _____

Industriezweig _____

Ausländerübernachtungen _____

Reiseland Bayern

Übernachtungszahlen in Beherbergungsbetrieben
nach Bundesländern 2009 in Mio.

Bayern	75,2
Baden-Württemberg	42,4
Nordrhein-Westfalen	40,2
Niedersachsen	37,6
Mecklenburg-Vorp.	28,4
Hessen	26,9
Schleswig-Holstein	24,3
Rheinland-Pfalz	20,1
Berlin	18,9
Sachsen	16,3
Brandenburg	10,3
Thüringen	9,4
Hamburg	8,2
Sachsen-Anhalt	6,7
Saarland	2,1
Bremen	1,6

Deutschland
insgesamt:
368,7 Mio.

inländische
Gäste

313,9

54,8

ausländische
Gäste

dpa·12668

Rundungsbedingte Differenz   Quelle: Stat. Bundesamt

Aktivitäten

A. **Mündlicher Bericht. Das sind die beliebtesten Reiseziele der Deutschen:
Ein Tabellenvergleich lohnt sich.**

2008	2009	2010
Deutschland	Deutschland	Deutschland
Spanien	Spanien	Italien
Italien	Italien	Spanien
Österreich	Türkei	Österreich
Türkei	Österreich	Türkei
Frankreich	Griechenland	Griechenland
Griechenland	Frankreich	Nordafrika
Tunesien	Kroatien	Skandinavien
Ägypten	Polen	USA/Kanada
USA	Dänemark	Karibik

B. Partnergespräch

Ihr Partner / Ihre Partnerin hat letztes Jahr in Deutschland Urlaub gemacht. Sprechen Sie über dieses Erlebnis und stellen Sie Fragen zu den folgenden Punkten.

- Beliebte Reiseziele
- Unterkunft und Verpflegung
- Sehenswürdigkeiten und Naturschönheiten
- Kultur und Geschichte

Reisekiste

Vor dem Lesen

Was ist für Sie im Urlaub wichtig und was ist unwichtig.

0=unwichtig   1=ziemlich wichtig   2=sehr wichtig

_____ preiswerte Unterkünfte aller Art, inkl. Camping und Jugendherbergen

_____ attraktive geographische Lage

_____ freundliche Menschen

_____ keine Sprachschwierigkeiten

_____ gute Verkehrsverbindungen zum und am Reiseziel

_____ niedrige Reisekosten

_____ preiswerte Küche und niedrige Lebensmittelpreise

_____ Sportmöglichkeiten

_____ stabile politische Lage

_____ kulturelle Sehenswürdigkeiten

_____ Wetter

Wortschatz

Substantive

Dreimastschoner, der	three-mast-schooner
Portemonnaie, das	wallet
Tresen, der	counter
Urlaubspflaster, das	vacation spot

Adjektiv

prickelnd	tingling

Ausdruck

eigene Anreise	travel at your own expense

Südsee-Segeln

Land in Sicht

Ein Südseetraum, der nicht so superteuer ist. Der Dreimastschoner „Pippilotta" segelt mit 20 Gästen durch den Pazifik. Wer auf diese Weise Samoa, Tonga, Fidschi oder Neukaledonien entdecken will, kann an Bord mithelfen. Segelkenntnisse werden nicht vorausgesetzt. Preisbeispiel: 14 Tage von Samoa nach Tonga für 915 €. Flüge werden in Spezialreisebüros ab 1400 € angeboten. Alligator Promotion, Barmstedter Str. 10, 2358 Kaltenkirchen, Tel. 04191/77811, Fax 77512.

Italien

Jetzt viel billiger

Italien war lange als ein teures Urlaubspflaster bekannt, ganz besonders Rom, Florenz und Venedig. Durch die Euro-Währung ist es nicht mehr ganz so schlimm. Zwar kostet der Cappuccino im römischen Café della Pace (Via della Pace 3-7) nach wie vor 3 €, aber das ist jetzt für deutsche Urlauber bedeutend preiswerter als vorher. Gelato-Fans bezahlen beim „Giolitti", dem König der Eismacher in der Via degli Uffici del Vicario 40 für zwei Kugeln knapp 1,40 €. In einer Bar muss man für einen Campari Soda nur noch 2 € auf den Tresen legen. Auch das Essen ist billiger geworden: Ein Menü mit Pasta, Fleisch, Salat und Espresso kostet jetzt um die 18 € - das ist auch billiger als früher. Taxifahrten sind jetzt sogar günstiger: z.B. vom Bahnhof Termini bis ins Viertel Trastevere etwa 8 €, früher 12 €.

Frankreich

Einfach prickelnd

Ein Champagner-Wochenende in Reims mit einem Besuch der weltbekannten Domäne Pommery. Durch die Weinberge fahren, zu den besten Lagen dieser Region. Das klingt nach Luxus. Stimmt – fürs Auge, aber nicht fürs Portemonnaie. Zwei Tage in der Champagne kosten ab 98 € pro Person für Hotel, Frühstück und Führung. Eigene Anreise (NUR, in Reisebüros).

USA

„Greeters" zeigen New York

Die heißesten Tipps für das neue In-Viertel Tribeca in Manhattan oder die sehenswerteste Gallerie in Lower East Side. New York ist so atemlos, dass die neusten Reisebücher schnell alt aussehen. Ein neuer, kostenloser Service im Big Apple bleibt up-to-date – einige hundert New Yorker zeigen als „Greeter" den Besuchern ihre Stadt. Mindestens drei Tage vorher bestellen beim: Big Apple Greeter, 1 Centre Street, 19th floor, New York, NY 10007, USA, Telefon 001/212/6698159, Fax 669-3685.

Übungen zum Verständnis

A. Welches der Angebote würde Sie am meisten interessieren? Geben Sie mindestens zwei Gründe an.

B. Womit will jedes Inserat am meisten locken?

Südsee-Segeln: _____

Italien: _____

Frankreich: _____

USA: _____

C. Erkundigen Sie sich bei der Bank oder im Wirtschaftsteil Ihrer Zeitung nach dem heutigen Wechselkurs und berichten Sie, was die folgenden Dinge kosten.

1. Vierzehn Tage von Samoa nach Tonga $ _____
2. Flugpreis nach Samoa $ _____
3. Ein Cappuccino in Italien $ _____
4. Ein italienisches Essen inklusive Salat und Cappuccino $ _____
5. Zwei Tage in der französischen Champagne, exkl. Reisekosten $ _____
6. Der „Greeter-Service" in New York $ _____

LESETEXT 5 Busreisen

Tagesfahrten von ortsansässigen[3] Busunternehmen sind bei den Deutschen sehr beliebt. Selbstverständlich können Sie sich auch mit einer ausländischen Gruppe anmelden. Sie bekommen dann sogar höchstwahrscheinlich[4] einen Sonderpreis.[5] Am Zielort können Sie sich von der Busreisegruppe trennen und auf eigene Faust[6] etwas unternehmen. Die Rückreise kann innerhalb der Stadt an verschieden Plätzen stattfinden. Daher sind diese Abfahrten in der Broschüre besonders gekennzeichnet. Man

Moderner Reisebus

kann das Busunternehmen auch darum bitten, dass man in einer anderen Stadt, die auf der Fahrtstrecke liegt, zusteigen darf. Für Ausländer ist es Pflicht, den Reisepass bei sich zu tragen.

Tagesfahrt nach Brüssel im modernen, klimatisierten Reisebus: Erleben Sie die Europastadt Brüssel: Gildehäuser, das Rathaus und das Königshaus. Wenn Sie gern einkaufen wollen, bieten wir Ihnen viele Geschäfte, Boutiquen, Cafés, Restaurants und Confiserien im Stadtzentrum an. Die Rückfahrt nach Köln ist für 16.00 Uhr geplant. Zielgruppe: Gemischt. Abfahrt: Köln Hauptbahnhof. 18 Euro pro Person.

Cinquantenaire Park in Brüssel

3 local
4 very likely
5 special discount
6 on your own

Passau – Erleben Sie die Drei-Flüsse-Stadt an der Donau, Ilz und dem Inn. Eine Fahrt in das bayrische Florenz:

Passau

Erleben Sie Bayrischen Barock, die Veste, das Rathaus mit einem Gemälde mit einer Szene aus dem Nibelungenlied. Stadtführungen sowie eine kleine Ausflugsfahrt auf dem Schiff. Abfahrt: Deggendorf Bahnhof. 15 Euro pro Person.

Reichstag in Berlin

Fahrt durch Berlin: Erleben Sie das Brandenburger Tor, den Reichstag, das Regierungs- und Botschaftsviertel und den Potsdamer Platz. Auf dem Kurfürstendamm haben Sie Gelegenheit einzukaufen.

Mittelalterstadt

Zur Weihnachtszeit sollte man den Esslinger Mittelaltermarkt & Weihnachtsmarkt erleben. Besonders schön an dieser Stadt sind auch die Fachwerkhäuser und romantischen Gassen. Erleben Sie einen der schönsten Weihnachtsmärkte in Süddeutschland.

Nach Frankfurt am Main

Erleben Sie die internationale Finanz- und Messestadt und eine sehr imposante Skyline, einzigartig in Deutschland. In der Innenstadt liegen die historischen Sehenswürdigkeiten wie Zoo, Palmengarten, Römer, Kaiserdom und Paulskirche.

Stuttgart

Der Weihnachtsmarkt, der moderne Flughafen, die Stuttgarter Börse, Daimler-Benz, der Stuttgarter Fernsehturm: das klingt doch sicherlich sehr verlockend. Kommen Sie mit uns nach Stuttgart und erleben Sie die Stadt aus unserer Perspektive. Wir machen auch einen Abstecher zum Barockschloss nach Ludwigsburg.

Urlaub an der Ostsee: Die Ostsee lädt sie zu Spaziergängen am Strand ein. Die frische gesunde Ostseeluft wird Ihnen gut tun! Genießen Sie die Ruhe, entspannen Sie sich und erleben Sie die herrliche Weite der Landschaft.

Strandkörbe an der Ostsee

Deutsche Nordsee: Kommen Sie mit an die Nordsee. Tagesfahrt nach Neuharlingersiel und Besichtigung anderer kleiner Hafenstädte. Genießen Sie einen schönen Tag am norddeutschen Strand. Auf der Promenade erleben Sie Sonne, Sand und Meer.

Fischereihafen
Neuharlingersiel

Übungen zum Verständnis

A. Welches Reiseziel liegt außerhalb von Deutschland?

B. Für welche Tagesfahrt würden sich diese Menschen interessieren?

1. Der Naturliebhaber _____

2. Wer etwas für die Gesundheit tun will _____

3. Wer sich für Hafenstädte interessiert _____

4. Der kulturell Interessierte _____

5. Der Kunstliebhaber _____

6. Wer gern in einer Großstadt einkaufen möchte _____

7. Wer die See liebt _____

8. Der Autofreund _____

9. Wer auf einem Weihnachtsmarkt einkaufen will _____

10. Wer die Donau genießen will _____

C. Wie heißen die Bundesländer, in denen die Tagesfahrten angeboten werden?

_____

_____

_____

_____

_____

_____

_____

_____

Aktivität

Partnergespräch

1. **Sie und Ihr Partner / Ihre Partnerin planen eine Reise ins Ausland. Besprechen Sie Folgendes:**

- Wohin Sie reisen wollen
- Wann Sie fahren wollen
- Wieviel Zeit Sie haben
- Welche Reisepapiere Sie brauchen (Pass, Visum usw.)
- Wieviel der Urlaub kosten darf
- Was Sie im Urlaub machen wollen (Aktiv-Urlaub, Erholungsurlaub, Bildungsurlaub usw.)

Berichten Sie anschließend vor Ihren Kursteilnehmern.

2. **Sie und Ihr Partner / Ihre Partnerin wollen ein Wochenende mit dem Bayernticket durch ganz Bayern reisen.**

Berichten Sie :

- Wohin der Ausflug gehen soll
- Was Sie sehen möchten
- Was Sie tun möchten
- Was der Ausflug kostet
- Warum Sie das Bayern Ticket gewählt haben

LESETEXT 6 Wichtige Hinweise für Touristen in Deutschland

1. ___ 2. ___ 3. ___ 4. ___

5. ___ 6. ___ 7. ___ 8. ___

9. ____

10. ____

11. ____

12. ____

13. ____

14. ____

15. ____

16. ____

17. ____

18. ____

19. ____

20. ____

21. ____

22. ____

23. ____

24. ____

25. ____

26. ____

27. ____

28. ____

29. ____

30. ____

31. ____

Deutsche Bedeutung

a. Gepäckservice

b. Kinderbett

c. Fernsehraum

d. Bus

e. Fitnessraum

f. Hotel Check In

g. Lift

h. Taxistand

i. Einrichtungen für Behinderte

j. Fernseher im Zimmer

k. Hauseigener Parkplatz

l. Theater

m. Fahrradverleih

n. Klimaanlage im Zimmer

o. Vollwertkost

p. Eigene Metzgerei

q. Eigene Bäckerei

r. Hunde erlaubt

s. Bahn

t. Rad- und Wanderwege

u. Zentrum

v. Bootsausflüge

w. Bibliothek

x. Golfplatz

y. Allergiker Zimmer

z. Regionale Küche

aa. Wäscheservice

bb. Eigene Garage

cc. Squash

dd. Konferenzraum

ee. Autobahn

LESETEXT 7 Tipps für Touristen

Wortschatz

Substantive

Binnengewässer, Pl.	inland waterways
Fahrspur, die	traffic lane
Flusskreuzfahrt, die	river cruise
Geschwindigkeitsbegrenzung, die	speed limit
Marktanteil, der	market share
Pension, die	bed and breakfast
Reederei, die	shipping company
Richtgeschwindigkeit, die	recommended speed
Schnäppchen, das	bargain
Steueranteil, der	(gasoline)tax

Adjektive und Adverbien

begrenzt auf	limited to
gebührenpflichtig	subject to a charge

Autoreisen—es gibt keine gebührenpflichtigen Straßen in Deutschland. Autobahnen, Bundesstraßen und Landstraßen verbinden Städte und Ortschaften miteinander.

Führerschein—der US-Führerschein gilt sechs Monate.

Benzin—ist im Vergleich zu den USA ziemlich teuer. Aber europäische Autos verbrauchen in der Regel weniger als amerikanische. Außerdem ist der Steueranteil am Benzin wesentlich höher.

Geschwindigkeitsbegrenzungen—gelten auf den Autobahnen als Richtgeschwindigkeit und in den Großräumen einer Stadt wie etwa Frankfurt, Berlin, München, Köln, sowie Düsseldorf. Auf Bundesstraßen gilt 100 km/h und in Ortschaften 50 km/h. Lastwagen dürfen bundesweit nur 80 km/h fahren, Omnibusse sind auf 100 km/h begrenzt.

Überholen—nur links.

Autovermietungen—Fast alle großen Autovermietungen haben ihre Niederlassungen in Deutschland. Man spart, wenn man in den USA vorbestellt und bezahlt.

Informationen—Autobahnen werden von der Polizei und den Automobilclubs ADAC und AvD überwacht. Jeder Radiosender gibt den Verkehrsfunk durch und auch das Abspielen einer CD wird automatisch unterbrochen.

Camping—Es gibt 2812 Campingplätze in Deutschland. An den Autobahnen entlang befinden sich viele Motels.

Busreisen—Tagestouren und Reisen von zwei Tagen bis zu zwei Wochen werden von vielen Busunternehmen veranstaltet. Informationen bekommt man auch in jeden Reisebüro. Das Internet bietet hier auch gute Schnäppchen und Angebote an.

Schiffsreisen — Flusskreuzfahrten werden in Deutschland immer beliebter. Angebote auf der Elbe, Weser, Mosel, Donau, Oder und auf dem Rhein sind vielen bekannt. Nun suchen viele Reedereien nach kleineren, noch unbekannten Wasserwegen. Flusskreuzfahrten bewegen sich zwischen Basel und Rotterdam, auf der Mosel kann man von Trier bis Saarbrücken fahren und auch nach Frankreich. Die Strecke von Mainz bis Würzburg oder sogar bis Passau ist auf dem Main sehr beliebt. Der Main-Donau-Kanal verbindet den Rhein mit dem Schwarzen Meer.

Bahnreisen. Über 34.000 Abfahrten hat die Bahn täglich in alle Teile Deutschlands. Die Bahn befördert täglich mehr als sieben Millionen Fahrgäste.

Unterkunft. In Deutschland gibt es mehr als 21.000 Hotels, 1.800 Jugendherbergen, 5.400 Pensionen und 10.700 Ferienhäuser und Ferienwohnungen. Der Marktanteil der Hotels liegt bei 73%. Pensionen erfreuen sich der geringsten Beliebtheit mit nur 2%. Die Campingplätze liegen mit 7% noch vor den Gasthöfen mit 4%. Berlin rangiert bei Übernachtungen auf Platz 1 mit über 7 Mio. Besuchern.

Auf Platz zwei kommt München mit über 4 Mio. Übernachtungen und Platz drei nimmt Frankfurt ein mit mehr als 2 Mio.

Übungen zum Verständnis

A. Stimmen diese Aussagen mit dem Lesetext überein? Ja oder nein

1. _____ Mit einem Führerschein der USA kann man zwölf Monate lang in Deutschland fahren.

2. _____ Auf deutschen Straßen gibt es keine Geschwindigkeitsbegrenzungen.

3. _____ Gebührenpflichtige Autobahnen gibt es in einigen Bundesländern.

4. _____ Wenn man auf der linken Fahrspur nicht vorwärts kommt, darf man rechts überholen

5. _____ Mietautos müssen in den USA vorbestellt und bezahlt sein.

6. _____ In Deutschland gibt es zwei Automobilclubs.

7. _____ Wenn man einen Radiosender hört, kann es vorkommen, dass die Musik plötzlich durch einen Verkehrsbericht unterbrochen wird.

8. _____ Schiffsreisen auf den Binnengewässern werden immer beliebter.

9. _____ Man kann auf der Mosel bis nach Frankreich reisen.

10. _____ Busunternehmen machen nur Tagestouren.

11. _____ Gasthöfe sind viel beliebter als Campingplätze.

Aktivitäten

A. Partnergespräch. Besprechen Sie mit einem Partner / einer Partnerin, ob sich die folgenden Bedingungen von denen in Ihrem Bundesstaat unterscheiden. Vergleichen Sie dann Ihre Ergebnisse in Ihrem Kurs.

1. Die Benutzung der deutschen Autobahnen ist gebührenfrei.

2. Die Verkehrszeichen passen sich den internationalen Verkehrszeichen an.

3. Es gibt Richtgeschwindigkeiten und erlaubte Höchstgeschwindigkeiten.

4. Innerhalb und außerhalb geschlossener Ortschaften gibt es unterschiedliche Geschwindigkeitsbegrenzungen.

5. Wenn der Wagen Sicherheitsgurte hat, müssen sie angelegt werden.

6. Bei Nebel darf man nur mit Abblendlicht fahren.

7. Mit Standlicht darf man gar nicht fahren.

8. Motorräder müssen generell mit Abblendlicht fahren.

9. Einige Bundesländer haben Verkehrsvorschriften, die sich vom Rest der Bundesrepublik unterscheiden.

10. Ausländische Kraftfahrzeuge müssen das Nationalitätszeichen ihres Landes führen.

11. In Deutschland ist eine Haftpflichtversicherung gesetzlich vorgeschrieben.

12. Der ADAC (wie AAA in den USA) hilft Verkehrsteilnehmern auf Autobahnen und Bundesstraßen.

13. Man kann Leihwagen am Flughafen, auf großen Bahnhöfen und in den Städten bekommen.

B. Zimmersuche. Sie sind Vertreter / Vertreterin der Firma Aquarest, die wellenlose Wasserbettmatratzen für Krankenhäuser herstellt. Sie werden Ihre Firma auf der Leipziger Messe vertreten und benötigen ein Hotelzimmer. Da im Zentrum von Leipzig schon alles ausgebucht ist, schreiben Sie eine E-mail an das Lindner Hotel und an das Hotel Markgraf Leipzig, beide nicht weit vom Zentrum entfernt. Sie sind sich sicher, dass es von Vorteil ist, auf Deutsch zu schreiben.

- **Lindner Hotel Leipzig,** Hans-Driesch-Straße 27, D-04179 Leipzig
- **Hotel Markgraf Leipzig**, Körnerstraße 36, D-04107 Leipzig

Der Inhalt Ihrer E-mail:

Wählen Sie die Redewendung, die Sie gebrauchen können. Bitten Sie um ein Zimmer:

- Ich möchte.....reservieren.
- Ich wäre daran interessiert,.....zu reservieren.
- Ich suche ein ruhiges Hotel in Autobahnnähe.
- Ich benötige.....
- Könnten Sie mir.....besorgen?

Geben Sie die Dauer Ihres Aufenthalts an:

- für die Woche vom 16. bis 23. März.
- für drei Nächte vom 4. bis 7. Mai
- für zwei Wochen ab 8. Februar

Beschreiben Sie das Zimmer:

- ein Zimmer nicht zur Straße hinaus
- ein Zimmer mit Dusche und Bad
- ein Zimmer, das möglichst ruhig (hell) ist
- ein Zimmer mit Klimaanlage *(Note: this is most probably neither available nor necessary).*

Bitten Sie um eine baldige Bestätigung:

- Ich wäre Ihnen dankbar, wenn Sie (mir).....so bald wie möglich bestätigen könnten.
- Ich wäre Ihnen dankbar, wenn Sie meine Reservierung umgehend bestätigen könnten.
- Erkundigen Sie sich nach dem Preis:
- Ich wäre Ihnen dankbar, wenn Sie mir Ihre Preise mitteilen könnten.
- Bitte teilen Sie mir Ihre Preise pro Tag/Woche/Monat mit.

Falls keine Zimmer mehr frei sind:

- Wenn Sie kein Zimmer mehr frei haben, ...
- Sollten Sie keine Zimmer mehr frei haben, ...
- Wenn Sie ausgebucht sind, ...
- Sollten Sie ausgebucht sein, ...
- Wenn bei Ihnen alles belegt ist, ...
- Sollte bei Ihnen alles belegt sein, ...
- Wenn Sie keine Unterbringungsmöglichkeiten mehr haben, ...
- Sollten Sie keine Unterbringungsmöglichkeiten mehr haben, ...

Beide Hotels schreiben umgehend zurück. Das Lindner Hotel ist für den Monat Mai voll ausgebucht. Der Inhaber schlägt vor, dass Sie sich an das Hotel Sonnenschein wenden, weil es noch Zimmer frei hat. Das Hotel Markgraf Leipzig kann Ihnen jedoch das gewünschte Zimmer reservieren und bestätigt die Buchung der Unterkunft. Der Inhaber bedauert, dass die Zimmer keine Klimaanlage haben.

Vervollständigen Sie die nachstehenden Lückentexte.

Email vom Hotel Lindner:

Von: info.leipzig@lindner.de
Datum: Freitag, 15. April 2011
An: KWagner@aquarest.com
Betreff: Reservierung

Sehr geehrter Herr Wagner,

vielen Dank für _____ vom _____, in der Sie uns bitten, Ihnen _____.
Wir bedauern, Ihnen _____, dass wir im _____ sind. Wir _____
Ihnen _____, sich an das Hotel Sonnenschein zu _____. z.Zt. hat es noch einige
Zimmer _____.

Mit freundlichen Grüßen

Lindner Hotel Leipzig
Hans-Driesch-Straße 27
D-04179 Leipzig
Deutschland
Tel: +49 341 4478-0
Fax: +49 341 4478-478
E-Mail: **info.leipzig@lindner.de**
http://www.lindner.de/en/LEI/index_html/complexdoc_view

Email vom Hotel Markgraf Leipzig:

Von: info.Markgraf@markgraf.de
Datum: Montag, 18.April 2011
An: KWagner@aquarest.com
Betreff: Reservierung

Sehr geehrter Herr Wagner,

hiermit _____ Ihre E-mail vom _____.
Wir haben die von Ihnen benannte _____ gebucht. Ein Einzelzimmer mit
_____. Wir _____ allerdings, dass unsere Zimmer keine
_____ haben. Wir erwarten Sie am _____ und wünschen Ihnen
eine gute Reise.

Mit freundlichem Gruß

Hotel Markgraf Leipzig
Körnerstraße 36
D-04107 Leipzig,
Deutschland
Tel :(+49)341 30 30 30
Fax :(+49)341 30 30 399
http://www.markgraf-leipzig.de/kontakt.php

C. **Informationsmaterial und Prospekte. Suchen Sie sich ein Bundesland aus, das Sie gern besuchen möchten. Schreiben Sie an die Deutsche Zentrale für Tourismus (German National Tourist Office in den USA in New York, Los Angeles und Chicago, in Kanada in Toronto) und bitten Sie um Informationsmaterial.**

Schlussgedanken

Wählen Sie entweder A oder B, je nach Belieben.

A. **Beantworten Sie die folgenden Fragen.**

1. Waren Sie schon mal in Deutschland? Aus welchem Grund?

2. Welche kulturellen Unterschiede sind Ihnen aufgefallen?

3. Was war angenehm und was war unangenehm?

4. Waren Sie manchmal kritisch?

5. In welchen Situationen haben Sie Deutschland mit Ihrem Land verglichen?

6. Waren die Deutschen Fremden gegenüber manchmal kritisch?

7. Wie haben sich Ihre Reisen innerhalb Deutschlands von denen in Ihrem Land unterschieden?

8. Haben Sie schon einmal in einem deutschen Reisebüro nach Informationen gefragt? Wie war der Service dort?

9. Wo haben Sie in Deutschland übernachtet oder gewohnt? War das anders als in Ihrer Heimat?

10. Sind Sie einmal in Deutschland Auto gefahren? Was können Sie darüber berichten?

11. Was hat Ihnen in Deutschland so gut gefallen, dass Sie es zu Hause auch gern hätten?

B Wenn Sie einen Monat lang Zeit hätten, sich Deutschland anzusehen, wie würde Ihr Plan aussehen?

a) Was für Reisedokumente würden Sie mitnehmen?

b) Wie oder was würden Sie für diesen Monat packen?

c) Welche Transportmittel würden Sie nehmen und warum?

d) Wo würden Sie übernachten?

e) Würden Sie von Deutschland aus eine Busreise unternehmen? Warum oder warum nicht?

f) Wo würden Sie sich gern länger aufhalten?

g) Was für Andenken würden Sie gern mit nach Hause bringen?

Wussten Sie das schon?

- Es gibt in Deutschland ca. 5.506 Pensionen mit durchschnittlich 25,4 Betten je Betrieb. Die Gäste wohnen hier tage- oder wochenweise in Gästezimmern. Pensionen bieten tägliches Bettenmachen und Reinigen der Zimmer an und geben Speisen und Getränke nur an Hausgäste ab.

- In einfachen Hotels und Pensionen haben die Gäste oft kein Privatbad. Es gibt eins, das man mit anderen Gästen teilen muss. Wenn Sie ein Zimmer mit eigenem Bad wünschen, müssen Sie dafür extra bezahlen.

- Pensionen sind meistens preisgünstiger als Hotels, aber einfacher ausgestattet. Die Preise für eine Übernachtung liegen in den EU-Ländern zwischen 20 und 50 Euro für ein Zimmer.

- Die Post verkauft Telefonkarten, mit denen man von Telefonzellen aus im Inland und ins Ausland telefonieren kann.

- Deutscher Strom hat 220 Volt und 50 Hertz. Sie brauchen einen Zwischenstecker und eventuell einen Konverter.

- Ausländische Zeitungen sind an allen Flughäfen und in den größeren Bahnhöfen erhältlich (z.B. USA Today).

- Der telefonische Notruf für die Polizei ist 110 und für die Feuerwehr 112.

- Trinkgeld ist inklusive. Man soll aber mindestens zum nächsten Euro aufrunden und lieber noch ein paar Euro dazutun, wenn der Service wirklich gut war.

- Beim Reisen in Europa sollte man genügend Bargeld bei sich haben, da längst nicht alle Geschäfte, Restaurants und kleinere Hotels Kreditkarten annehmen. Reiseschecks müssen zuerst bei der Bank in Bargeld eingelöst werden.

7

Verbraucher[1]

Der Staat und die Steuern
Durchschnittliches Gehalt
Der Verbraucher
Die Kaufkraft der Jugendlichen

Lernziele

Dieses Kapitel informiert über die verschiedenen Arten von Steuern, die der Verbraucher zahlen muss, wie der Verbraucher sich vor unnötigen Geldausgaben sowie vor schädlichen Stoffen in den Konsumgütern schützen kann. Das Kapitel vermittelt weiterhin einen Einblick in das Kaufverhalten der Jugendlichen und zeigt, worauf Kunden im Allgemeinen beim Einkauf achten.

---

1 http://www.muskingum.edu/~modern/german/busgerm/web_verbraucher.pdf

Einführende Fragen

- Was kaufen Sie jede Woche ein?
- Welche größeren Anschaffungen haben Sie in den letzten zwölf Monaten gemacht?
- Worauf achten Sie, wenn Sie etwas Neues kaufen?
- Wie informieren Sie sich über Preise und Qualität?
- Wer oder was schützt den Verbraucher in Ihrem Land?

Vor dem Lesen

Alle Arbeitenden, die einen Lohn oder ein Gehalt bekommen, müssen Steuern zahlen. Was für Steuern kennen Sie? Ergänzen Sie die Sätze mit passenden Begriffen aus dem Schüttelkasten

Erbschaftssteuer	Mehrwertsteuer	Grundsteuer	Kraftfahrzeugsteuer
Kirchensteuer	Tabaksteuer	Einkommensteuer	Luxussteuer
Branntweinsteuer			

1. Auf mein Gehalt oder meinen Lohn muss ich _____ zahlen.
2. Wenn ich etwas kaufe, bezahle ich eine _____, auch wenn sie im Preis inbegriffen ist.
3. Für mein Grundstück oder Haus zahle ich _____
4. Güter, die luxuriös oder extravagant sind wie Yachten, Schmuck und teure Autos werden mit einer _____ besteuert.
5. Wenn man in Deutschland einer Kirche angehört, bezahlt man

   _____.
6. Wenn ich ein Auto besitze, muss ich _____ bezahlen.
7. Für meinen Whisky, den ich trinke, wird eine _____ erhoben.
8. Eine _____ muss gezahlt werden, wenn man eine größere Summe Geld erbt.
9. Auch auf die Zigarre, die Opa raucht, wird eine Steuer erhoben: _____.

LESETEXT 1   Der Staat und die Steuern

Wortschatz

Substantive

Antrag, der	application
Belastungen, Pl.	burdens, obligations
Branntwein, der	brandy
Branntweinsteuer, die	tax on alcohol
Einkommensteuer, die	income tax
Entwicklungshilfe, die	aid for developing countries
Familienstand, der	marital status

Finanzwissenschaft, die	public finance
Freibetrag, der	tax-free amount
Gesundheitswesen, das	public health system
Gewerbesteuer, die	trade tax
Knappschaftsversicherung, die	miners' insurance
Körperschaftssteuer, die	corporation tax
Lehrmittel, Pl.	instructional aid
Lohnsteuer, die	income tax
Lohnsteuerrückerstattung, die	income tax refund
Mehrwertsteuer, die	value added tax
Staatsverschuldung, die	federal debt
Steuer, die	tax
Steuerklasse, die	tax category
Verbrauchssteuer, die	consumer tax
Verkehrswesen, das	public transportation
Verpflichtung, die	obligation
Verteidigung, die	defense
Wirtschaftsförderung, die	economic support
Wissenschaft, die	science
Wohlfahrtsstaat, der	welfare state

Verben

abziehen	to deduct
angehören + Dat.	to belong to
auszeichnen	to label
eintragen in + Akk.	to enter (in a document)
schätzen auf + Akk.	to estimate (at)

Adjektive und Adverbien

gesundheitsschädlich	detrimental to one's health
in etwas + Dat. inbegriffen sein	to be included in something

Ausdrücke

von etwas Gebrauch machen	to make use of something
von Fall zu Fall	from case to case

Wie eine Familie hat auch der Staat seinen Haushalt zu führen. Wenn die Einnahmen nicht ausreichen, allen Verpflichtungen nachzukommen, dann kann der Staat einen Kredit aufnehmen. Wenn ein Staat seine Finanzierungen häufig durch Kredit finanziert, dann steigt die Staatsverschuldung.

Die wichtigsten Einnahmequellen für den Staat sind Steuern. Mit diesen Einnahmen finanziert er öffentliche Ausgaben wie Verteidigung, Straßenbau, Verkehrswesen, Ausbildung, Wissenschaft und Forschung, Energie und Wirtschaftsförderung, Landwirtschaft, Wohnungs- und Städtebau, Gesundheitswesen, Umweltschutz, Entwicklungshilfe und anderes.

Der Staat benötigt außerdem Gelder für soziale Zwecke. In einem Wohlfahrtsstaat wie der Bundesrepublik wachsen diese Sozialausgaben. Es kommen immer wieder neue Ausgaben dazu, und was einmal bewilligt worden ist, können die Gesetzgeber schlecht wieder wegnehmen. Die Finanzwissenschaft spricht dann von einer „Tendenz der wachsenden Staatsausgaben".

Mehr als die Hälfte aller staatlichen Sozialausgaben entfällt auf drei große Sozialversicherungen: Rentenversicherung, Krankenversicherung und Knappschaftsversicherung. Die Gelder, die der Staat einzieht, pumpt er also wieder in den Kreislauf der Wirtschaft zurück.

Drei Viertel aller Steuergelder kommen aus vier verschiedenen Quellen: Lohn- und Einkommensteuer, Umsatzsteuer, Mehrwertsteuer[2], Gewerbesteuer und Körperschaftssteuer. Dazu gibt es noch viele verschiedene Steuerarten (siehe unten). Eine relativ hohe Verbrauchssteuer liegt auf Tabak und Branntwein, weil der Staat die Steuern für gesundheitsschädliche Erzeugnisse am leichtesten erhöhen kann.

Wie beteiligt sich der Durchschnittsbürger an diesen Steuerzahlungen? Die „direkten" Steuern spürt man sehr, denn die werden direkt vom Einkommen abgezogen und richten sich nach der Höhe des Einkommens. Die „indirekten" Steuern liegen im Preise einer Ware wie z.B. einer Flasche Wein oder einem Pfund Kaffee. Wie hoch diese Steuern sind, weiß man nicht; man bezahlt sie, unabhängig von der Höhe des Einkommens. Diese Steuern sind immer im Preis einer Ware inbegriffen. Man bezahlt genau den Preis, mit dem die Ware ausgezeichnet ist. Das ist anders als in den Vereinigten Staaten, wo der Käufer selten ganz sicher ist, wie viel er an der Kasse nun wirklich bezahlen muss.

Wenn die Deutschen sich über Steuern unterhalten, stöhnen sie immer wieder über die Lohnsteuer, die alle bezahlen, die für Lohn und Gehalt arbeiten: „Ab 2011 wird die e-Lohnsteuerkarte eine weitere erhebliche Erleichterung für die Gemeinden und Finanzbehörden darstellen"[3]. Der Arbeitgeber weiß dann mit der Steuer „ID" und dem Geburtsdatum des Arbeitnehmers, welche Abzüge automatisch anfallen. Die Lohnsteuerklasse (1-6) richtet sich nach Verdienst, Familienstand, Alter, Anzahl der Kinder, außerordentlichen Belastungen usw., und danach, wie die Verhältnisse am 1. Januar des Steuerjahres waren. Wenn sich etwas geändert hat, wird es elektronisch in der e-Lohnsteuerkarte erfasst. Hat ein Arbeitnehmer / eine Arbeitnehmerin zu viele Steuern bezahlt, kann er / sie sich beim Finanzamt einen Antrag auf einen Lohnsteuerjahresausgleich holen und eine Lohnsteuerrückerstattung beantragen.

---

2 Zum Beispiel Schokolade, Kaffee, Tee , Kleidung oder andere Sachen. Diese Steuer ist im Preis inkl. Auf dem Kassenbon steht dann: einschließlich 19 Prozent Mehrwertsteuer. Keine Mehrwertsteuer bei Kaltmieten, ärztlichen Leistungen, Bankgebühren, Versicherungsprämien und Briefmarken

3 http://www.imacc.de

Diese Frist läuft bis zum 30. September des folgenden Jahres. Wenn ein Steuerberater die Steuerformulare ausfüllt, sind sie auch erst am 30. September fällig und nicht wie üblich am 31. Mai.

Man kann die Steuererklärung auch am eigenen Computer machen und elektronisch an das Finanzamt schicken. Man muss sich auf einem Portal anmelden und das Programm überprüft die Eingaben des Benutzers.

Was kann man von der Steuer absetzen? Es gibt Freibeträge für Kinderbetreuung, Jugendliche in der Ausbildung, Berufskleidung, Pendlerpauschale, sowie Haushaltshilfe. Die meisten Deutschen gehören der evangelischen oder katholischen Kirche an. Da Kirchen vom Staat unterstützt werden, muss man Kirchensteuer bezahlen.

Der deutsche Steuersatz ist ungefähr der Durchschnitt in Europa; die Schweiz hat die niedrigsten und Schweden die höchsten Einkommensteuern.

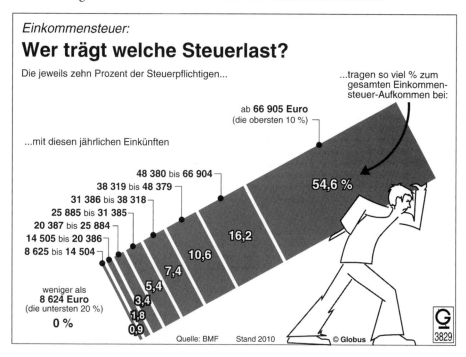

Einkommensteuer:
Wer trägt welche Steuerlast?
Die jeweils zehn Prozent der Steuerpflichtigen...

...tragen so viel % zum gesamten Einkommen-steuer-Aufkommen bei:

ab **66 905 Euro** (die obersten 10 %)

...mit diesen jährlichen Einkünften

48 380 bis 66 904
38 319 bis 48 379
31 386 bis 38 318
25 885 bis 31 385
20 387 bis 25 884
14 505 bis 20 386
8 625 bis 14 504

54,6 %

16,2

10,6

7,4

5,4

3,4

1,8

0,9

weniger als **8 624 Euro** (die untersten 20 %)
0 %

Quelle: BMF   Stand 2010   © Globus

3829

Übungen zum Verständnis

A. Sind die folgenden Aussagen nach der Information im Lesetext richtig oder falsch? Wenn falsch, dann geben Sie bitte die richtige Antwort.

1. _____ Wenn der Staat mehr Geld ausgeben muss als er besitzt, kann er sich Geld leihen.

2. _____ Die wichtigsten Einnahmen des Staates kommen aus der Verteidigung.

3. _____ Der Haushaltsplan der Bundesregierung bewilligt immer mehr Geld für soziale Zwecke.

4. _____ Die Knappschaftsversicherung verursacht dem Staat große finanzielle Belastungen.

5. _____ Die direkten Steuern sind leichter zu erkennen als die indirekten.

6. _____ Wenn die Deutschen ein Pfund Butter kaufen, wissen sie genau, wie hoch der Steuersatz ist.

7. _____ Jeder Arbeitende braucht eine Lohnsteuerkarte.

8. _____ Deutsche können Fahrtkosten zur Arbeit von der Steuer absetzen.

9. _____ Weil Kirchen vom Staat unterstützt werden, muss jeder Bürger, der zur Kirche gehört und Steuern zahlt, auch Kirchensteuern zahlen.

10. _____ Die Höhe der deutschen Einkommensteuer entspricht dem europäischen Durchschnitt.

11. _____ Wenn der Käufer einen Computer im Wert von 600 Euro im Schaufenster sieht, dann bezahlt er 600 Euro im Geschäft, weil die Mehrwertsteuer im Preis inbegriffen ist.

B. Beantworten Sie die folgenden Fragen

1. Welche Ausgaben finanziert der Staat mit Steuereinnahmen? Geben Sie einige Beispiele.

2. Auf welche drei Versicherungen entfallen die meisten Sozialausgaben?

3. Aus welchem Grund ist die Steuer auf Alkohol und Tabak hoch?

4. Über welche Steuern beschweren sich die Deutschen am meisten?

5. Unter welchen Bedingungen sollte man einen Lohnsteuerjahresausgleich ausfüllen?

6. Welche Dinge kann man in Deutschland von der Steuer absetzen, aber nicht in Amerika?

7. Wie viel Lohnsteuer muss ein Deutscher / eine Deutsche ungefähr bezahlen?

Übung zum Wortschatz. Ergänzen Sie die Sätze mit einem passenden Wort aus dem Lesetext.

1. Der Staat finanziert öffentliche Ausgaben mit _____.

2. Indirekte Steuern sind im Wert der Ware _____.

3. Die direkten Steuern werden vom Einkommen _____.

4. Jeder, der Lohn oder ein Gehalt bekommt, bezahlt _____.

5. Der Arbeitgeber weiß, welche _____ auf der e-Lohnsteuerkarte automatisch anfallen.

6. Kirchen werden vom Staat _____.

7. Auf Tabak und Alkohol wird eine hohe _____

8. Für Kinderbetreuung, Ausbildung usw. gibt es _____

9. Die Lohnsteuerkarte gibt es ab 2011 _____.

LESETEXT 2   Durchschnittliches Gehalt[4]

Wortschatz

Substantive

Abteilungssekretariat, das	office of the departmental secretary
Anspruch, der	entitlement
Gefälle, das	gradient
Gehalt, das	salary
Gehaltsklasse, die	salary bracket
Gleiche, das	same
Lage, die	location
Meisterbrief, der	master craftsman's diploma
Vorstandssekretariat, das	office of the secretary of the board of directors

Verben

berücksichtigen	to consider

Adjektive und Adverbien

durchschnittlich	average
vergleichbar	comparable

Eine einfache, klare Antwort gibt es auf diese Frage natürlich nicht. Ein Friseur verdient logischerweise nicht das Gleiche wie ein Manager, könnte aber mit einem Meisterbrief und einem eigenen Salon in guter Lage in eine ähnliche Gehaltsklasse aufsteigen. Eine Sekretärin im Vorstandssekretariat verdient ebenso logischerweise mehr als eine Sekretärin im Abteilungssekretariat, aber wenn ein Positionswechsel ansteht, wäre es doch nicht schlecht zu wissen, was man in der höheren Position verdienen könnte.

Man muss dazu sagen, dass auch innerhalb der gleichen Berufsgruppe und innerhalb der gleichen Karrierestufe die Gehälter unterschiedlich sind. Der Manager einer kleinen Keramikfirma auf dem Land im Osten wird sein Gehalt keinesfalls mit dem Manager einer global agierenden Firma vergleichen können. Eine Verkäuferin in einer Bäckerei wird ebenfalls niemals das Gehalt erreichen, das eine Verkäuferin in einem Supermarkt in der Innenstadt erreicht. Durchschnittliche Gehälter können immer nur innerhalb der gleichen Position und innerhalb vergleichbarer Unternehmen verglichen werden.

Und selbstverständlich spielt auch das Bundesland eine Rolle. Wir haben ein Ost-West-Gefälle in den Gehaltszahlungen, das sich ebenso deutlich zeigt wie in den Zahlungen der Sozialleistungen, aber auch in der Höhe der Lebenshaltungskosten. Dies muss immer berücksichtigt werden.

---

4 Mit freundlicher Genehmigung: http://www.gehaltsvergleich24.de/

Trotzdem können und sollten Sie unbedingt das durchschnittliche Gehalt in Ihrem Beruf, in Ihrer Region und in Ihrer Position ermitteln. Man fühlt sich grundsätzlich wohler, wenn man nicht das Gefühl hat, unterbezahlt zu arbeiten. Und wenn man feststellt, dass man unterbezahlt arbeitet, sollte man schleunigst das Gespräch mit der Personalabteilung suchen. Oder mit dem direkten Vorgesetzten.

Vorgesetzte sind übrigens Untersuchungen zufolge gar nicht abgeneigt, wenn Mitarbeiter ihren Wert kennen und darüber verhandeln möchten. Sie müssen Ihren höheren Anspruch nur richtig begründen. Den Chef interessiert es nicht, ob Sie für ein Kind oder für zwei Kinder Tagesstättengebühren zahlen müssen, die sich nun erhöht haben. Es interessiert ihn auch nicht, wenn Ihr Vermieter die Miete erhöht hat. Das sind alles keine relevanten Gründe für ein höheres Gehalt. Wer mit seinem Vorgesetzten über mehr Geld sprechen möchte, sollte Fakten in der Hand haben.

Was haben Sie für das Unternehmen bisher geleistet? Wo sehen Sie sich im Unternehmen? Welche Weiterbildungen haben Sie seit dem Antritt dieser Stelle absolviert? Wo standen Sie am Anfang und wo stehen Sie jetzt? Seit wie vielen Jahren sind Sie im Unternehmen? Erklären Sie Ihrem Vorgesetzten in einem ruhigen Gespräch, dass Sie inzwischen top sind in Ihrem Job, dass Sie sich weitergebildet haben und Berufspraxis dazu gewonnen haben, und dass Sie der Meinung sind, heute besser zu sein als vor X Jahren, als Sie diese Stelle angetreten haben – und Ihnen deswegen auch ein höheres Gehalt zusteht. Wer sich gut verkaufen kann, wird gewinnen.

Übung zum Verständnis

Beantworten Sie die folgenden Fragen.

1. Warum kann man nicht ganz einfach sagen, das Gehalt eines deutschen Friseurs oder einer deutschen Sekretärin ist so und so hoch? Was für Gründe gibt es für die Gehaltsunterschiede bei Friseuren innerhalb Deutschlands?

2. Was können Sie tun, wenn Sie sich unwohl fühlen bei dem Gedanken, unterbezahlt zu sein?

3. Wie würden Sie Ihren Vorgesetzten davon überzeugen, dass Sie mit gutem Gewissen eine Gehaltserhöhung beanspruchen dürfen?

Grammatiknotizen

Konjunktionen
Konjunktionen sind Verbindungswörter. Sie verbinden zwei Sätze miteinander. Häufige „koordinierende" Konjunktionen sind: **und, aber, oder, sondern, denn**. Sie ändern nichts an der Wortstellung.
Mein Vater zahlt nie bar, sondern er benutzt immer seine Kreditkarte.
Häufige „subordinierende" Konjunktionen sind: **dass, weil, als, wenn, wann, ob, damit**.
Ich bin zum Finanzamt gegangen, als ich in der Stadt war.
Als ich in der Stadt war, bin ich zum Finanzamt gegangen.

Übungen zur Grammatik

A. Verbinden Sie die Sätze mit einer passenden Konjunktion.

1. Der Staat macht am Anfang des Jahres einen Haushaltsplan. Am Ende des Jahres macht er eine Haushaltsabrechnung.

2. Der Staat muss einen Kredit aufnehmen. Seine Einnahmen reichen nicht aus.

3. Die Staatsverschuldung nimmt zu. Die Bundesregierung macht von der Kreditfinanzierung Gebrauch.

4. Der Staat nimmt Steuern ein. Er kann für öffentliche Ausgaben bezahlen.

5. Die indirekten Steuern sehen die Deutschen nicht. Sie sind im Preis der Ware inbegriffen.

Grammatiknotizen

Konjunktiv in der indirekten Rede:
Die Presse und die Medien gebrauchen in der indirekten Rede den Konjunktiv I, der vom Präsens abgeleitet wird. In der Unterhaltung gebraucht man aber meistens den Konjunktiv II, der vom Imperfekt abgeleitet wird.

Direkte Rede:
„Ich **habe** meine Steuern bezahlt."
„Die Post **kommt** um sieben."
„Über 60% der deutschen Frauen **sind** berufstätig."

Indirekte Rede:
Er sagt, er **habe** seine Steuern bezahlt.
Man hat uns gesagt, die Post **komme** um sieben.
In der Zeitung steht, dass über 60% der deutschen Frauen berufstätig **seien**.

Indirekte Rede (Unterhaltung):
Er sagt, er **hätte** seine Steuern bezahlt.
Man hat uns gesagt, die Post **käme** um sieben.
In der Zeitung steht, dass über 60% der deutschen Frauen berufstätig **wären**..

B. Gebrauchen Sie Konjunktiv II. Beginnen Sie jeden Satz mit: „Mir wurde gesagt, dass..."

1. Es gibt Freibeträge für Flüchtlinge.

_____

2. Ich kann die Ausgaben für meine Haushaltshilfe von der Steuer absetzen.

_____

3. Die Steuerklasse richtet sich nach den Familienverhältnissen am 1. Januar eines jeden Jahres.

_____

4. Man muss in Deutschland Kirchensteuer bezahlen.

_____

5. Eine hohe Verbrauchssteuer liegt auf Tabak und Branntwein.

_____

6. Der Staat gibt fast ein Drittel seines Geldes für Sozialausgaben aus.

_____

Aktivitäten

A. Partnerarbeit. Stellen Sie eine Liste auf, in der Sie das deutsche Steuersystem mit dem Steuersystem in Ihrem Land vergleichen. Welche Steuern zahlt man in Deutschland, die es in Ihrem Land auch gibt? Welche Steuern zahlt man in Deutschland, die es in Ihrem Land nicht gibt?

B. Interview. Sie haben Gelegenheit, mit deutschen Studenten über das Steuersystem in Deutschland zu sprechen. Bilden Sie mehrere Gruppen. In jeder Gruppe übernimmt ein Student / eine Studentin die Rolle des Interviewers. Stellen Sie Fragen zu den folgenden Themen.

- Staatsverschuldung
- Wachsende Sozialausgaben
- Einstellung zu Steuerzahlungen
- Freibeträge

C. Diskussion.

1. Welches System, Waren zu besteuern, finden Sie angenehmer, das System in Ihrem Land oder das deutsche? Warum?

2. Finden Sie es gerecht, dass Tabak, Branntwein und andere Luxusartikel höher besteuert werden als Brot, Butter und Milch? Begründen Sie Ihre Antwort.

D. Mündlicher Bericht. Wählen Sie eins der folgenden Themen und entwickeln Sie Ihre Ansichten, Ideen und Erfahrungen.

1. Die Tendenz der wachsenden Staatsausgaben.

2. Beschwerden über steigende Steuern.

LESETEXT 3 Der Verbraucher

Vor dem Lesen

Finden Sie, dass Werbung eine gute Informationsquelle für den Verbraucher ist?

Wie können Sie sich in Ihrem Land über Warenqualität informieren?

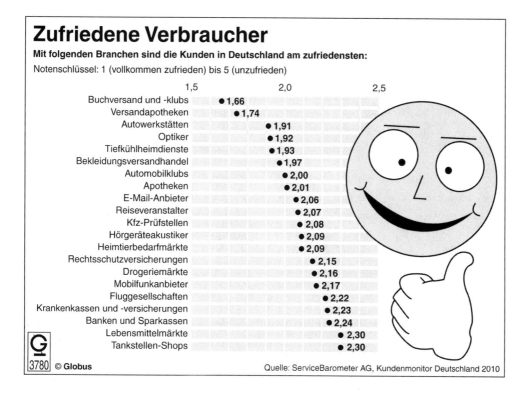

Zufriedene Verbraucher

Mit folgenden Branchen sind die Kunden in Deutschland am zufriedensten:

Notenschlüssel: 1 (vollkommen zufrieden) bis 5 (unzufrieden)

Buchversand und -klubs	1,66
Versandapotheken	1,74
Autowerkstätten	1,91
Optiker	1,92
Tiefkühlheimdienste	1,93
Bekleidungsversandhandel	1,97
Automobilklubs	2,00
Apotheken	2,01
E-Mail-Anbieter	2,06
Reiseveranstalter	2,07
Kfz-Prüfstellen	2,08
Hörgeräteakustiker	2,09
Heimtierbedarfmärkte	2,09
Rechtsschutzversicherungen	2,15
Drogeriemärkte	2,16
Mobilfunkanbieter	2,17
Fluggesellschaften	2,22
Krankenkassen und -versicherungen	2,23
Banken und Sparkassen	2,24
Lebensmittelmärkte	2,30
Tankstellen-Shops	2,30

3780 © Globus

Quelle: ServiceBarometer AG, Kundenmonitor Deutschland 2010

Wortschatz

Substantive

Dachorganisation, die	umbrella organization
Einrichtung, die	establishment
Gütesiegel, das	seal of quality
Qualitätseigenschaften, Pl.	qualitative characteristics
Qualitätssiegel, das	seal of quality
Querverweis, der	cross-reference
Stornierung, die	cancellation
Verbraucherschutzverband, der	consumer protection agency
Verbrauchsgüter, Pl.	consumer goods
Wegweiser, der	guide
Werbung, die	advertisement
Wohl / Wohlergehen, das	welfare

Verben

achten auf + Akk.	to pay attention to
sich beklagen über + Akk.	to complain about
bewahren vor	to protect against
herausgeben	to publish
subventionieren	to subsidize, to support financially
umfassen	to comprise
sich zurückziehen	to withdraw

Adjektive und Adverbien

beeindruckt	impressed
gemeinnützig	non-profit
vorurteilslos	without prejudice

Ausdrücke

auf Landesebene	at the Federal State level
soziale Marktwirtschaft, f	social market economy
unlauterer Wettbewerb	unfair competition

Das Bundespresseamt in Berlin publiziert alle drei Monate einen Wegweiser für Verbraucher, auch „Magazin für Verbraucher" genannt. Die Themenkreise umfassen Lebensmittel, gebrauchssichere Alltagsgegenstände, Finanzen, Wohnen oder Multimedia. Alles, was sich in letzter Zeit neu auf dem Gebiet der Verbraucherpolitik getan hat, wird in diesen Ausgaben behandelt. Der Verbraucher wird hier mit interessanten Tipps und Querverweisen im Internet bekannt gemacht, denn auch der Verbraucher muss wissen, was seine Rechte sind. In einer sozialen Marktwirtschaft muss man auf das Wohl des Verbrauchers achten. Er muss vor unnötigen Geldausgaben und vor schädlichen Stoffen in den Konsumgütern bewahrt werden. Verschiedene private und staatlich subventionierte Organisationen achten deshalb auf das finanzielle und gesundheitliche Wohlergehen der Deutschen.

Man glaubt in Deutschland, dass die Verbraucher über die angebotenen Waren nicht genug informiert sind. Werbung ist eine schlechte Informationsquelle, weil sie nur die Interessen des Erzeugers im Sinn hat. Deshalb wurde 1964 zum Schutz des Verbrauchers die „Stiftung Warentest" gegründet, die die Monatsschrift „Test" herausgibt. Qualitätseigenschaften und Preise der verschiedensten Waren werden hier ähnlich wie in dem amerikanischen Magazin „Consumer Report" besprochen. Die „Stiftung Warentest" handelt vorurteilslos. Sie bespricht die Schwächen und Stärken verschiedener Produkte – sicher nicht immer zur Freude des Erzeugers. Viele Deutsche sind aber gerade von dieser Objektivität beeindruckt und würden keine aufwendige Anschaffung machen, ohne sich vorher in „Test" darüber informiert zu haben.

In Deutschland wird der Verbraucher auch staatlich unterstützt. Zu diesem Zweck gibt es seit dem 1. Mai 2008 ein Verbraucherinformationsgesetz (VIG). Jeder Bürger kann diesem Gesetz nach von den Behörden Informationen über Lebensmittel (inklusive Wein), Futtermittel, Kosmetika, Spielzeug, Kleidung und Reinigungsmittel verlangen. Die Auskünfte müssen innerhalb von einem Monat erfolgen und auch bezahlt werden. Die Gebühren rangieren hier zwischen 5 Euro und 250 Euro. Auf der Internetseite findet der Verbraucher zusätzliche Informationen und eine Broschüre zum Herunterladen. Es gibt auch staatlich geförderte Verbraucherzentralen. Die Verbraucherzentrale Bundesverband hat in jedem Bundesland eine Verbraucherzentrale eingerichtet. Insgesamt gehören 42 Verbraucherverbände dieser Dachorganisation an. Hier kann man sich ausführlich über Themen beraten lassen: Bauen und Wohnen, Versicherungen, Finanzen, Gesundheit, Ernährung, Handel und Wettbewerb, Produktsicherheit, Reise und Verkehr, Telekommunikation und Medien sowie Umwelt und Energie. Die Informationen sind immer auf dem neusten Stand. Wenn man mit einer Ware nicht zufrieden ist, kann man zu der Verbraucherzentrale im jeweiligen Bundesland gehen und sich beschweren. Die Verbraucherzentrale kümmert sich dann um die legalen Schritte und sie vertritt die Interessen des Verbrauchers.

Diese Organisation ist eine gemeinnützige Einrichtung und politisch neutral. Das Bundesministerium für Verbraucherschutz sowie interne Beratungen und Broschüren finanzieren diese Verbraucherorganisation. Das Ministerium bietet eine Fülle von Information auf seiner Internet-Portalseite an. Der Verbraucher kann sich dort über viele Dinge informieren, z.B. über eine Reise ins Ausland, online-Buchungen, Stornierung eines Fluges, mit dem Handy im Ausland telefonieren und Roaming-Gebühren zahlen, Verbraucherrechte, Finanzberatung etc.. Lebensmittel müssen europaweit Informationen haben, die wichtig für den Verbraucher sind, z.B. der Gehalt von Zucker, Fett oder Salz in einem Produkt. Spielzeuge müssen ein Gütesiegel haben (CE). Junge Familien, die ihre Zukunft planen, finden auch hier Information für einen gesunden Lebensstil. In Deutschland gibt es Gesetze zum Schutz des Verbrauchers. Preise müssen immer angezeigt werden, Verträge müssen klar verständlich sein, technische Qualität und Sicherheit vieler Waren werden durch strenge Tests und Qualitätssiegel garantiert. Weiterhin gibt es Gesetze gegen den unlauteren Wettbewerb.

Übungen zum Verständnis

A. Welche Antworten zu den folgenden Fragen findet man im Lesetext?

1. Wer achtet darauf, dass der Verbraucher vor schädlichen Produkten geschützt wird?

2. Warum kann der Verbraucher sich nicht auf die Werbung verlassen?

3. Was für Informationen kann man in der Monatsschrift „Test" finden?

4. Was ist der Vorteil des Verbraucherinformationsgesetzes?

5. Welchen Service bieten die Verbraucherzentralen an?

6. Wie kann man sich am besten online über Fragen informieren, die der Verbraucher hat?

B. Sind die folgenden Aussagen über den Lesetext richtig oder falsch? Wenn falsch, dann geben Sie bitte die richtige Antwort.

1. _____ Es ist die Aufgabe der Bundesregierung, Organisationen zu unterstützen, die den Verbraucher über Vor- und Nachteile von Konsumgütern aufklären.

2. _____ Die Werbung informiert den Verbraucher über die Qualität der Ware.

3. _____ In den USA gibt es eine Zeitschrift, die wie „Test" den Verbraucher über die Vor- und Nachteile einer Ware informiert.

4. _____ Der Verbraucher kann sich im Internet informieren, wenn er eine Reise plant.

5. _____ Wenn der Verbraucher mit einer Ware unzufrieden ist, kann er sich online beschweren.

6. _____ Die Verbraucherzentralen vertreten die Interessen des Verbrauchers auf Landesebene.

7. _____ Es kann sein, dass man mehr für eine Ware bezahlen muss als auf dem Preisschild steht.

8. _____ Wenn ich in ein anderes Geschäft gehe, dann bekomme ich das Produkt vielleicht billiger.

Übungen zum Wortschatz

A. Bilden Sie Gegensatzpaare.

1. Erzeuger   Verbraucher

2. Stärke   _____

3. preiswert   _____

4. harmlos   _____

5. privat   _____

6. Verkauf   _____

7. Ärger   _____

8. gesundheitsfördernd   _____

B. Definieren Sie die folgenden Begriffe oder geben Sie Beispiele.
Beispiel: Geldausgaben → Geld, das man ausgibt

1. die Verbrauchsgüter

2. die Anschaffung

3. die Lebensmittel

4. der Verbraucherschutzverband

5. der Kaufvertrag

6. das Gütesiegel

7. die Informationsquelle

8. die Produktsicherheit

Grammatiknotizen

Übungen zur Grammatik

A. Suchen Sie die folgenden Aussagen im Text, die dort im Passiv stehen.

1. Man macht den Verbraucher mit interessanten Tipps und Querverweisen im Internet bekannt.

2. Man muss die Verbraucher vor unnötigen Geldausgaben bewahren.

3. Man informiert die Verbraucher nicht genug über die angebotenen Waren.

4. 1964 gründete man die „Stiftung Warentest".

5. Hier bespricht man Qualitätseigenschaften und Preise.

6. Strenge Tests und Qualitätssiegel garantieren technische Qualität und Sicherheit.

B. Gebrauchen Sie die angegebenen Verben in den folgenden Passivsätzen.

achten	herausgeben	leiten
auszeichnen	hören	rückgängig machen
besprechen	informieren	subventionieren
zeigen		

1. Auf das Wohl des Verbrauchers muss _____ _____.

2. Verschiedene Organisationen _____ staatlich _____.

3. Die Preise und Qualitätseigenschaften der Waren _____ hier _____.

4. Die Monatsschrift „Test" _____ von der Stiftung „Warentest"
_____.

5. Verbraucherberatungsstellen _____ von der
„Arbeitsgemeinschaft der Verbraucher" _____.

6. Im Rundfunk und im Parlament können diese Verbraucherschutzverbände
_____ _____.

7. Alle Waren _____ mit Preisen _____.

8. Ein Kauf kann innerhalb von sieben Tagen _____ _____
_____.

9. Zigarettenwerbung _____ im Fernsehen nicht mehr
_____.

10. Verbraucher können kostenlos über Verbrauchsgüter _____ -
_____.

Aktivitäten

A. Mündlicher Bericht. Haben Sie schon einmal etwas gekauft, womit Sie sehr
unzufrieden waren? Geben Sie einen kurzen Bericht und beschreiben Sie
Folgendes:

- was Sie gekauft haben
- was Sie erwartet hatten(auf Grund der Reklame, Versprechungen des
  Verkäufers usw.)
- was passiert ist
- was Sie getan haben

B. Diskussion. Vergleichen Sie die Verbraucherschutzmaßnahmen in
Deutschland mit denen in Ihrem Land. Geben Sie Ihre persönliche Meinung
und begründen Sie sie.

Vor dem Lesen

**A. Worauf würden Sie beim Kauf eines Elektrogerätes am meisten achten
und worauf am wenigsten? Ordnen Sie die Zahlen 1 (am meisten) bis 10
(am wenigsten) zu. Begründen Sie Ihre Antwort.**

1. _____ Energieverbrauch
2. _____ Design
3. _____ Zuverlässigkeit und Lebensdauer
4. _____ Testergebnisse
5. _____ Garantiedauer
6. _____ Markenqualität, Markenname
7. _____ Umweltfreundlichkeit
8. _____ Preis
9. _____ Bedienungsanleitung
10. _____ Kundendienst vor und nach dem Kauf

B. Berichten Sie kurz über folgende Fragen:

a. Wofür geben Sie das meiste Geld aus?

b. Worauf achten Sie besonders, wenn Sie eine größere Anschaffung machen?

c. Welche Industrie spricht besonders junge Leute an?

d. Woher bekommen Jugendliche ihr Geld?

e. Was motiviert junge Leute zum Geldausgeben?

LESETEXT 4 Die Kaufkraft der Jugendlichen
Wortschatz

Substantive

Abwärtstrend, der	downward trend
Anschaffung, die	purchase
Aushilfsjob, der	temporary job
Bedürfnis, das	need, necessity
Befriedigung, die	satisfaction
Gesamtbevölkerung, die	total population
Gruppenverhalten, das	group behavior
Kaufkraft, die	purchasing power
Konsumgüter, Pl.	consumer goods
Markenartikelindustrie, die	brand name industry
Pro-Kopf-Einkommen, das	per capita income
Wachstumsmarkt, der	growth market

Verben

einräumen	to allow, grant
sich einprägen	to implant sth. in sb.
mit etwas umgehen	to handle something
umwerben	to court
sich wandeln	to change

Adjektive und Adverbien

bergab	downhill
beträchtlich	substantial
folgendermaßen	as follows
glänzend	brilliant
immerhin	anyhow, at any rate
überwiegend	predominantly
vermeintlich	presumably
voraussichtlich	in all probability
wohlhabend	wealthy
zusätzlich	additional

Ausdrücke

im Schnitt	on average
in den alten Ländern	in West Germany, before unification
von Kindesbeinen an	from childhood on

zu Beginn	at the beginning
zur Verfügung stehen	to be at one's disposal

Neben den wohlhabenden Senioren hat die Werbewirtschaft vor allem die junge Generation entdeckt. Nicht nur die ältere Generation ist wegen ihrer enormen Kaufkraft ein interessanter Wachstumsmarkt in Deutschland. Besonders die 6 – 13-Jährigen haben jährlich ein Taschengeld in Höhe von 2,6 Milliarden Euro. Es wird geschätzt, dass weitere 3,8 Milliarden Euro auf dem Sparkonto liegen. Im Durchschnitt geben die etwa 11 Millionen Mädchen und Jungen im Alter von 6 bis 19 Jahren jährlich rund 1,8 Mio. Euro aus.

Die elektronischen Medien liegen bei dieser Altersgruppe ganz weit vorn, denn über 70 Prozent spielen und arbeiten mit dem Computer. Über 50% der 6 Millionen Kinder sind täglich im Internet. Besonders die Werbung richtet sich massiv an diese Gruppe, die in den einschlägigen Jugendzeitschriften, auf Plakaten, per SMS, via Internet und E-mail und besonders im Fernsehen angesprochen wird.

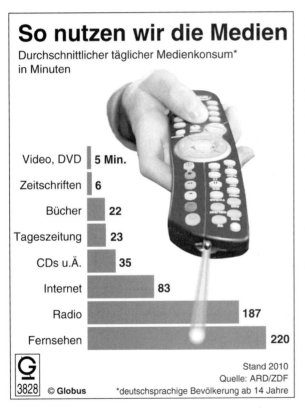

So nutzen wir die Medien
Durchschnittlicher täglicher Medienkonsum* in Minuten

Video, DVD	5 Min.
Zeitschriften	6
Bücher	22
Tageszeitung	23
CDs u.Ä.	35
Internet	83
Radio	187
Fernsehen	220

Stand 2010
Quelle: ARD/ZDF
3828 © Globus *deutschsprachige Bevölkerung ab 14 Jahre

„Das Internet umwirbt immer stärker Kinder und Jugendliche. Viele Unternehmen haben eigene Websites für Kinder eingerichtet, bestimmen die Inhalte vermeintlich neutraler Sites oder bieten Chat-Foren, elektronische Newsletter oder Spiele an. Denn während des Surfens und Spielens prägen sich Markenlogo und Produktpalette besonders intensiv ein. Auch spezielle Kinderklubs umwerben vor allem die 8- bis 10-Jährigen und sorgen für deren frühzeitige Bindung an die Marke".[5]

Kinder bestimmen häufig, was sie tragen wollen und wie ihr Zimmer aussehen soll. Die Eltern fragen ihre Kinder auch um Rat, wenn sie größere Anschaffungen machen. Für die Werbung und Marketing ist dies eine interessante Entwicklung. Kinder achten sehr auf Markenartikel. Es ist zum Beispiel sehr wichtig, von welchem Hersteller die Sportschuhe, die Kleidung oder der Rucksack ist. Wenn die Anschaffung zu teuer ist, dann mischen sich die Eltern ein, wie zum Beispiel bei dem Kauf eines Handys oder MP3 Spielern.

Etwa die Hälfte aller Eltern ist bereit, die Kosten der Handys zu übernehmen. Von den 10-bis 12-Jährigen ist bereits fast jeder Dritte im Besitz eines Mobiltelefons.

---

5 http://www.familienhandbuch.de

„Kinder und Jugendliche werden massiv mit ‚giga-günstigen' Angeboten umworben, zum Beispiel für Mobilfunkverträge oder das Herunterladen von Spielen, Logos oder Klingeltönen. Grund- und Telefongebühren, das Versenden von SMS und die Nutzung von Sonderdiensten verschlingen jedoch oft mehr Geld als den Kindern und Jugendlichen monatlich zur Verfügung steht. Für viele beginnt mit der Anschaffung des Handys der Weg in die Schuldenfalle. Oft müssen dann die Eltern für die Schulden ihrer nicht volljährigen Kinder aufkommen, wenn sie für diese einen Handy-Vertrag abgeschlossen bzw. den Vertrag genehmigt haben".[6]

Monatlich erhält diese Altersgruppe von ihren Eltern ein Taschengeld in Höhe von 23 Euro. Auf das Jahr verteilt bekommen sie an Geburtstagen und Feiertagen Geldgeschenke, die sich im Durchschnitt auf 185 Euro belaufen. Neben der Elektronikindustrie geben Kinder ihr Geld für Süßigkeiten, Zeitschriften und Comics aus.

Kinder verbringen heutzutage ca. zwei Stunden täglich vor dem Fernseher und erleben die Werbung, wovon es ca. 900 pro Monat gibt. Die Werbespots werben für Lebensmittel bzw. Süßwaren, Spielzeug, CDs und trendige Markenartikel. Diverse Analysen belegen, dass die Altersgruppe auf diese Werbung reagiert und auch diese Markenartikel kauft. Die beliebteste Freizeitbeschäftigung unter Jugendlichen ist „shoppen gehen".

Da Jugendliche oft keine Erfahrung mit der subtilen Werbung haben, sind sie noch unkritisch. Sie kaufen etwas, ohne darüber nachzudenken. Es kommt dann auch zu

Jung und in der Kreide

Gründe für die zunehmende Verschuldung junger Erwachsener*
Mehrfachnennungen

85 % zu hohe Konsumausgaben
80 schlechtes Vorbild der Eltern
66 fehlende Eigenverantwortung
64 Arbeitslosigkeit, keine Lehrstelle
57 fehlende Kenntnisse über Vertragspflichten
53 fehlender Umgang mit den Themen Geld und Schulden in den Schulen
51 zu frühe Dispo-Kreditvergabe an junge Menschen
47 fehlende Kenntnisse über wirtschaftliche Zusammenhänge
18 fehlende Zukunftsperspektiven
11 zu geringe Löhne, Gehälter

3861 © **Globus** Befragte: Mitglieder des Bundesverbandes Deutscher Inkasso-Unternehmen
*18 bis 24 Jahre
Stand Oktober 2010

Fehlernährung oder Schulden. Fast Food, Snacks und Softdrinks, das ist auch in Deutschland Konsumfehlverhalten. Jedes fünfte Kind und jeder dritte Jugendliche ist übergewichtig.

Der zunehmende Einfluss der Medien und die steigende Kaufkraft der Jugend spielen dabei eine entscheidende Rolle. Die Kinder orientieren sich danach, was im Freundeskreis gerade „in" ist. Das bedeutet, sie möchten unbedingt auch die Produkte oder Marken haben, die ihre Clique bevorzugt. Dieses wird zur obersten

---

6 http://www.familienhandbuch.de

Instanz[7] in Fragen des Geschmacks (zum Beispiel Kleidung und Musik) oder bei den Hobbys und Freizeitinteressen.

Übungen zum Verständnis: Suchen Sie die folgenden Aussagen im Text.

Ja oder Nein?

1. _____ Die Werbewirtschaft hat vor allem die junge Generation entdeckt.

2. _____ Die elektronischen Medien sind bei dieser Altersgruppe nicht gefragt.

3. _____ Die Jugendlichen geben etwa 3,8 Mio. Euro pro Jahr aus.

4. _____ Etwa 3 Mio. Jugendliche sind jeden Tag online.

5. _____ Das Fernsehen und das Internet beeinflussen die Kaufentscheidung.

6. _____ Jugendliche wollen sich ihren Freunden anpassen.

7. _____ Die weltweite Rezession erlaubt es den Jugendlichen nicht, ihre Konsumbedürfnisse zu befriedigen.

8. _____ Viele Kinder glauben, was sie im Fernsehen sehen oder im Internet lesen.

9. _____ Deutsche Kinder sind sehr sportlich und achten auf die Ernährung.

10. _____ Am liebsten sitzen Jugendliche zu Hause und surfen im Internet.

Übung zum Wortschatz

Ordnen Sie die Begriffe in der rechten Spalte der richtigen Definition in der linken Spalte zu.

1. ____ die Kaufkraft   a. durchschnittlich

2. ____ die Konsumgüter   b. am Anfang

3. ____ der Abwärtstrend   c. Tendenz nach unten

4. ____ der Spielraum   d. Man kann Dinge mit Geld erwerben

5. ____ von Kindesbeinen an   e. was einem gefällt oder nicht gefällt

6. ____ das Bedürfnis   f. von klein auf

7. ____ zur Verfügung stehen   g. das, was man braucht oder haben möchte

8. ____ zusätzlich   h. wie sich eine Gruppe verhält

---

7 highest authority

9. ____ im Schnitt   i. freies Feld, Platz, Bewegungsfreiheit

10. ____ zu Beginn   j. Notwendigkeit

11. ____ das Gruppenverhalten   k. vorhanden sein, da sein, vorrätig sein

12. ____ der Geschmack   l. außerdem, extra

Aktivität zur Grafik:

Machen Sie eine Umfrage in Ihrem Kurs und finden Sie heraus, ob die Tabelle unter Ihren Mitstudenten ähnlich ist.

1. Wofür geben Sie am meisten aus?

2. Sind Schüler und Studenten in Amerika auch so verschuldet?

3. Wie ist das Konsumverhalten in den USA?

4. Was kann man machen, um keine Schulden anzuhäufen?

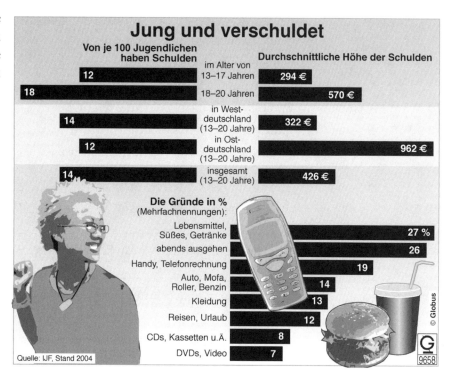

Grammatiknotizen

KOMPARATIV

Der Komparativ wird zum Vergleich gebraucht.

Deutsche Jugendliche geben **genauso** gern Geld aus **wie** amerikanische Jugendliche.

Jugendliche haben heute **mehr** Geld **als** früher.

Je mehr Geld sie haben, **desto** mehr geben sie aus.

Je mehr Geld sie haben, **umso** mehr geben sie aus.

Markenartikel werden **immer teurer.**

Die Verbraucher haben in Zukunft **immer höhere Erwartungen.**

Ein **größerer** Umsatz (der Umsatz ist nicht klein).

Bessere Chancen (die Chancen sind nicht schlecht).

Übungen zur Grammatik.

A. Bilden Sie Sätze mit immer + Komparativ.

    Beispiel: Teens – wohlhabend werden → Teens werden immer wohlhabender

1. Steuern – hoch steigen
2. Staatsverschuldung – stark zunehmen
3. Anschaffungen – kostspielig werden
4. die Jugendlichen – viel Geld zur Verfügung haben
5. die Käufer – gut informiert sein
6. Jugendliche – oft selbst planen
7. Testergebnisse – gut ausfallen
8. das Fernsehen – oft werbung zeigen
9. der Umsatz – groß werden
10. die Jugendlichen – viele Geschenke bekommen

B. Bilden Sie Sätze mit je ... desto / um so.

1. Das Angebot ist günstig. Der Verbraucher spart.

   _____

2. Man ist gut informiert. Man hat Vorteile beim Einkaufen.

   _____

3. Ein Angebot findet Zustimmung. Der Umsatz wird groß.

   _____

4. Man liest „Test". Man ist gut informiert.

   _____

5. Preise sinken. Verbraucher können kaufen.

   _____

6. Die Nachfrage ist groß. Die Preise steigen hoch.

   _____

7. Man vergleicht Preis und Qualität. Man kann preisgünstig einkaufen.

   _____

C. Schreiben Sie die Sätze im Komparativ.

1. Früher waren viele Anschaffungen in Deutschland nicht so teuer.
   Heute _____

2. Der *hohe* Umsatz im Sommerschlussverkauf macht sich in den
   Wirtschaftszahlen bemerkbar. _____

3. Im Einzelhandel sind die Angebote oft nicht so *günstig wie im Kaufhaus.*

   _____

4. Die Preise steigen, wenn die Nachfrage *groß* ist.

_____

5. Die Verbraucherzentralem informieren den Verbraucher. Die Zeitschrift
„Test" informiert den Verbraucher aber viel _____ (*gut*).

_____

6. Im Gegensatz zu früher haben Jugendliche heute viel Geld.

_____

Aktivitäten

A. Partnerarbeit. Besprechen Sie mit Ihrem Partner / Ihrer Partnerin, wo Sie sich vor dem Kauf der folgenden Produkte über die Waren informieren. Markieren Sie Ihre Wahl im Raster. Berichten Sie dann im Plenum, welche Informationsquellen Sie benutzen.

Informationsquellen		Produkte	
	Tennisschuhe	CD-Spieler	Rucksack
Fernsehwerbung			
Rundfunkwerbung			
Zeitungsannonce			
Schaufensterangebot			
Warenhauskatalog			
Werbeanzeige in einer Illustrierten			
Beratung eines Verkäufers			
Freunde			
Bericht in einer Fachzeitschrift			
Testergebnisse in einer Verbraucherzeitschrift			
Internet			

B. Mündlicher Bericht.

1. Wo und wie kaufen Sie am liebsten ein (z.B. Einkaufszentrum, Spezialgeschäft, Katalog usw.)? Welche Vor- oder Nachteile gibt es dabei?

2. Wie hat sich das Konsumverhalten in Ihrem Land in den letzten Jahren geändert? Worauf achten die Käufer (Preis, Qualität, Lebensdauer usw.)?

Schlussgedanken

- Welche Unterschiede existieren zwischen den Verbrauchern in Ihrem Land und denen in Deutschland?
- Wie würden Sie die Kaufkraft und das Konsumverhalten der deutschen Jugendlichen mit denen in Ihrem Land vergleichen?

Wussten Sie das schon?

- Von deutschen Waren wird erwartet, dass sie solide sind. „Solide" bedeutet mehr als *solid* im Englischen. Der Käufer erwartet Qualität, Präzisionsarbeit, Haltbarkeit und Zuverlässigkeit.
- Deutsche Sparsamkeit ist bekannt. Verschwendung ist beinahe eine Sünde. Man wirft nichts weg, ohne vorher versucht zu haben, es zu reparieren.
- Das Lieblingsgetränk der Deutschen ist Kaffee.
- Pro-Kopf trinken die Tschechen und Iren mehr Bier als die Deutschen und die Franzosen essen mehr Sauerkraut.
- Das „simsen" oder „texten" mit dem Handy oder Smartphone erfreut sich enormer Beliebtheit.
- Das MP3 Format wurde 1982 am *Fraunhofer-Institut für integrierte Schaltungen* in Erlangen erfunden.

8

Sozialwesen[1]

Soziale Sicherheit
Abgaben und Leistungen
Sozialhilfe

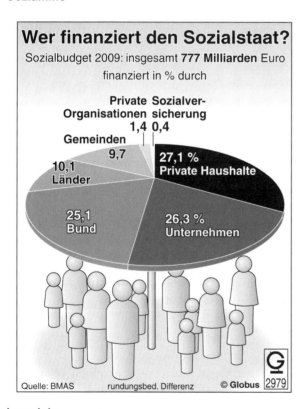

Wer finanziert den Sozialstaat?
Sozialbudget 2009: insgesamt **777 Milliarden** Euro
finanziert in % durch

Private Sozialver-
Organisationen sicherung
1,4 0,4
Gemeinden
9,7
27,1 %
Private Haushalte
10,1
Länder
25,1
Bund
26,3 %
Unternehmen

Quelle: BMAS   rundungsbed. Differenz   © Globus 2979

Lernziele

Dieses Kapitel informiert Sie über die sozialen Rechte und Pflichten der Deutschen. Es bespricht die Leistungen der Versicherungen (z.B. Krankenversicherung), der Versorgung (z.B. Kriegsopferversorgung) und der Fürsorge (z.B. Sozialhilfe). Das Kapitel veranschaulicht, wie Deutschlands umfassendes soziales Netz alle Bürger vor finanziellen Katastrophen bewahrt.

---

1 http://www.muskingum.edu/~modern/german/busgerm/web_sozialwesen.pdf

Einführende Gedanken

Das Sozialnetz in Deutschland ist wesentlich umfangreicher als das der USA, denn immerhin liegen die öffentlichen Sozialausgaben hier mit 26,7 Prozent beinahe um zehn Prozent höher als in den USA mit 15,7%. Weltweit liegt der Durchschnitt laut einer Umfrage des OECD[2] bei 20,5%. Die Versorgungs- und Fürsorgeleistungen in Deutschland bestehen aus einem System, das durch Steuermittel finanziert wird. Versicherungsbeiträge richten sich nach dem Einkommen. Sozialhilfe bekommen alle Bürger, wenn sie bedürftig sind.

Die Länder der industrialisierten Welt stöhnen über die Last der wachsenden Sozialabgaben. Welche Rolle sollte der Staat Ihrer Meinung nach bei der Versorgung der Bevölkerung spielen?

LESETEXT 1   Soziale Sicherheit

Vor dem Lesen

1. Was verstehen Sie unter sozialer Sicherheit?

2. Kennen Sie private Firmen oder staatliche Ämter, die Sie gegen Unfälle, Krankheit und Arbeitslosigkeit versichern?

3. Haben Sie schon einmal von sozialen Hilfen in Deutschland gehört, die es in Ihrem Land nicht gibt oder die ganz anders sind?

Wortschatz

Substantive

Arbeitsförderung, die	re-employment assistance
Arbeitslosenversicherung, die	unemployment insurance
Ausbildungsförderung, die	training stipend
Darlehen, das	loan
Gerechtigkeit, die	justice
Grundgesetz, das	basic law (Germany's constitution)
Jugendarbeitsschutzgesetz, das	child labor law
Kindergeld, das	child subsidy
Krankenversicherung, die	health insurance
Kriegsopferversorgung, die	war victim assistance
Mutterschutz, der	legal protection of pregnant women and mothers of infants
Pflegeversicherung, die	long term care insurance
Rentenversicherung, die	pension plan (insurance)
Sozialgesetzbuch, das	legal code of social welfare
Sozialhilfe, die	welfare aid
Sozialleistungen, Pl.	mandatory insurance covering health, accident, unemployment and pension plan

---

2 Organization for Economic Co-operation and Development

Sozialversicherung, die	social security
Unfallversicherung, die	accident insurance
Unsicherheit, die	insecurity
Verpflichtung, die	duty, obligation
Verwirklichung, die	realization
Wohngeld, das	rent assistance, housing allowance

Verben

dazukommen	to be added
erweitern	to expand
genießen	to enjoy
gewähren	to grant
sich einsetzen für	to support, show commitment to

Adjektive und Adverbien

erforderlich	necessary
fortschrittlich	progressive
verpflichtet sein	to be obligated

Man unterscheidet zwischen Sozialversicherungen und Sozialhilfe. Für Sozialversicherungen bezahlen Arbeitgeber und Arbeitnehmer je 50% der Beiträge:

- Krankenversicherung
- Pflegeversicherung
- Rentenversicherung
- Arbeitslosenversicherung
- Unfallversicherung (hierfür zahlt der Arbeitgeber den gesamten Betrag)

Die Sozialhilfe wird allein vom Staat bezahlt; Beiträge werden nicht verlangt:

- Kindergeld
- Wohngeld
- Mutterschutz
- Jugendarbeitsschutz
- Arbeitsförderung
- Soziale Entschädigung/Versorgungsmedizin
- Ausbildungsförderung (50% muss zurückgezahlt werden)

Die Sozialversicherung ist ein Teil des monatlichen Gehalts oder Lohns. Die Sozialhilfe wird vom Staat finanziert. Deutschland hat eine niedrige Geburtenrate und viele ältere Menschen leben schon im Ruhestand und bekommen ihre Pension und Sozialhilfe. Wenn der Staat weniger Geld einnimmt, muss man sich Gedanken über Reformen machen, denn auch die nachfolgende Generation will, dass der Staat im Alter für sie sorgt. Im Grundgesetz kann man nachlesen, welche Verpflichtungen die Bundesrepublik ihren Einwohnern gegenüber hat.

Deutschland ist ein demokratischer und sozialer Bundesstaat. Dieser „Wohlfahrtsstaat" kümmert sich um die soziale Absicherung und soziale Gerechtigkeit eines jeden Bürgers. Zur Erreichung dieser Ziele hat er – so kann man es in den zwölf Büchern des Sozialgesetzbuches der Bundesrepublik nachlesen – rechtzeitig und ausreichend die erforderlichen sozialen Dienste und Einrichtungen zur Verfügung zu stellen und Sozialleistungen zu gewähren … bei Krankheit, Unfall, Rehabilitation, Pflegeversicherung, Sozialhilfe, Kindergeld, Wohngeld, Arbeits- und Ausbildungsförderung.

Reichskanzler Otto von Bismarck leitete ab 1883 eine fortschrittliche Sozialgesetzgebung in die Wege: Krankenversicherung, Unfallversicherung und die Invaliden- und Altersversicherung. Nach 1900 kamen noch weitere Versicherungen dazu, und nach dem Zweiten Weltkrieg wurden die Leistungen der sozialen Versicherung ausgebaut und verbessert. Seit 1990 haben die Menschen, die in der ehemaligen Deutschen Demokratischen Republik (DDR) lebten, dieselbe soziale Sicherheit wie die Bürger in den alten Bundesländern.

Kurzinformationen

Krankenversicherung: Bis zu einer bestimmten Verdienstgrenze muss jeder, der Lohn oder Gehalt verdient, eine gesetzliche Krankenversicherung haben. Freiberufliche und Großverdiener müssen sich privat versichern.

Pflegeversicherung: Die Pflegeversicherung (seit 1995) ist im Grundgesetz verankert. Jeder Bundesbürger hat durch seine Krankenversicherung Anspruch auf die Pflegeversicherung. Wer privat versichert ist, muss eine private Pflegeversicherung abschließen.

Rentenversicherung: Im Alter von 67 Jahren wird sie ausbezahlt. Frauen können auch schon mit 60 Jahren und Männer mit 63 Jahren ihre Rente beantragen, allerdings bekommen sie dann weniger Geld pro Monat. Nach dem Tod eines/einer Versicherten erhalten die Hinterbliebenen, d.h. Ehepartner/Ehepartnerin und Kinder bis zum 18. Lebensjahr einen Teil der Rente.

Arbeitslosenversicherung: Alle Arbeitnehmer/Arbeitnehmerinnen mit Ausnahme von Beamten/Beamtinnen sind pflichtversichert. Für einen kurzen Arbeitsausfall bekommt man Kurzarbeitergeld oder Schlechtwettergeld. Arbeitslosengeld kann man 6-32 Monate in Höhe von ca. 60-67% des letzten Nettolohns erhalten, danach bekommt man seit 2005 "Arbeitslosengeld II", das auch "Hartz IV" genannt wird und weniger ist.

Unfallversicherung: Alle, die arbeiten oder sich in der Berufsausbildung befinden, sind versichert. Der Arbeitgeber bezahlt dafür.

Kindergeld: Kindergeld wird gezahlt, bis das Kind 18 Jahre alt ist oder, wenn es eine Berufsausbildung macht, bis zum 25. Lebensjahr.

Kind	2002 – 2008	2009	ab 2010	ab 2016
für das erste Kind	154 €	164 €	184 €	190 €
für das zweite Kind	154 €	164 €	184 €	190 €
für das dritte Kind	154 €	170 €	190 €	196 €
für jedes weitere Kind	179 €	195 €	215 €	221 €

Wohngeld: Wohnungsbeihilfe können Personen und Familien bekommen, die ihre monatliche Miete kaum bezahlen können. Es kann auch vorkommen, dass man Wohngeld für sein Haus bekommt.

Mutterschutz: Eine werdende Mutter ist an ihrer Arbeitsstelle besonders geschützt vor Risiken, die ihr oder dem Kind schaden könnten. Ihr darf nicht gekündigt werden und finanziell braucht sie sich einige Zeit lang keine Sorgen zu machen. Der Staat und der Arbeitgeber unterstützen die Mutter 6 Wochen vor der Geburt und bis zu 8 Wochen nach der Geburt.[3]

Jugendarbeitsschutz: Jugendliche unter 18 Jahren unterstehen besonderen Gesetzen. Kinderarbeit (unter 15 Jahren) ist im Allgemeinen verboten. Ausnahmen existieren in der Landwirtschaft und bei Zeitungsausträgern.

Arbeitsförderung: Die Bundesagentur für Arbeit unterstützt eine Person, die ihre Arbeit wechseln oder aufgeben muss mit Berufsberatung, Ausbildungs- und Arbeitsvermittlung.

Soziale Entschädigung/Versorgungsmedizin: Kriegsopfer, geschädigte Soldaten der Bundeswehr und Opfer von Gewalttaten sowie ihre Hinterbliebenen werden versorgt.

Ausbildungsförderung: Junge Leute, die Arbeit suchen, werden von der Bundesagentur für Arbeit unterstützt. Hier finden sie Berufsberatung und Berufsorientierung. Wenn sie in der Ausbildung sind, werden sie auch finanziell unterstützt. Der Staat bezahlt die Lehrgangskosten, notwendige Fahrtkosten, Kinderbetreuungskosten, Kosten für Lernmittel und Arbeitskleidung. Studenten, die von ihren Eltern keine finanzielle Hilfe bekommen können, haben Anspruch auf das Bundesausbildungsförderungsgesetz (BAFÖG). Die Hälfte ist ein Stipendium, die andere Hälfte ist ein Darlehen.

Übungen zum Verständnis
A. Was haben Sie aus dem Text erfahren?

1. Muss der Arbeitgeber etwas für die Unfallversicherung bezahlen?

2. Muss man als Arbeitender Beiträge für die Sozialversicherung bezahlen?

---

3 Drei Monate vor der Geburt hat die Frau pro Monat 975 Euro netto verdient. Nun zahlt die Krankenkasse 13 Euro pro Tag und der Arbeitgeber 20 Euro. Das bedeutet für den Arbeitgeber eine Entlastung von 13 Euro. http://www.bmfsfj.del

3. Was ist Sozialhilfe?

4. Warum nennt man die Bundesrepublik „Wohlfahrtsstaat"?

5. Seit wann gibt es eine Sozialgesetzgebung in Deutschland?

6. Sind die Bürger aus der ehemaligen Deutschen Demokratischen Republik sozialversichert?

B. Wie heißt es im Lesetext?

1. Für die Sozialversicherung muss man Beiträge bezahlen. Wofür muss man keine Beiträge bezahlen? Für die _____.

2. Man nennt Deutschland manchmal _____, weil der Staat so viel soziale Hilfe leistet.

3. Die Bürger der ehemaligen Deutschen Demokratischen Republik hatten keine Beiträge zur Sozialversicherung bezahlt. Sind sie nun versichert oder nicht?

4. Wann hat Deutschland seine ersten Sozialgesetze bekommen?

5. Wenn Jugendliche unter 15 Jahren arbeiten, spricht man von _____, und die ist im Allgemeinen verboten.

6. Im _____ der Bundesrepublik steht, welche sozialen Dienste und Einrichtungen der Staat den Bürgern zur Verfügung stellen muss.

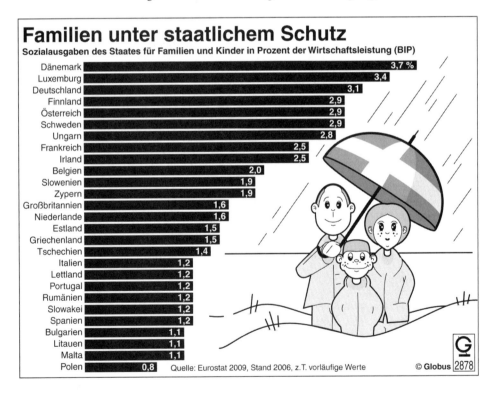

Familien unter staatlichem Schutz

Sozialausgaben des Staates für Familien und Kinder in Prozent der Wirtschaftsleistung (BIP)

Land	%
Dänemark	3,7 %
Luxemburg	3,4
Deutschland	3,1
Finnland	2,9
Österreich	2,9
Schweden	2,9
Ungarn	2,8
Frankreich	2,5
Irland	2,5
Belgien	2,0
Slowenien	1,9
Zypern	1,9
Großbritannien	1,6
Niederlande	1,6
Estland	1,5
Griechenland	1,5
Tschechien	1,4
Italien	1,2
Lettland	1,2
Portugal	1,2
Rumänien	1,2
Slowakei	1,2
Spanien	1,2
Bulgarien	1,1
Litauen	1,1
Malta	1,1
Polen	0,8

Quelle: Eurostat 2009, Stand 2006, z.T. vorläufige Werte

© Globus 2878

Übungen zum Wortschatz

A. Suchen Sie für jeden Begriff die richtige englische Übersetzung.

1. _____ die Arbeitsförderung	a. training stipend
2. _____ das Wohngeld	b. re-employment assistance
3. _____ das Kindergeld	c. protection of pregnant women
4. _____ die Unfallversicherung	d. federal education assistance
5. _____ die soziale Entschädigung	e. unemployment insurance
6. _____ die Arbeitslosenversicherung	f. housing allowance
7. _____ die Krankenversicherung	g. child labor law
8. _____ die Rentenversicherung	h. child subsidy
9. _____ die Ausbildungsförderung	i. pension plan
10. _____ der Mutterschutz	j.. health insurance
11. _____ das Jugendarbeitsschutzgesetz	k. accident insurance
12. _____ das Bundesausbildungsförderungsgesetz	l. social compensation

B. Welche sozialen Leistungen passen zu den folgenden Fällen?

1. Dieses Geld hilft den Eltern für den Unterhalt der Kinder zu sorgen.

   _____

2. Ein Elektrotechniker ist arbeitslos geworden. Er hat jetzt Anspruch auf

   _____

3. Michael will studieren. In der Universitätsstadt sind die
   Lebenshaltungskosten sehr hoch. Seine Eltern können ihm finanziell nicht
   helfen. Er beantragt also

   _____ .

4. Frau Budka erwartet ein Baby. Sie wird einige Monate nicht arbeiten, aber
   ihren Arbeitsplatz verliert sie nicht, denn der Staat garantiert werdenden Müttern

   _____ .

5. Wolfgang ist Bauarbeiter. Er hat sich bei der Arbeit verletzt und muss
   ins Krankenhaus. Sechs Wochen lang bekommt er seinen Lohn vom
   Arbeitgeber weiter. Die Arztkosten werden bezahlt sowie Krankengeld, bis
   Wolfgang wieder arbeiten kann. Das macht die

   _____ .

6. Frau Meister muss operiert werden und längere Zeit im Krankenhaus
   bleiben. Um die Kosten braucht sie sich nicht zu sorgen, und die Familie
   bekommt unter Umständen eine Haushaltshilfe. Das bezahlt die

   _____ .

7. Herr Stader ist 67 Jahre alt. Er ist jetzt im Ruhestand und hat eine gute

   _____ .

8. Uwe wurde während seiner Zeit bei der Bundeswehr durch einen Gewehrschuss verletzt und kann seine rechte Hand kaum bewegen. Er bekommt für den Rest seines Lebens

_____.

9. Das Einkommen der Familie Neumann mit vier Kindern reicht nicht für den Kauf eines kleinen Eigenheims. Sie haben aber einen Rechtsanspruch auf

_____.

10. Elke ist 17 Jahre alt. Sie darf nicht mehr als 40 Stunden pro Woche arbeiten, darf nachts nicht arbeiten und braucht keine Arbeit zu machen, die ein Risiko für ihre Gesundheit sein könnte. Dafür sorgt das

_____.

11. Herr Schneider hat seine Arbeitsstelle verloren, da der Betrieb schließen musste. Er ist aber versichert durch die _____.

Aktivitäten

Partnergespräch: Arbeiten Sie zusammen mit einem Partner / einer Partnerin die Unterschiede zwischen dem amerikanischen und dem deutschen Sozialsystem heraus und präsentieren Sie die Ergebnisse Ihren Kursteilnehmern.

LESETEXT 2 Abgaben und Leistungen

Vor dem Lesen

1. Wer versichert Sie gegen Unfall, Arbeitslosigkeit, Krankheit usw.?
2. Bekommt man in Ihrem Land für die Betreuung seiner Kinder finanzielle Hilfe vom Staat?
3. Kann eine werdende Mutter in Ihrem Land einige Wochen vor der Geburt ihres Kindes Urlaub nehmen und dabei ihr Gehalt weiter bekommen?
4. Haben die Ausländer, die legal in Ihrem Land sind, dieselben sozialen Rechte und Ansprüche wie Sie?
5. Kann Ihr Arbeitgeber Sie wegen Krankheit entlassen?

Wortschatz

Substantive

Abgaben, Pl.	contributions
Anspruch, der	claim, right
Belastung, die	burden
Betrieb, der	company
Bruttoverdienst, der	gross income
Einkommensteuer, die	income tax
Mindestzeit, die	minimal time
Nettogehalt, das	net income
Pflichtversicherung, die	compulsory insurance

Vergütung, die	benefits, compensation
Vertrag, der	contract

Verben

ausbeuten	to exploit
betreffen	to concern
einschränken	to reduce, to limit
entlassen	to dismiss, lay off
etwas in Anspruch nehmen	to make use of something
gelten	to be valid, to apply
kündigen	to give notice
staunen	to be amazed
sich zurechtfinden	to find one's way around

Adjektive und Adverbien

genügend	sufficient
großzügig	generous
überhaupt	anyway
wahnsinnig	here: immense
zuständig sein für	to be responsible for

Ausdrücke

schießen Sie los!	shoot! Ask your questions
sich krankschreiben lassen	obtaining a note from a physician stating that one is unable to work owing to illness

Beim Personalchef

Joan:	Guten Morgen, Herr Mietzke.
Personalchef:	Guten Morgen, Frau Osborn
Joan:	Ich finde es sehr nett von Ihnen, dass Sie sich die Zeit nehmen, mir einige Fragen zu beantworten.
Personalchef:	Aber natürlich. Ich habe ja mal ein Jahr in den USA gearbeitet und weiß, dass es gar nicht so leicht ist, sich in einem neuen System zurecht zu finden. Also schießen Sie los!
Joan:	Ich verstehe, dass ich Einkommensteuer bezahlen muss, aber können Sie mir die Abgaben erklären?
Personalchef:	Sicher. Es gibt vier Pflichtversicherungen: Die Krankenversicherung, und die beträgt 14,8% des Bruttoverdienstes, die Rentenversicherung 19%, die Arbeitslosenversicherung 2,8% und die Pflegeversicherung 1,95% (2,2% für Kinderlose). Die Unfallversicherung bezahlt der Arbeitgeber.
Joan:	Wie furchtbar, da gehen ja gleich über 38% meines Gehalts weg!
Personalchef:	Nein, nein, so schlimm ist das gar nicht. Sie bezahlen nur die Hälfte der Beiträge; wir bezahlen die andere Hälfte.

Joan:	Wie Sie wissen, bin ich Amerikanerin. Gelten die deutschen Gesetze auch für mich?
Personalchef:	O ja. Alle in Deutschland lebenden Ausländer haben dieselben Rechte und Ansprüche wie die Deutschen.
Joan:	Was passiert, wenn man Hilfe braucht, für die man nicht oder nicht mehr versichert ist?
Personalchef:	In dem Fall bekommt man Sozialhilfe.
Joan:	Das ist wohl so was wie unser ,welfare'?
Personalchef:	Mag sein, aber in Deutschland sind die Hilfen weit großzügiger. Man nennt uns nicht umsonst einen ,Wohlfahrtsstaat'.
Joan:	Interessant. Nun möchte ich aber noch wissen, was ich von der Krankenversicherung erwarten kann.
Personalchef:	Ihre Krankenversicherung ist für so viele verschiedene Ausgaben zuständig. Für Sie am wichtigsten ist natürlich die Frage: was passiert, wenn ich längere Zeit krank werde? Während der ersten sechs Wochen zahlen wir Ihnen Ihr Gehalt weiter. Danach zahlt die Krankenkasse 78 Wochen lang 80% Ihres Bruttogehalts weiter, und das kann so viel sein wie Ihr Nettogehalt.
Joan:	Mein Güte, das sind anderthalb Jahre! Ich glaube, in dem Fall würden Sie mir kündigen.
Personalchef:	Bestimmt nicht. Im Gesetz steht, dass Krankheit kein Kündigungsgrund ist. Wir haben überhaupt ganz strenge Kündigungsgesetze. Bei Ihnen in Amerika kann es vorkommen, dass ein Arbeitgeber seinem Arbeitnehmer am Freitag erklärt, dass er nicht mehr genügend Arbeit für ihn hat und ihn entlassen muss. Das wäre hier einfach unmöglich, schon aus ethischen Gründen.
Joan:	Ich habe doch erst letzte Woche bei Ihnen angefangen. Wenn ich nun diese Woche schon krank werde, was dann?
Personalchef:	In unserem Vertrag steht, dass Sie keine Mindestzeit bei uns zu sein brauchen, um die Vergütungen der Versicherungen in Anspruch zu nehmen zu können.
Joan:	Na, für so viel Sicherheit zahle ich gern meine Beiträge. Jetzt habe ich noch eine letzte Frage, die meine Person aber nicht betrifft. Hätten Sie noch ein paar Minuten Zeit?
Personalchef:	Aber sicher. Als Personalchef ist es ja meine Aufgabe, Ihnen diese Dinge zu erklären.
Joan:	Also, die Dame, die bei mir im Büro arbeitet, erwartet offensichtlich ein Kind. Wie ist das denn mit ihrem Arbeitsausfall?
Personalchef:	Sie meinen Frau Reger. Ja, die Regers brauchen sich keine Sorgen zu machen. Da sie Zwillinge erwarten, hört

	Frau Reger am 20. April auf zu arbeiten und braucht erst am 24. August wieder zurückzukommen. Wir bezahlen ihr das volle Gehalt während dieser Zeit, und Frau Reger kann ihre Stelle nicht verlieren. So steht es im Mutterschutzgesetz. Die Elternzeit kann bis zum 3. Lebensjahr des Kindes dauern, aber nur bis zu 12 Monaten bekommt man 67% seines Gehalts und Kindergeld vom Staat. Die Krankenkasse bezahlt alle Arzt- und Krankenhauskosten. Wenn die Elternzeit länger ist, kann man zwischen 15 und 30 Stunden pro Woche weiter im Betrieb arbeiten.
Joan:	Das Kindergeld bekommen die Regers dann auch?
Personalchef:	Ja, 184 Euro für das erste und zweite Kind, 190 für das dritte und 225 Euro für das vierte Kind. Und nicht nur das, sondern Sie haben dann auch bei der Einkommensteuer einen Kinderfreibetrag von 2.184 Euro pro Kind.
Joan:	Bei uns in Amerika ist es oft eine große finanzielle Belastung, wenn man ein Baby bekommt. Auch hier scheint für alle und alles gesorgt zu sein.
Personalchef:	Sie haben Recht. Unser Versicherungssystem ist eins der besten der Welt. Grundsätzlich profitieren die Versicherten; die Versicherungen selbst werden dabei nicht reich. Aber unsere Sozialgesetze werden auch von vielen ausgebeutet. Es ist z.B. viel zu einfach, sich krankschreiben zu lassen, ohne wirklich krank zu sein. Man nennt das „krank feiern", und viele Arbeitgeber sähen es gerne, wenn die Regierung einige Sozialleistungen einschränken würde. Die Ausgaben sind einfach zu hoch geworden. Aber jetzt spreche ich über Spekulationen.
Joan:	Und hochinteressante. Herr Mietzke, ich danken Ihnen ganz herzlich für Ihre Auskünfte. Ich bin sicher, dass ich mich bei Ihnen im Betrieb wohlfühlen werde.
Personalchef:	Das freut mich, Frau Osborn. Auf Wiedersehen.

Übung zum Verständnis

Schreiben Sie R oder F neben die Aussagen. Korrigieren Sie die falschen Aussagen.

1. _____ Der Personalchef nimmt sich gern die Zeit, Joans Fragen zu beantworten.

2. _____ Herr Mietzke möchte gern einmal in den USA arbeiten.

3. _____ Joan muss 38% ihres Gehalts für Pflichtversicherungen ausgeben.

4. _____ Joan ist eine alleinstehende Mutter und möchte Informationen über Kindergeld haben.

5. _____ Wenn Joan länger als 78 Wochen krank ist, kann der Personalchef ihr kündigen.

6. _____ Die amerikanische Sozialhilfe tut mehr für die sozial schlechter Gestellten als die deutsche.

7. _____ Zu Anfang ist Joan erstaunt, dass ihre Sozialleistungen so hoch sind.

8. _____ Frau Reger kann vor und nach der Geburt ihrer Zwillinge 14 Wochen zu Hause bleiben, ohne Angst zu haben, ihre Stelle zu verlieren. Ihr Gehalt läuft während dieser Zeit weiter.

9. _____ Wenn Joan im Betrieb einen Unfall hat, dann wird ihr Gehalt 18 Monate weiter bezahlt, obwohl sie nicht arbeitet.

10. _____ Viele Arbeitgeber würden sich freuen, wenn die Regierung mit den Sozialleistungen nicht mehr so großzügig wäre.

Grammatiknotizen

Konjunktiv II

Der Konjunktiv II, auch „Irrealis" genannt, wird bei weitem öfters benutzt als der Konjunktivs I, den man oft in der indirekten Rede verwendet. Wenn die Verbform dieses Konjunktivs I mit der Verbform des Indikativs identisch ist (**ich komme / ich komme**), benutzt man auch in der indirekten Rede die Verbform des Konjunktiv II (**ich käme**). Der Konjunktiv II wird immer dann benutzt, wenn man eine Unmöglichkeit ausdrückt wie z.B. bei Wünschen, die unerfüllbar sind (**wenn die Abgaben doch nicht so hoch wären!** - Sie sind aber so hoch). Meist beginnen diese Wunschsätze mit **wollen** oder **wünschen**, die auch im Konjunktiv II stehen müssen. (**Ich wollte / wünschte, ich bekäme einen längeren Urlaub!**)

Übung zur Grammatik

Drücken Sie die folgenden Aussagen als Wünsche aus.
Beispiel: Wir haben eine gute Sozialversicherung →
**   Ich wünschte, wir hätten eine gute Sozialversicherung.**

1. Er kann sich etwas Zeit für mich nehmen.

2. Ich habe einmal in den USA gearbeitet.

3. Sie können mir die Abgaben erklären.

4. Der Arbeitgeber zahlt die Abgaben.

5. Für mich gelten die Gesetze auch.

6. Alle sind versichert.

7. Sie bekommen Sozialhilfe.

8. Ich weiß jetzt alles.

9. Mein Gehalt in den USA wird weiter bezahlt.

10. Sie kündigen dem jungen Mann nicht.

11. Krankheit ist kein Kündigungsgrund.

12. Er muss ihn nicht entlassen.

13. Die Arbeit macht mir Spaß.

14. Wir bekommen auch Kindergeld.

Aktivitäten

Diskussion

1. Was halten Sie von den sozialen Einrichtungen in der Bundesrepublik? Glauben Sie, der Staat tut zu viel für seine Bürger? Zu wenig? Was gefällt Ihnen besonders und was gar nicht?

2. Diskutieren Sie Vor- und Nachteile des Mutterschutzgesetzes.

3. Die Leistungen der Krankenversicherung sind ziemlich großzügig. Viele Deutsche sagen, dass man diese Großzügigkeit ausnutzen kann. Wie kann man das tun?

4. Deutsche zahlen viele Beiträge für Sozialleistungen, die Amerikaner nicht bezahlen müssen. Sehen Sie Vorteile im deutschen oder im amerikanischen System?

5. Sollte Ihrer Meinung nach die gesamte Krankenversicherung vom Staat geregelt und geleitet werden, unter Ausschluss privater Versicherungen und Krankenhäuser? Was spräche dafür und was dagegen?

LESETEXT 3   Sozialhilfe

Vor dem Lesen

Erweitern Sie die Liste. Mögliche Gründe für Sozialhilfe sind:

1. Arbeitslosigkeit

2. unzureichende Rente

3. mangelhafte Ausbildung

4. _____

5. _____

6. _____

Wortschatz

Substantive

Almosen, das	alms
Antrag, der	application
Beantragung, die	application
Beihilfe, die	financial assistance
Erholungskur, die	recovery and relaxation (health spa)
Lebenslage, die	situation in life
Unterstützung, die	support

Verben

bewältigen	to master
übernehmen	to pick up
verdoppeln	to double

Ausdrücke

angewiesen sein auf + Akk.	to be dependent on
Anspruch haben auf + Akk.	to be entitled to
fällig sein	to be due
in Anspruch nehmen	to make use of
voller Regelsatz	full entitlement

Das Gespräch findet zwischen einer jungen Frau mit einem dreijährigen Kind und dem zuständigen Berater auf dem Sozialamt statt:

Frau B.: .... ich bin in einer ganz schwierigen Situation. Vor drei Wochen ist mein Mann bei einem Verkehrsunfall ums Leben gekommen, und nun stehe ich mit meinem kleinen Sohn allein da. Ich kann nicht genug arbeiten, um unseren Lebensunterhalt zu finanzieren.

Beamter: Wir haben Ihren Antrag überprüft. Sie haben Anspruch auf den vollen Regelsatz an Sozialhilfe. Das sind monatlich 351 € für Sie und 210,60 € für Ihren Sohn. Außerdem werden die Kosten für Miete und Heizung übernommen ...

Frau B.: Da fällt mir ein Stein vom Herzen! Ich hab' aber noch eine Frage. Es ist so kalt geworden, und mein Sohn passt nicht mehr in die Wintersachen vom letzten Jahr ...

Beamter: Ja ... denken Sie daran, dass Sie - aber nicht monatlich – Geld für Kleidung, Hausrat und Weihnachtshilfe bekommen.

Frau B.: Ich glaube schon, dass in der nächsten Zeit für Matthias und für mich gesorgt ist, und ich hoffe, dass ich in Zukunft, wenn ich den Kleinen vielleicht halbtags im Kindergarten lassen kann, ja, dass ich dann eine Arbeit finde, um nicht mehr auf Sozialhilfe angewiesen zu sein. Da ist aber noch etwas, was mir Sorgen macht. Ich habe die letzte Miete noch nicht zahlen können, und die nächste ist bald fällig. Aber so viel ...

Beamter: Wie gesagt, die Kosten für Miete und Heizung übernehmen wir, und die vorhandenen Mietschulden übernehmen wir in Form einer Beihilfe. Lesen Sie sich diese Broschüre nochmal durch. Unter dem Titel „Hilfe in besonderen Lebenslagen" finden Sie zusätzliche Auskünfte – besonders auf Seite 74 – über Arztkosten, Medikamente, ärztlich verordnete Erholungskuren für Kinder und Mütter ...

Übungen zum Verständnis

Unterstreichen Sie in dem Gespräch alle Hilfen, die Frau B. vom Sozialamt erwarten kann. Listen Sie sie dann auf, angefangen mit dem, was Sie am nötigsten finden:

1. _____
2. _____
3. _____
4. _____
5. _____
6. _____
7. _____
8. _____
9. _____
10. _____

Aktivitäten

A. **Diskussion.** Was wissen Sie über die Sozialhilfe in Ihrem Land? Bilden Sie zwei Gruppen. Gruppe A ist für eine langfristige Sozialhilfe und Gruppe B ist dagegen. Jede Gruppe muss mindestens ein Beispiel und zwei Gründe für ihre Position angeben. Können Sie zu einem Kompromiss kommen?

B. **Schriftliches.** Die Redaktion einer Gewerkschaftszeitschrift beauftragt Sie, dieses Gespräch für Informationszwecke in Ihrer Landessprache zusammenzufassen. Hierfür stehen Ihnen höchsten 150 Wörter zur Verfügung.

Schlussgedanken

Diskutieren Sie im Plenum: Ständig wachsende Sozialausgaben verzehren immer mehr vom Bruttonationaleinkommen. Welche Probleme sehen Sie für den Staatshaushalt, die Wirtschaft, die Bevölkerung usw.?

Wussten Sie das schon?

- Arbeitsbedingungen und Sozialleistungen des Arbeitgebers in Deutschland sind großzügiger als in den USA.
- Bis zu sechs Wochen oder länger Ferien, ein extra Monatsgehalt zu Weihnachten und häufig noch andere Gratifikationen sind in Deutschland die Regel.
- Familien mit Kindern bekommen nicht nur Kindergeld für jedes Kind, sondern auch Kinderfreibeträge bei der Steuer und sind in einer niedrigeren Steuerklasse als Ehepaare ohne Kinder.
- Von allen Sozialleistungen schlucken Renten- und Krankenversicherung das meiste Geld.
- Der Anspruch auf Arbeitslosenhilfe ist zeitlich nicht beschränkt.
- Renten sind dynamisch – sie steigen, wenn der Durchschnittsverdienst aller Arbeitnehmer steigt.

9

Industrie[1]

Deutschland als Industrieland
Mittelstand
Reaktion der Weltpresse
Industrie im Osten
Urlaub und Arbeitszeit
Ausländer in der Wirtschaft

Lernziele

In diesem Kapitel lernen Sie die wichtigsten deutschen Industriezweige kennen. Sie lesen, wie sich die Industrie durch Investitionen im Ausland und durch Forschung und Entwicklung auf dem Weltmarkt behauptet. Sie erleben die Reaktion der Weltpresse auf die Wiederbelebung der deutschen Wirtschaft nach der Rezession sowie den Aufbau der deutschen Automobilindustrie auf dem wichtigsten Absatzmarkt der Welt: in den USA.

---

1 http://www.muskingum.edu/~modern/german/busgerm/web_industrie.pdf

Einführende Fragen

Was wissen Sie über die deutsche Industrie?

Welche Industriezweige sind am erfolgreichsten?

Wann entstehen Probleme für die Industrie?

Genießt die deutsche Industrie Ansehen im Ausland?

Kennen Sie Standorte und bekannte Industriezweige?

LESETEXT 1   Industrieland Deutschland

Vor dem Lesen

Was ist Ihrer Meinung nach für ein Industrieland wie Deutschland sehr wichtig und nicht so ganz wichtig. Ordnen Sie die nachstehende Liste von 1 – 10 (1 am wichtigsten) und vergleichen Sie die Resultate im Plenum.

_____ geographische Lage	_____ qualifizierte Arbeitskräfte
_____ eigene Rohstoffe	_____ stabile politische Lage
_____ technologisches Know-how	_____ stabile Währung
_____ Mehrsprachigkeit	_____ Boden
_____ Klima	_____ Transportwege

Industriegebiet Duisburg

Wortschatz

Substantive

Anforderung, die	challenge
Beziehung, die	connection
Dienstleistungen, Pl.	services
Entwicklung, die	development
Forschung, die	research
Funkausstellung, die	electronics show
Gastgewerbe, das	gastronomy
Großunternehmen, das	large corporation
Handel, der	trade
Industriestandort, der	industrial location
Kunststofferzeugnis, das	synthetic products
Mehrzahl, die	majority
Mitarbeiter, der	co-worker
Mittelstand, der	small- and medium-sized industry
NE-Metalle, Pl.	nonferrous (without iron)
Seeschiffswerft, die	shipyard
Umsatz, der	turnover, revenue
Unterbrechung, die	interruption
Veränderung, die	change
Zulieferer, der	supplier

Verben

abhängen	to depend
auswirken	to impact
beschäftigen	employ
dazu beitragen	to contribute to
sich belaufen auf + Akk.	to account for
erwirtschaften	to generate
gelten als	to be considered as
umfassen	to comprise
verflechten	to interweave

Adjektive und Adverbien

führend	leading
gegenseitig	mutual
knapp	scarce
konkurrenzfähig	competitive
umsatzstark	strong on revenue
vielversprechend	very promising

Ausdrücke

Wert legen auf + Akk.	to place value on

Hinter den USA, China und Japan steht Deutschland als Industriestandort an vierter Stelle in der Welt. Der prozentuale Anteil an der globalen Industrieproduktion beläuft sich auf mehr als 8 Prozent. „Deutschland ist stärker als viele andere Länder mit der Weltwirtschaft verflochten. Jeder vierte Euro wird im Export verdient, jeder fünfte Arbeitsplatz hängt vom Außenhandel ab. Angesichts politischer Konflikte gilt heute mehr denn je: Handel und gegenseitige wirtschaftliche Verflechtung schaffen Vertrauen und stabilisieren die internationalen Beziehungen". Die Bundesrepublik ist ein Industrieland, aber weniger als 1% aller Unternehmen gilt als Großunternehmen. Dennoch produzieren diese Großunternehmen 65% aller Umsätze. 42% aller Arbeiter und Angestellten arbeiten bei diesen Großunternehmen. Es ist daher kein Wunder, dass die Medien sehr stark auf Veränderungen bei den Großunternehmen reagieren. Eine Unterbrechung in der Produktion wirkt sich ganz schnell auf den Arbeitsmarkt aus.

Auf dem Deutschen Aktienindex (DAX) sind die dreißig größten und umsatzstärksten deutschen Firmen aufgelistet, die auch international bekannt sind. Dazu gehören Adidas, Allianz, BASF, Bayer, Beiersdorf, BMW, Commerzbank, Daimler, Deutsche Bank, Deutsche Börse, Deutsche Lufthansa, Deutsche Post, Deutsche Telekom, Henkel, Merck, Siemens, ThyssenKrupp, Volkswagen sowie viele andere.

Deutschlands wichtigste Industriegebiete sind:

- das Ruhrgebiet (Nordrhein-Westfalen)
- das Rhein-Main-Gebiet (um Frankfurt und Mannheim)
- Sachsen-Anhalt (um Halle und Leipzig)
- das Saarland
- Berlin, Hamburg, Bremen, Rostock, Hannover, Dresden, Stuttgart, München, Nürnberg

Labor bei BASF

Die größten Industriebranchen[2] **(Stand: 2012)**

Branche	Umsatz in Mrd. Euro	Beschäftigte in Tsd.
Autoindustrie	274	707
Maschinenbau	207	971
Elektroindustrie	167	881
Chemische/Pharmazeutische Industrie	113	287

Die Industriezweige, für die Deutschland weltweit bekannt ist, umfassen den Automobilbau (Porsche, Audi, Ford, Opel, VW, BMW und Daimler), den Maschinenbau, die chemische Industrie und die Elektrotechnik. In der Tabelle kann man sehen, dass die Mehrzahl aller Beschäftigten im Maschinenbau beschäftigt ist, gefolgt von den anderen drei Bereichen. Beinahe 2,6 Millionen Menschen arbeiten in diesen vier Industriezweigen. Neben Japan, den USA und China steht Deutschland als Autoproduzent an vierter Stelle. Nach einer Studie der DZB Bank erwirtschafteten die 100 größten deutschen Unternehmen 2010 einen Umsatz von knapp sechs Prozent in China und in Indien, während sie einen Umsatz von 17,6 % in Nordamerika und 58,9% in Europa erreichten. Die 100 größten deutschen Unternehmen exportieren zwei Drittel ihrer Produktion und stehen damit an der Spitze der westlichen Industrienationen. Besonders hoch ist der Anteil im Maschinenbau, in der Eisen- und Stahlindustrie sowie Auto- und Chemiebranche. Den größten Umsatz machen diese Firmen generell in Europa und in den USA. In der Rezession im Jahre 2009 konnten sie dennoch die Exportquote nach China erhöhen.

- Der *Maschinenbau* umfasst ca. 6.227 Unternehmen, und ca. 971.000 Beschäftigte arbeiten hier. Besonders wichtig ist der Maschinenbau für den deutschen Export.

- Mehr als 20% aller Investitionen der deutschen Industrie, die sich mit Forschung und Entwicklung befassen, fließen in die *Elektroindustrie.*

- Bei der *Chemieindustrie* denkt man an die drei größten Chemiewerke BASF, Bayer und Sanofi-Aventis, wobei die BASF der weltgrößte Chemiekonzern ist. Nach den USA, China und Japan steht Deutschlands chemische Industrie an vierter Stelle. In Europa ist die deutsche Chemieindustrie führend.

- Die deutsche *Luft- und Raumfahrtindustrie* ist zwar nicht sehr groß, aber für Deutschland von Bedeutung, da sie höchste technische Anforderungen an Zulieferer und Mitarbeiter stellt. Dieser Sektor der Industrie ist vielversprechend, da er auch weiterhin wächst. Diese Branche umfasst die zivile Luftfahrt, die militärische Luftfahrt und die Raumfahrt. Die Airbus Industrie, die 1969 begann, hat Deutschland mit der internationalen Luftfahrt verbunden und führte auch zum Beitritt der European Aeronautic Defence and Space Company (EADS).

---

2 Statistisches Bundesamt
3 Spezialbank für Handel, für mittelständische Unternehmen und den Dienstleistungssektor.

- In Europa liegt Deutschland mit seinen *Seeschiffswerften* in einer Spitzenposition, weltweit auf Platz vier. Die Hälfte der deutschen Werftproduktion ist für das Ausland bestimmt.

- Die *elektronische Industrie* ist der Industriezweig, der am schnellsten wächst. Die Computerbranche stellt jedes Jahr auf der weltgrößten IT-Messe CeBIT in Hannover die neuesten Produkte vor. Die internationale Funkausstellung in Berlin ist die weltgrößte Elektronikmesse.

- In der *Textil- und Bekleidungsindustrie* liegt der Export bei über 40%. Deutschlands Konkurrenz im Ausland sind China, Hongkong und Italien, die weltrangmäßig vor Deutschland liegen.

- Eisen und Stahl, NE-Metalle, Optik und Feinmechanik, Kohle, Kunststofferzeugnisse und Büromaschinen spielen für die deutsche Industrie auch eine entscheidende Rolle.

- Das nationale *Energieprogramm* der Bundesrepublik umfasst die folgenden Bereiche: Kohle- und Kernkraftwerke, erneuerbare Energie und Windkraft. Da weltweit die Nachfrage nach Energie steigt, wird in Zukunft auch die Energie teurer. Bis zum Jahre 2050 will die Bundesregierung 80% der Stromversorgung aus erneuerbaren Energien gewinnen.

Airbus 380

Zum *Dienstleistungssektor* gehören private und öffentliche Dienstleistungsunternehmen, das Gastgewerbe und Vermietung sowie Marktforschung. Das Banken- und Versicherungswesen mit der Europäischen Zentralbank (EZB), der Bundesbank und der Deutschen Börse in Frankfurt am Main gehören auch zu diesem Sektor.

Deutschland ist auch bei internationalen Firmen ein attraktiver Industriestandort. Viele ausländische Firmen investieren in Deutschland wie z.B. die amerikanischen Firmen General Electric oder Advanced Micro Devices (AMD). Die zentrale Lage Deutschlands in Europa und auch die stabile Politik und der Rechtsschutz werden dabei sehr geschätzt. Im internationalen Vergleich legt man sehr viel Wert auf die Qualifikation der deutschen Arbeitskräfte. Mehr als 75% der Beschäftigten können eine Berufsausbildung nachweisen und sogar 13% haben einen Universitäts- oder Fachhochschulabschluss. Ebenfalls findet die Lebensqualität in Deutschland unter den Investoren viel Beachtung. Ca. 22.000 internationale Firmen haben Niederlassungen in Deutschland, dazu gehören die 500 größten Firmen der Welt.

Auch die deutsche Industrie steht vor neuen Aufgaben, da die Welt sich verändert. Der Klimawandel, die Knappheit an Ressourcen, Umweltschutz und die Kommunikationstechnologien stellen viele Herausforderungen an die deutsche Industrie.

Übung zum Verständnis

A. Beantworten Sie die folgenden Fragen.

1. Welche Industriezweige sind für die Bundesrepublik am wichtigsten?
2. Zu welchem Industriezweig gehört BASF?
3. Wer sind Deutschlands Konkurrenten als Industrienation?
4. Warum könnte ein Streik bei einem Großunternehmen die Wirtschaft hart treffen?
5. Wie kommt es, dass die größten deutschen Firmen in China weniger absetzen als zum Beispiel in den USA?
6. Welches Ziel hat die deutsche Energieversorgung?
7. Was hat sich in der Umweltpolitik geändert?
8. Warum kann man sagen, dass Deutschland Exportweltmeister ist?
9. Was ist die Bedeutung von industriellen Messen in Deutschland?
10. Was finden internationale Investoren so faszinierend?

B. Die folgenden Aussagen beziehen sich auf den Text. Sind sie richtig (R), falsch (F) oder gibt der Text keine Auskunft (K)?

1. _____ In allen Industriebereichen wird der Mensch durch Maschinen ersetzt.
2. _____ Erneuerbare Energie wird uns helfen, von den fossilen Brennstoffen unabhängig zu werden.
3. _____ Eins der wichtigsten Industriegebiete liegt im Osten Deutschlands.
4. _____ Die chemische Industrie ist Deutschlands Exportweltmeister.
5. _____ Deutschlands Automobilindustrie steht an zweiter Stelle weltweit.
6. _____ In der Luftfahrtindustrie baut Deutschland große Passagierflugzeuge
7. _____ Deutschland exportiert zwei Drittel seiner Produktion.
8. _____ China ist heute das wichtigste Exportland für Deutschland.
9. _____ Der Mittelstand beschäftigt mehr als 250 Beschäftigte.
10. _____ Der Maschinenbau ist die Industrie mit den meisten Beschäftigten.

LESETEXT 2   Mittelstand

Wortschatz

Substantive

Beschäftigung, die	employment
Fachausbildung, die	specialized training

Einbruch, der	loss
Mittelstandsunternehmen, das	medium-sized business
Rückgrat, das	backbone
Selbstständige, Pl.	self-employed persons
Wachstum, das	growth
Wert, der	value
Wettbewerbsdenken, das	competitive thinking
Verben	
abbauen	here: to lose jobs
bedeuten	to mean
bezeichnen	to call
entsprechen	to correspond to
sich erweisen	to prove
erwirtschaften	to generate
schaffen	to create
Adjektive	
dauerhaft	permanent
verantwortlich	responsible
vergleichsweise	comparably

Unternehmen, die von ihrer Größe her unter den Großunternehmen liegen, nennt man Mittelstandsunternehmen.[4] International heißt dieser Sektor der Industrie „small and medium-sized enterprises" (SME), den man auf Deutsch als „kleine und mittlere Unternehmen" bezeichnet. Dieser Mittelstand, auch als „Rückgrat der deutschen Wirtschaft" bekannt, ist besonders wichtig, denn über 25 Millionen Arbeitnehmer sind hier beschäftigt. Auch für junge Leute bedeuten mittelständische Unternehmen die Möglichkeit einer guten Fachausbildung. „Rd. 96% aller Unternehmen beschäftigen weniger als 250 Mitarbeiter, erwirtschaften aber knapp 49% des Industrieumsatzes".

Größenklasse	Beschäftigte	Jahresumsatz
Kleinstunternehmen	bis 9	und bis 2 Mill.
Kleine Unternehmen	bis 49	und bis 10 Mill.
Mittlere Unternehmen	bis 249	und bis 50 Mill.
Großunternehmen	über 249	oder über 50 Mill.

Mittelständische Unternehmen sorgen für Wachstum und Beschäftigung, denn sie tragen die deutsche Wirtschaft. Es gibt in Deutschland mittlerweile mehr als vier Millionen selbstständige und mittelständische Unternehmerinnen und Unternehmer, die ihre Firmen verantwortlich leiten und dafür sorgen, dass die Arbeitsplätze

---

4 http://www.tatsachen-ueber-deutschland.de

dauerhaft sind. Sie legen besonderen Wert auf Innovation und Kreativität, was auch dem Wettbewerbsdenken der deutschen Wirtschaft entspricht.

Deutschland erlebte im Jahre 2009 die Folgen der globalen Rezession, und auch hier verloren viele ihre Arbeitsplätze. Aber im deutschen Mittelstand gab es weniger Arbeitslosigkeit. Diese Unternehmen sind zwar nicht immun vor wirtschaftlichen Einbrüchen, aber im Vergleich zu Großunternehmen ist ihr Arbeitsmarkt eher stabil.

Übung zum Verständnis
Beantworten Sie die folgenden Fragen

1. Was sind Mittelstandsunternehmen?
2. Wie groß sind diese Betriebe?
3. Warum sind diese Firmen besonders für junge Leute attraktiv?
4. Warum nennt man diese Firmen das „Rückgrat" der deutschen Industrie?
5. Sind die Arbeitsplätze in diesen Firmen sicher?
6. Wie konkurrieren diese Firmen in der deutschen Wirtschaft?
7. Wie hat sich die globale Rezession 2009 auf diesen Sektor ausgewirkt?

Übung zum Wortschatz

A. Sehen Sie sich die folgende Liste der Industriebranchen an und ordnen Sie dann jeder deutschen Branche die englische zu.

1. _____ Versicherungen   a. electrical engineering
2. _____ Post   b. rubber and asbestos
3. _____ Spielwarenindustrie   c. jewelry
4. _____ Speditionsunternehmen   d. chemicals
5. _____ Elektrotechnik   e. insurance companies
6. _____ Brauereien und Getränke- industrie   f. leather production and processing
7. _____ Holzbearbeitung und Holzver- arbeitung   g. railroad
8. _____ Bauindustrie   h. precision engineering and optical
9. _____ Ledererzeugung und Leder- verarbeitung   i. foreign trade
10. _____ Gummi- und Asbestindustrie   j. food products
11. _____ Feinmechanik und Optik   k. shipping agencies
12. _____ Gaststätten und Beherbergungswesen   l. energy
13. _____ Bahn   m. agriculture and forestry
14. _____ Außenhandel   n. toy industry
15. _____ Energiewirtschaft   o. breweries and beverage industry

16. _____ Chemische Industrie   p. iron and steel industry

17. _____ Nahrungsmittelindustrie   q. postal services

18. _____ Schmuckindustrie   r. restaurants and hotels

19. _____ Land- und Forstwirtschaft   s. wood working and processing

20. _____ Eisen-und Stahlindustrie   t. building industry

Grammatiknotizen

RELATIVSÄTZE

Ein Satz und sein folgender Relativsatz haben eine enge Beziehung zueinander. Das Relativpronomen leitet eine Aussage ein, die sich auf ein Substantiv des vorhergehenden Satzes bezieht:

Die Bayer AG ist **eine Firma, die** Medikamente herstellt. (Der Relativsatz erklärt, was die Firma produziert). Im Englischen darf das Relativpronomen wegfallen, aber nie im Deutschen.

Die **Firma, die** ich meine, heißt Bayer AG. The firm I mean is the Bayer AG

Nach einem Substantiv muss eine Form des Artikels als Relativpronomen stehen.

Das **Unternehmen, das** Sie meinen, ist die VEBA AG in Düsseldorf

Nach einem substantivierten Adjektiv heißt das Relativpronomen **was**:

Das **Beste, was** es gibt.

Aber: das beste **Auto, das** ich je gefahren habe.

Was steht auch nach **alles, nichts, etwas, wenig (es), viel (es), manches, einiges** und nach den Demonstrativpronomen **das** und **dasselbe**:

In diesem Artikel steht **dasselbe, was** Sie mir eben erzählt haben

Was kann sich auch auf den gesamten Inhalt des vorhergehenden Satzes beziehen:

Im Osten Deutschlands wird viel für den Umweltschutz getan, **was** wirklich nötig ist.

Was und **wer (wen, wem, wessen)** sind unbestimmte Relativpronomen, die sich auf nichts Vorhergehendes beziehen:

Was Sie bestellt haben, ist noch nicht angekommen.

Uns ist es ganz egal, **wem** Sie den Auftrag geben wollen.

Übung zur Grammatik

A. Beim Sprechen und beim Schreiben haben Relativsätze eine wichtige Funktion. Sie beweisen, dass der Sprecher sich wortgewandt ausdrücken kann. Gebrauchen Sie statt der zwei Sätze einen Relativsatz:

1. Nach den USA, China und Japan steht Deutschlands chemische Industrie an vierter Stelle. In Europa ist die deutsche Chemieindustrie führend.

   _____

   _____

2. Mittelständische Unternehmen sorgen für Wachstum und Beschäftigung. Junge Leute können in den mittelständischen Unternehmen eine gute Fachausbildung bekommen.

   _____

   _____

3. Die 100 größten deutschen Unternehmen erwirtschafteten 2010 einen Umsatz von knapp sechs Prozent in China und in Indien, während sie einen Umsatz von 17,6 Prozent in Nordamerika und 58,9 Prozent in Europa erreichten. Die 100 größten Unternehmen exportieren zwei Drittel ihrer Produktion.

_____

_____

4. Die Stromversorgung kommt momentan aus Kohle- und Kernkraftwerken, erneuerbarer Energie und aus der Windkraft. Bis zum Jahre 2050 soll die Stromversorgung zu 80% aus erneuerbarer Energie bestehen.

_____

_____

B. Welches Relativpronomen fehlt hier?

1. _____ die chemische Industrie für Forschung und Entwicklung tut, ist auch wichtig für den Export.

2. _____ nicht vom Öl abhängig sein will, muss andere Energiequellen suchen.

3. Deutsche Flugzeugfirmen arbeiten mit anderen europäischen Unternehmen zusammen, _____ für die deutsche Wirtschaft wichtig ist.

4. Mehr als 20% aller Investitionen der deutschen Industrie, _____ sich mit Forschung und Entwicklung befassen, fließen in die Elektroindustrie.

5. Der Mittelstand, _____ als „Rückgrat der deutschen Wirtschaft" bekannt ist, ist besonders wichtig für die 25 Millionen Arbeitnehmer, _____ hier beschäftigt sind.

LESETEXT 3   Reaktion der Weltpresse auf das Erholen der deutschen Wirtschaft

Die Reaktion der Bundesregierung auf die globale Rezession schuf eine positive Bilanz in der deutschen Wirtschaft. Im Gegensatz zum Weltmarkt sank die Arbeitslosigkeit, die Wirtschaft wurde angekurbelt und im Wirtschaftssektor begann man, positiv zu denken. Diese Entwicklung wurde in der internationalen Presse beobachtet:

Internationale Zeitungen

USA

Wall Street Journal: Die deutsche Wirtschaft schafft Arbeitsplätze und sorgt dafür, dass die Wirtschaft sich schneller erholt.

USA Today: Das schnelle Erholen der deutschen Wirtschaft hat etwas mit der Reaktion und Intervention der Bundesregierung zu tun. Spezifisch berichtet die Zeitung von Wirtschaftspaketen und Kurzarbeitsverlängerung, die die deutsche Wirtschaft schnell wieder positive Bilanzen schreiben lassen wird.

The New York Times: Im Gegensatz zu der Finanzspritze in die amerikanische Wirtschaft ist die deutsche Regierung vorsichtig, zu viel neues Geld in die Wirtschaft zu pumpen. Stattdessen gibt es einen Haushaltsplan, der innerhalb von sechs Jahren die gravierenden Folgen der Rezession auffangen und dazu führen soll, wieder ein ausgeglichenes Haushaltsbudget auf die Beine zu stellen.

Frankreich

Die Presse in Frankreich sieht Deutschland als Schrittmacher in Europa. Die Wirtschaftszeitung **Les Echos** spricht von der Rezession in Amerika und in China, ermahnt aber ihre Leser, dass die Wirtschaft in Europa wegen der starken deutschen Wirtschaftspräsens keinen Schaden nehmen wird.

Le Figaro berichtet von den Ergebnissen mehrerer Marktanalysen, die die deutsche Industrie und Wirtschaft immer vorbildlich beschrieben haben und deshalb sei es unnötig, sich trotz der globalen Rezession Sorgen zu machen.

La Tribune vergleicht die sinkenden Arbeitslosenzahlen mit denen der letzten Jahrzehnte und sieht Deutschland auch weiterhin als Zugpferd der europäischen Wirtschaft. Besonders hebt die Zeitung die Reaktion der Bundesregierung hervor, die Industrieproduktion durch Kurzarbeit herunterzufahren anstatt durch Entlassungen die Arbeitslosenquote anzukurbeln.

Vereinigtes Königreich

Financial Times: Deutschland sieht sich in seiner konservativen Politik bestätigt, da es auf die Wirtschaftspolitik von Ludwig Erhard zurückgreift und für Ordnung in der deutschen Wirtschaft sorgt, ganz im Gegensatz zu einigen anderen Regierungen, die willkürlich in das Wirtschaftsgeschehen eingreifen. Die sofortige Reaktion der deutschen Regierung, die Ordnung im eigenen Land wiederherzustellen, ist eine typisch teutonische Art des Denkens und Handelns.

Spanien

Libertad Digital: Die Rezession hat in Deutschland nicht zu einem Chaos geführt, weil die deutsche Wirtschaft in der Struktur der Großunternehmen und des Mittelstandes anders strukturiert ist. Die Bundesregierung hat die globale Rezession miterlebt und schnell gehandelt. Arbeitsplätze mussten erhalten bleiben statt Arbeitslosigkeit zu schaffen.

Italien

Die Prognose der Wirtschaftszeitung **Libero** sieht ein Erstarken der deutschen Wirtschaft.

Il Sole 24 Ore schaut auf die niedrige Arbeitslosigkeit in Deutschland, ganz im Gegensatz zu der Tendenz innerhalb der EU.

Belgien

La Libre Belgique: Die gesunde Wirtschaftslage in Deutschland ist das Ergebnis einer positiven Finanzpolitik und einer Regierung, die sich für Wachstum und Beschäftigung einsetzt.

Österreich

Der Standard in Wien sieht die wirtschaftliche Lage in Deutschland als Ergebnis einer erfolgreichen Wirtschaftspolitik mit einer sehr geringen Arbeitslosenquote und vielen neuen Stellen.

Polen

Gazeta Wyborcza: Der wirtschaftliche Erfolg in der Bundesrepublik ist auf die durchgreifende Finanzpolitik der deutschen Regierung zurückzuführen.

Tschechische Republik

Lidové Noviny: Deutschland steigt wieder aufwärts. Der Export boomt und Deutschland gehört nach wie vor zu den führenden Ländern im Außenhandel.

Ungarn

Nepsabadsag: Die Prognose für die deutsche Wirtschaft ist sehr gut, denn das Wachstum wird zwei Prozent betragen, ganz im Gegensatz zur EU. Die sinkende Arbeitslosigkeit und der Aufschwung in der deutschen Wirtschaft finden allerdings in der deutschen Bevölkerung kein Echo.

Übung zum Verständnis

A. Beantworten Sie kurz auf Deutsch

1. Was passierte mit der deutschen Arbeitslosigkeit während der globalen Rezession? _____

2. Wie – nach der *New York Times* zu urteilen – hat sich die deutsche Wirtschaft während der Rezession anders verhalten als die amerikanische Wirtschaft? _____

3. Wie drückt die französische *La Tribune* aus, dass Deutschland die europäische Wirtschaft in Gang halten wird?

4. Was bezeichnen die Briten als eine „typisch teutonische Art" der Deutschen? _____

5. Warum glaubt Spanien, dass Deutschland dem globalen Chaos der Rezession entgangen ist? _____

6. Wie vergleicht die italienische *Il Sole 24 Ore* Deutschlands Arbeitslosenzahl mit der der anderen EU-Länder?

7. Wie sieht die **LIDOVÉ NOVINY** der Tschechischen Republik Deutschlands Position im Außenhandel?

_____

_____

B. **Fassen Sie in 5-7 Sätzen zusammen, was die verschiedenen Zeitungen an der deutschen Wirtschaft loben.**

Übung zum Wortschatz. Suchen Sie in der rechten Spalte das passende englische Wort für die deutschen Wörter in der linken Spalte

1. ____ ankurbeln	a. to admonish
2. ____ betragen	b. to stimulate
3. ____ das Ergebnis	c. economy
4. ____ das Erstarken	d. strengthening
5. ____ das Zugpferd	e. arbitrarily
6. ____ der Arbeitsplatz	f. to reduce
7. ____ der Aufschwung	g. growth
8. ____ der Außenhandel	h. global market
9. ____ der Mittelstand	i. to restore
10. ____ der Weltmarkt	j. successful
11. ____ die Arbeitslosigkeit	k. foreign trade
12. ____ die Entlassung	l. to experience
13. ____ die Kurzarbeit	m. economic newspaper
14. ____ die Wirtschaft	n. to react
15. ____ die Wirtschaftszeitung	o. reduced shifts
16. ____ einsetzen	p. to emphasize
17. ____ erfolgreich	q. unemployment
18. ____ ermahnen	r. to amount to
19. ____ gering	s. low
20. ____ handeln	t. result
21. ____ herunterfahren	u. work place/job
22. ____ hervorheben	v. to implement
23. ____ miterleben	w. dismissal
24. ____ das Wachstum	x. the recovery
25. ____ wiederherstellen	y. small- and medium sized companies
26. ____ willkürlich	z. pace maker

LESETEXT 4 Industrie im Osten Deutschlands

Im Jahr 2009 feierte die Bundesrepublik den 20. Jahrestag des Mauerfalls. Gleichzeitig gab es noch ein Jubiläum[5] zu feiern: Die Bundesrepublik wurde 60 Jahre alt. Für Ost und West bedeutet das, dass beide immer noch einen gemeinsamen Pfad[6] gehen.

Der Wiederaufbau stellte enorme Herausforderungen[7] an Politik und Industrie. Viele Branchen in der ehemaligen DDR waren wettbewerbsunfähig[8] wie Unternehmen der Textil- und Bekleidungsindustrie, Leder- und Schuhindustrie und die Landwirtschaft. Das Interesse der westlichen Finanzmärkte richtete sich besonders auf die Bauindustrie, die Wohnungsindustrie, Verkehrsindustrie, und die Post, denn bei dieser Infrastruktur konnte gewinnbringend[9] Geld investiert werden. Investoren aus In- und Ausland schufen auch Arbeitsplätze. Das Land selbst wurde modernisiert und dem westlichen Standard angepasst.

Staatlich finanzierte Umschulungskurse erleichterten das Umlernen[10] auf einen anderen Beruf und garantierten eine bessere berufliche Qualifizierung. Die Lebensverhältnisse in Ostdeutschland erlebten eine Renaissance und wurden dem Westen angeglichen. Man muss aber auch sagen, dass diese Entwicklung 20 Jahre gedauert hat. Arbeitnehmer und Selbstständige haben die ostdeutsche Wirtschaft aufblühen und die Arbeitslosenquote sinken lassen. Man verdient heute im Durchschnitt 83% des Westlohns. Das durchschnittliche[11] Nettovermögen des Verbrauchers liegt bei einem Drittel des Westverbrauchers. Natürlich gibt es auch Stellen, für die nur Experten in Frage kommen, und die erhalten dann dieselben Gehälter, die im Westen bezahlt werden. Man hat nämlich sonst Sorge, dass diese Experten nach Westdeutschland abwandern.

Im Export konnte sich die Wettbewerbsfähigkeit der Wirtschaft erneut beleben. Auch im Osten Deutschlands gibt es Schwerpunkte in der Industrie, besonders bei der erneuerbaren Energie in Frankfurt an der Oder und in Freiberg und der Autoindustrie in Sachsen.

Übung zum Verständnis: Beantworten Sie die folgenden Fragen zum Text

1. Welche Industriebranchen haben sich im Osten Deutschlands bewährt?
2. Wie kommt es, dass die Industrie im Osten wieder belebt werden konnte?
3. Hat sich der Lebensstandard im Osten geändert?
4. Warum wandern hochqualifizierte Arbeitnehmer nicht in den Westen ab?
5. Wie konnte man von einem Arbeitsplatz auf den anderen umsatteln?[12]

---

5 anniversary
6 path
7 challenges
8 not competitive
9 profitably
10 retraining
11 average
12 switch

Übung zum Verständnis: Wie heißen die deutschen Äquivalente im Text?

1. _____ unemployment quota
2. _____ self-employed
3. _____ hubs of the industry
4. _____ net savings
5. _____ the economy is flourishing
6. _____ state financed retraining classes
7. _____ the standard of living was adapted
8. _____ renewable energy
9. _____ competitiveness
10. _____ professional qualification

Aktivitäten

A. Mündliches. Suchen Sie im Internet nach Informationsmaterial. Bereiten sie einen Bericht vor, der in etwa fünf Minuten eins der folgenden Themen vorstellt:

- Der Wirtschaftszweig, der mich am meisten interessiert
- Investitionen im Osten Deutschlands
- Große deutsche Industriefirmen auf dem Weltmarkt

B. Gruppenarbeit. Ihre Firma interessiert sich dafür, eine Niederlassung in Sachsen, Sachsen-Anhalt, Thüringen, Brandenburg oder Mecklenburg-Vorpommern zu gründen. Erstellen Sie mit *PowerPoint* eine Präsentation, die folgende Punkte berücksichtigt:

- Standort
- Infrastruktur
- Personal
- Unterkunft
- Produkte
- Marketing
- Vorbereitung auf Sprache und Kultur

C. Partnergespräch. Ihr Partner /Ihre Partnerin wird von seiner / ihrer Firma für ein Jahr nach Deutschland versetzt. Stellen Sie ihm / ihr Fragen über folgende Aspekte:

- Industriezweig
- Größe der Firma

LESETEXT 5   Urlaub und Arbeitszeit

Jahresurlaub

In Schweden gibt es den längsten Jahresurlaub mit 25 Tagen. Deutschland und Dänemark erlauben 30 Tage. In den EU-Ländern liegt der Urlaub zwischen 20 und 30 Tagen. Auf Zypern und in Estland gibt es nur 20 Tage pro Jahr. Der Durchschnitt beträgt für alle 28 EU-Länder 25,3 Tage.

Wochenarbeitszeit

Die Wochenarbeitszeit beträgt in den 28 EU-Ländern im Durchschnitt 40,4 Stunden. Nach einer EU-Statistik liegt der Durchschnitt in Deutschland in allen Branchen bei 37,6 Stunden. Die Realität sieht aber anders aus, denn viele Beschäftigte machen Überstunden, und es gibt auch solche, die nicht an einen Tarif gebunden sind. Deshalb gelten die Deutschen mit einer tatsächlichen Wochenarbeitszeit von 41,7 Stunden zusammen mit Rumänien, Tschechien, Lettland, Polen, Großbritannien und Österreich zu den europäischen Vorreitern. Rumänien liegt in der Tabelle ganz weit vorn mit 41,8 Prozent und Frankreich liegt am unteren Ende mit 38,4%.

Feiertage. In den EU-Ländern liegt der Durchschnitt bei 9,8 Feiertagen. Deutschland hat 10 Feiertage, während die Slowakei 14, Litauen 9 und Zypern 11 Feiertage haben. Rumänien und Estland haben 8 Feiertage.

Jahresarbeitszeit. In der Jahresarbeitszeit liegt Deutschland mit 1.960.4 Stunden auf Rang 7 der 28 EU-Länder. Frankreich hat die kürzeste Jahresarbeitszeit mit 1.820 Stunden, wobei 9 EU-Länder die längste Jahresarbeitszeit mit 2.080 Stunden aufweisen. Europaweit liegt der Durchschnitt bei 2.010.1 Stunden. In 20 EU-Ländern wird pro Jahr mehr gearbeitet als in Deutschland

Übung:

Machen Sie einen Vergleich im Internet:

1. Wie ist das Verhältnis zwischen der Jahresarbeitszeit in Deutschland und den USA?
2. Welche EU-Länder werden hier genannt und warum?
3. Wie lassen sich die Urlaubstage in der EU mit denen in den USA vergleichen? Machen Sie eine Tabelle.
4. In welchen EU-Land wird am meisten und in welchem am wenigsten gearbeitet?

LESETEXT 6 Ausländer bereichern die deutsche Wirtschaft

Wortschatz

Substantive

Ausbildungsplatz, der	job training
Beitrag, der	contribution
Bereich, der	area
Berufsleben, das	job area
Gewerbe, das	trade, industry
Vielfalt, die	variety
Welle, die	wave
Wirtschaftswunder, das	economic miracle

Verben

bereichern	to enrich
verarbeiten	to process

Adjektive und Adverbien

angewiesen auf	dependent
insgesamt	in total
vertreten	represented
verarbeitend	processing

Ausdrücke

ein Risiko eingehen	to take a risk
einen Beitrag leisten	to contribute
einer Beschäftigung nachgehen	to be gainfully employed
sich selbstständig machen	to be self-employed

Die Wirtschaft in Deutschland ist auf ihre ausländischen Mitbürger angewiesen. Der wirtschaftliche Erfolg der Bundesrepublik ist auch historisch relevant (man denke nur an die Gastarbeiter in den 50er und 60er Jahren). Ausländer im heutigen Deutschland tragen zum Bruttonationaleinkommen bei, denn als Geschäftsinhaber und Verbraucher investieren sie und zahlen Steuern.

Ausländer in Deutschland, egal, ob sie aus der Türkei, Italien oder Vietnam kommen, machen heute 7,3 Millionen der Beschäftigten aus. Man findet sie in allen Bereichen des Berufslebens: in Krankenhäusern, in der Gastronomie, in der Industrie oder in den Branchen der Elektrotechnik und Elektronik. Die kulturelle Vielfalt hat in Deutschland eine multikulturelle Gesellschaft geschaffen.

Die erste Welle von „Gastarbeitern" kam kurz nach dem Zweiten Weltkrieg nach Deutschland. Damals waren sie in der Industrie und Wirtschaft angestellt und mussten Geld verdienen. Das Bruttonationaleinkommen pro Kopf hat sich heute stark verändert, und es gibt jetzt viele Ausländer, die sich in Deutschland selbstständig gemacht haben. Als die Mauer 1989 fiel, zählte man in Deutschland 138.000 Selbstständige. Heute hat sich die Zahl auf 280.000 erhöht. Diese Entwicklung beweist, dass Ausländer sich in Deutschland zu Hause fühlen und auch bereit sind, Risiken einzugehen. Mit diesem Schritt leisten sie auch einen Beitrag zur Wirtschaft und dem Arbeitsmarkt, der immer wieder nach Ausbildungsplätzen für junge Arbeitnehmer sucht.

Deutschlands Bevölkerung beträgt heute ca. 82 Millionen Menschen. Etwas mehr als zehn Prozent der Bevölkerung kommt aus dem Ausland. Sofern sie nicht die doppelte Staatsbürgerschaft haben, hat jede elfte Person einen ausländischen Pass. Die meisten kommen aus der Türkei, den Balkanländern und den Ländern der Europäischen Union. Das Wirtschaftswunder in den 50er Jahren brachte viele Ausländer nach Deutschland und viele blieben auch hier. Jeder fünfte „Ausländer" ist bereits in Deutschland geboren.

Ausländer findet man heute überall in der Wirtschaft und Industrie. Primär allerdings im verarbeitenden Gewerbe, wo etwa 34 Prozent aller Ausländer arbeiten. (1989 waren es noch 54 Prozent). Über 2,5 Millionen ausländische Arbeitnehmer zahlen Steuern und Sozialversicherungsbeiträge. Wie jeder andere Beitragszahler haben sie damit Rechte und Ansprüche auf Arbeitslosen-, Kranken- und Rentenversicherung.

Die über zwei Millionen Arbeitnehmer aus dem Ausland sind heute ein sehr wichtiger Faktor der deutschen Wirtschaft. Die ausländischen Selbstständigen haben sich in Deutschland etabliert und wirtschaftlich beleben sie den Wettbewerb mit innovativen Ideen.

Übungen zum Verständnis

A. Beantworten Sie die folgenden Fragen mit Hilfe der Information im Text

1. Sieht der Bericht die ausländischen Mitbürger in der deutschen Arbeitswelt in positivem oder negativem Licht?

2. Welche ausländischen Mitbürger werden hier genannt?

3. Wie nannte man die ersten ausländischen Arbeiter in Deutschland?

4. Wo steht im Text, dass es immer mehr ausländische Mitbürger gibt, die ein eigenes Unternehmen gegründet haben?

5. Womit begründet der Artikel, dass die ausländischen Mitbürger einen wesentlichen Beitrag zum wirtschaftlichen Wohlstand in Deutschland leisten?

6. In welchen Wirtschaftsbranchen arbeiten die meisten ausländischen Mitbürger?

7. Wodurch erwerben sich sowohl Einheimische als auch ausländische Mitbürger den Anspruch auf alle möglichen Versicherungen?

B. Lesen Sie den ganzen Artikel und treffen Sie für jede der folgenden Aussagen eine Entscheidung.

+ = so steht es im Text   – = das widerspricht dem Text   0 = davon steht nichts im Text

Schreiben Sie neben jede Aussage das entsprechende Symbol

Alle ausländischen Mitbürger sind selbstständig			
Ausländische Mitbürger müssen alle einen deutschen (EU) Pass haben			
8,9 % der ausländischen Mitbürger hat einen ausländischen Pass			
Ausländische Arbeiter zahlen Steuern und Sozialversicherungsbeiträge			
Deutschland hat mehr als zwei Millionen ausländische Arbeiter			
Im Transportbereich gibt es vor allem Polen			
Besonders Türken werden zu selbstständigen Unternehmern			
20% der ausländischen Mitbürger sind in Deutschland geboren			

Aktivitäten

A. Zusammenfassung. Fassen Sie die Hauptinformation dieses Artikels zusammen. Die Zusammenfassung darf nicht länger als ein Drittel des Originals sein.

B. Führen Sie ein Interview mit einem ausländischen Arbeitnehmer / einer ausländischen Arbeitnehmerin in der Bundesrepublik und erfragen Sie folgende Punkte:

Warum in Deutschland

Familie

Probleme mit der Sprache

Problem mit der Kultur

Pläne für die Zukunft

Einbürgerung

Schlussgedanken. Diskutieren Sie die folgenden Gedanken im Plenum.

Die Probleme der Sanierung der Industrie im Osten Deutschlands.

Die Arbeitsbedingungen in Ihrem Land im Vergleich zu denen in Deutschland.

Wussten Sie das schon?

- Das Institut für Kommunikationsforschung (IfK) hat einmal eine Liste von Adjektiven zusammengestellt, die den Betriebscharakter eines Unternehmens beschreiben. Für ein positives Unternehmens-Image: aufgeschlossen, aufwärts, dynamisch, zuverlässig, gerecht, gut, sicher, populär, weltbekannt, seriös, familiär, sozial, stabil, vielseitig, freundlich, fleißig, sauber. Für eine negatives Unternehmens-Image: schmutzig, schwach, einseitig, unangenehm, laut, faul, schlecht, unsozial, rückständig, abwärts, unbekannt.

- Deutschland erforscht und benutzt erneuerbare Energiequellen, um die Abhängigkeit vom Öl zu verringern.

- In allen Arten von Betrieben sind die Arbeitsbereiche viel stärker abgegrenzt als in den USA. Man ist für einen bestimmten Bereich zuständig und hütet sich (guards against) in den Bereich eines anderen überzugreifen. Das mag erklären, warum Team-Arbeit nicht so beliebt ist.

- In Bürohäusern bleiben die Türen geschlossen. Man klopft immer an, bevor man eintritt.

- Die Geschäftsführerin im Top Management ist noch eine Seltenheit, obwohl in den letzten Jahren die Zahl der Unternehmerinnen und Frauen in hohen Positionen gestiegen ist.

- „Gleicher Lohn für gleiche Arbeit" heißt es theoretisch. In der Praxis sieht es anders aus: Frauen zwischen 30 und 44 Jahren verdienen ca. nur 58% von dem, was gleichaltrige Männer verdienen.

- Für den Staat zu arbeiten ist attraktiv. Man ist dann Beamter oder Beamtin. Es gibt dort „typisch weibliche Berufe" wie Lehrerin, Krankenschwester und Sozialhelferin, mehr Teilzeitbeschäftigungen und Lohngerechtigkeit.

10

Wirtschaft[1]

Die Soziale Marktwirtschaft
Der Handel und die freie Marktwirtschaft
Arbeitgeber und Arbeitnehmer
Deutschland als Export- und Wirtschaftsland
Das deutsche Hightech-Dreieck
Die globale Rezession und Deutschland

Hamburger Hafen

Lernziele

In diesem Kapitel lernen Sie, wie die soziale Marktwirtschaft funktioniert, welche Arten von Handelsunternehmen es gibt, wie sich das Verhältnis von Arbeitnehmer und Arbeitgeber von dem in den USA unterscheidet und was für eine Bedeutung der Export für die deutsche Wirtschaft hat. Ein Blick auf die deutsche Exportwirtschaft richtet sich auf die globale Rezession und die positiven Prognosen für Deutschland.

1 http://www.muskingum.edu/~modern/german/busgerm/web_wirtschaft.pdf

Einführende Gedanken

A. In der sozialen Marktwirtschaft *(market economy)*

- sorgen Kartellgesetze für den freien Wettbewerb in der Marktwirtschaft.

- müssen die Besitzer von handwerklichen Betrieben (workshops and small business enterprises) berufliche Fachkenntnis nachweisen. Das ist normalerweise die Meisterprüfung, die sie am Ende einer mehrjährigen Lehre abschließen.

- handeln die Arbeitgeber und Arbeitnehmer ihre eigenen Tarifverträge aus (agreements on pay, working hours etc.). Gewerkschaften und Arbeitgeberverbände arbeiten eng mit ihnen zusammen, so dass für alle Beteiligten günstige Lösungen gefunden werden können. Die Gewerkschaften vertreten immer die Arbeitnehmer eines ganzen Wirtschaftsbereichs, z.B. der Textilindustrie.

- müssen Import und Export ohne Protektionismus möglich sein. Deutschland ist ein Exportland und auf offene Märkte angewiesen. Der deutsche Export macht etwa ein Drittel des Bruttonationaleinkommens (gross national product) aus.

B. Beantworten Sie die folgenden Fragen.

- Wie ist das in Ihrem Land? Regelt der Staat die Wirtschaft?

- Was kann an einer Marktwirtschaft sozial sein?

- Finden Sie Konkurrenz in der Wirtschaft wichtig? Warum? Warum nicht?

- Kann in Ihrem Land jeder, der das Geld dazu hat, ein Geschäft oder eine Werkstatt eröffnen? Finden Sie das richtig?

Unternehmensformen

- **Die Tochtergesellschaft** (subsidiary). In der Regel ist es für ausländische Unternehmen ratsam (advisable), die gewerbliche Betätigung (business) in der Bundesrepublik als Tochtergesellschaft nach deutschem Recht durchzuführen. Das Kapital der Tochtergesellschaft liegt bei der Muttergesellschaft.

- **Die Einzelfirma** (business with sole proprietorship). Der Alleininhaber (sole proprietor) der Firma haftet (is liable for) mit seinem ganzen Vermögen für sein Unternehmen.

- **Die offene Handelsgesellschaft (OHG)** (general commercial partnership). Eine Gesellschaft (company) von zwei oder mehreren Personen. Jede Person haftet mit ihrem ganzen Vermögen für alle Schulden (debts) der Firma.

- **Die Kommanditgesellschaft (KG)** (limited commercial partnership). Ähnlich der OHG, aber hier können ein oder mehrere Partner (Kommanditisten) mit nur einem bestimmten Anteil ihres Vermögens haften; jedoch muss mindestens ein Partner (Komplementär) mit seinem ganzen Vermögen haften.

- **Die Gesellschaft mit beschränkter Haftung (GmbH)** (limited liability company). Eine weit verbreitete Gesellschaftsform für mittelgroße Betriebe. Eine GmbH kann von einer oder mehreren Personen gegründet werden, und die Gesellschafter haften nur bis zur Höhe ihrer Einlagen.
- **Die Aktiengesellschaft (AG)** (joint stock corporation). Eine typische Gesellschaftsform für Großunternehmen. Gründung durch mindestens fünf Personen. Durch den Kauf von Aktien vertraut (entrusts) eine Anzahl anonymer Aktionäre (shareholders) ihr Kapital der Geschäftsführung (management) an. Sie bekommen dafür Dividenden. Der Mindestnennbetrag (minimum book value) einer Aktie liegt bei einem Euro. Das Grundkapital (capital fund, founding capital) muss mindestens 50.000 Euro betragen.

Übung zum Wortschatz

A. Was für ein Unternehmen wird hier gegründet?

1. Ein amerikanischer Hersteller von Skibekleidung möchte seine Waren auch in Süddeutschland verkaufen. Er interessiert sich dafür, in Garmisch-Partenkirchen eine _____ zu gründen.

2. Frau Schenck hat vor, ihre kosmetischen Naturpräparate auf den Markt zu bringen. Sie kennt auch noch drei andere Personen, die gern mit ihr in Geschäftsverbindungen treten würden. Falls das Geschäft aber nicht florieren sollte, wollen die Partner nicht mit ihrem gesamten Vermögen dafür haften. Sie werden wahrscheinlich eine _____ gründen.

3. Herr Schuricke ist Tischlermeister. Seine Werkstatt beschäftigt außer ihm nur einen Helfer. Sein Geschäft ist eine _____.

4. Vier Deutsche und zwei Inder wollen ein Unternehmen gründen, das indische Handwerksartikel und Textilien in die Bundesrepublik importiert und dort absetzt. Marktforschung (market research) hat ergeben, dass die Nachfrage nach solchen Artikeln groß ist, und es haben sich schon mehrere Personen danach erkundigt, wie sie sich an diesem Unternehmen beteiligen können. Die Bedingungen scheinen gut zu sein, eine _____ zu gründen.

5. Frau Kronberg, Herr Krause und Herr Gummersbach wollen ein kleines Industrieunternehmen gründen. Frau Kronberg und Herr Gummersbach wollen nur mit einem Teil ihres Vermögens für das Unternehmen haften, während Herr Krause mit seinem Gesamtvermögen dafür haften wird. Sie gründen eine _____

LESETEXT 1 Der Handel und die freie Marktwirtschaft

Vor dem Lesen

Was meinen Sie?

1. Was bestimmt den Preis einer Ware?

2. Woran ist der Warenhersteller (Produzent) vor allem interessiert?

3. Was interessiert den Verbraucher am meisten?

4. Wie gelangt die Ware vom Hersteller zum Verbraucher?

5. Wie unterscheiden sich die Discountläden von anderen Geschäften?

6. Kaufen Sie gern bei einem Versandgeschäft ein? Was sind die Vor-und Nachteile bei so einem Einkauf? Kaufen Sie manchmal auf Kredit? Warum? Warum nicht?

Wortschatz

Substantive

Absatz, der	sales
Angebot und Nachfrage	supply and demand
Anschaffung, die	acquisition
Ausmaß, das	dimension
Bedarf, der	need
Distributionskette, die	distribution chain
Einzelhandel, der	retail trade
Einzelhändler, der	retailer
Erzeuger, der	producer
Fachgeschäft, das	specialty store
Fertighaus, das	prefabricated home
Filiale, die	chain store
freie Marktwirtschaft, die	market economy
Großhändler, der	wholesaler
Handelsvertreter, der	traveling salesman
Hilfskraft, die	helper, assistant (bagger)
Kapital, das	capital, money
Kleinhändler, der	retailer
Konsument, der	consumer
Kundschaft, die	clientele
Kundenkreis, der	clientele
Lagerraum, der	storage space, facility
Lieferer, der	supplier
Lieferzeit, die	delivery time
Plastiktüte, die	plastic bag
Produzent, der	producer
Riesenmenge, die	huge amount
Selbstbedienungsladen, der	self-service store
Sortiment, das	assortment
Tüte, die	(paper) bag
Verbraucher, der	consumer
Verkaufsfiliale, die	branch
Versandgeschäft, das	mail-order house
Versandhandel, der	mail-order business

Vordisposition, die	market research, investigation of clients' needs
Werbung, die	advertisement
Werkhandel, der	factory-outlet sales
Wettbewerb, der	competition
Zwischenhändler, der	middleman
Zwischenstufe, die	intermediate step

Verben

beziehen	to get, to receive, to purchase
ermitteln	to find out, to investigate
konkurrieren	to compete
pendeln	to swing
verfügen	to have
werben um	to recruit, to canvass

Adjektive und Adverbien

ab Werk	directly from the factory
bar	in cash
reichhaltig	abundant
verlockend	enticing
wettbewerbsfähig	competitive

Ausdrücke

Dorn im Auge sein	to be a thorn in the flesh
einen Kredit einräumen	to give credit
er sieht zu, dass	he sees to it that
Kredit gewähren	to grant credit
Vorauskasse leisten	to pay in advance

Der Handel ist die Verbindung zwischen Erzeuger und Verbraucher. Damit diese Verbindung optimal funktioniert, muss der Erzeuger Folgendes tun:

- den Bedarf der Kundschaft ermitteln (Vordisposition);
- sich dort niederlassen, wo es eine große Kundschaft gibt;
- das Gleichgewicht zwischen Angebot und Nachfrage halten;
- den Kunden Kredit gewähren;
- den Absatz durch Werbung verbessern.

In der Bundesrepublik herrscht die freie Marktwirtschaft. Hierbei stehen alle Marktunternehmen in starkem Wettbewerb. Angebot, Nachfrage und Preis stehen in enger Beziehung zueinander und bestimmen den Marktmechanismus. Die drei Faktoren sind voneinander abhängig:

- Bei großem Angebot und geringer Nachfrage sinkt der Preis.
- Bei kleinem Angebot und großer Nachfrage steigt der Preis.

In der freien Marktwirtschaft ist also der Preis nie eine feste, sondern eine veränderliche Größe, die zwischen Angebot und Nachfrage pendelt. Die einzelnen Marktpartner haben unterschiedliche Ziele:

- Der Produzent will möglichst teuer verkaufen.
- Der Konsument will möglichst billig einkaufen.
- Der Arbeitgeber will möglichst niedrige Löhne zahlen.
- Der Arbeitnehmer will möglichst viel verdienen.

Der Handel bringt die Güter vom Erzeuger über mehrere Zwischenstufen zum Verbraucher. Man spricht dabei von Distribution. Der Händler untersucht den Bedarf der Kundschaft und lässt sich dort nieder, wo er seine Ware am besten absetzen kann. Er sieht zu, dass seine Kunden die Waren bekommen können, nach denen sie verlangen (Angebot und Nachfrage).

Der Großhändler bezieht seine Ware direkt vom Erzeuger und verkauft sie an den Kleinhändler weiter. Der Großhändler muss ein großes und reichhaltiges Lager haben, um wettbewerbsfähig zu sein und über ein ziemlich großes Kapital verfügen, weil er seinen Kunden, den Einzelhändlern, gewöhnlich einen Kredit von ein bis zwei Monaten einräumen muss. Wenn der Großhändler bei seinem Lieferer, dem Hersteller, einkauft, muss er meistens sofort bezahlen oder sogar Vorauskasse leisten. Handelsvertreter oder Handelsreisende besuchen einen Kundenkreis von Kleinhändlern, denen sie die Waren ihres Großhändlers anbieten.

Eine moderne Form des Großhandels sind die Discountgeschäfte oder Discountläden, die den amerikanischen „buyers' clubs" oder „discount houses" gleichen. Besonders beliebt sind diese Geschäfte bei Einzelhändlern mit kleinen Lagerräumen, die manchmal sofort eine Ware für ihr Geschäft brauchen und nicht auf eine Lieferzeit vom Großhändler warten können. Sie finden im Discountladen ein großes Sortiment zu relativ niedrigen Preisen. Da sie aber nicht auf Kredit kaufen können, sondern bar bezahlen müssen, kaufen sie hier keine Riesenmengen ein. Im Allgemeinen sehen Großhändler diese Discountläden nicht als Gefahr für ihre eigene Existenz an, aber es ist ihnen ein Dorn im Auge, dass auch Privatpersonen dort einkaufen können.

Der Kleinhändler wirbt nicht um seine Kundschaft durch Handelsvertreter, sondern er versucht, seine Waren recht verlockend in schönen Schaufenstern auszustellen. Damit konkurriert er mit den anderen Geschäften. Beim Kleinhändler bezahlt man gewöhnlich bar; nur größere Anschaffungen werden mit der Kreditkarte bezahlt.

In kleinen Gemeinden findet man heute noch das Gemischtwarengeschäft, das ziemlich alles zum Verkauf anbietet. In größeren Orten gibt es die Fachgeschäfte, die sich auf bestimmte Waren spezialisieren, wie Schuhe, Kinderkleidung oder Haushaltswaren.

Natürlich hat man hier größere Auswahl. Größere Orte haben auch häufig ausländische Läden und Restaurants.

Ein Kaufhaus oder Warenhaus wie „Kaufhof" ist ein Gemischtwarenladen im Superformat. Hier gibt es ungefähr alles, was man zum täglichen Leben benötigt und noch mehr. Die Auswahl ist groß, und die Preise liegen oft niedriger als im Fachgeschäft.

Eine andere Form des Kleingeschäfts sind die Filialen, die Zweigstellen einer Firma. Jede Filiale wird von ihrer Firma mit den gleichen Waren versorgt.

Selbstbedienungsläden werden immer beliebter, weil die Kunden sich gern Zeit nehmen, um Waren und Preise zu vergleichen. Die größten dieser Art sind die Supermärkte, die den amerikanischen „supermarkets" gleichen. Aber in Deutschland ist es nicht die Regel, sondern die Ausnahme, dass eine Hilfskraft die gekauften Waren in Papier- oder Plastiktüten packt.

Gewöhnlich macht der Kunde das selbst. Da man in vielen Geschäften für Plastiktüten bezahlen muss, bringen die Käufer oft ihre eigenen Einkaufstaschen mit. Ein wichtiger Grund ist dafür auch, dass man umweltfreundlich handeln möchte.

Schließlich gibt es noch das Versandgeschäft, das riesige Ausmaße annehmen kann. Sie verschicken an ihre Kunden dicke Farbkataloge, leiten Reisebüros und sogar Versicherungen. Dort kann man fast alles kaufen, vom Bleistift bis zum Fertighaus. Es sind wahre Megaläden!

Übung zum Verständnis. Beantworten Sie die folgenden Fragen mit Hilfe der Informationen im Text:

1. Was bedeutet „Distribution"?
2. Produzent und Konsument wollen nicht denselben Preis einer Ware. Warum nicht?
3. Was passiert mit dem Preis, wenn das Angebot groß ist und die Nachfrage klein?
4. Warum sind viele Verbraucher daran interessiert, direkt ab Werk zu kaufen?
5. Warum muss ein Großhändler über ein ziemlich großes Kapital verfügen? Geben Sie zwei Gründe an.
6. Wie unterscheidet sich ein Fachgeschäft von einem Kaufhaus?
7. Warum bringen deutsche Käufer oft ihre eigenen Einkaufstaschen mit?
8. Welche Geschäfte sind für ihr reichhaltiges Angebot und ihre dicken Farbkataloge bekannt?

Übungen zum Wortschatz.

A. Ergänzen Sie die folgenden Sätze mit Hilfe der angegebenen Wörter.

der Absatz	Kredit einräumen	der Produzent
auf Kredit	Kredit gewähren	der Versandhandel
die Distributionskette	die Kundschaft	Vorauskasse leisten
der Einzelhändler	der Lieferer	die Vordisposition
der Erzeuger	die Nachfrage	wettbewerbsfähig
der Handelsvertreter	(sich) niederlassen	ab Werk

1. Die Leute, die die Ware kaufen, sind _____.
2. Wer Waren produziert, ist _____.

3. Wenn man direkt vom Werk kauft, dann spricht man von _____.

4. Wenn ein Kunde nicht bar bezahlen will, dann kann das Geschäft ihm _____.

5. Wenn die Waren direkt ab Werk ins Haus geschickt werden, dann kommen sie durch den _____.

6. Zuerst untersucht der Händler, ob und wo es Kundschaft gibt und was die Kundschaft kaufen möchte. Diese Arbeit nennt man _____.

7. Wenn ein Händler herausgefunden hat, wo es eine gute Kundschaft für ihn gibt, dann wird er sich dort _____.

8. Durch sehr gute Werbung wird _____ gewöhnlich größer.

9. Wenn das Angebot groß ist und _____ gering, dann sinkt der Preis meistens.

10. Die Waren laufen meistens vom Produzenten über mehrere Zwischenhändler, bis sie den Verbraucher erreichen. Man nennt das _____.

11. _____ besucht Kunden und bietet die Ware des Großhändlers an.

12. Wenn man nicht bar bezahlen kann oder will, dann kauft man _____.

13. Der Großhändler hat meistens genügend Kapital, sodass er den Kleinhändlern _____ kann.

14. Der Großhändler kauft seine Ware vom _____.

15. Wenn der Großhändler Waren bestellt, muss er oft _____, bevor er die Lieferung bekommt.

16. Großhändler wollen reichhaltige Lager haben, um zu jeder Zeit _____ sein zu können.

17. Der Hersteller ist meistens auch der _____ des Großhändlers.

18. _____ haben kleine Lagerräume und müssen oft bei „Cash-and-Carry"- Betrieben einkaufen, weil sie nicht auf eine lange Lieferzeit warten können.

B. Was passt zusammen? Erklären Sie die Wörter in der linken Spalte mit Ausdrücken aus der rechten Spalte. Schreiben Sie ganze Sätze.

1. das Versandgeschäft	a. die Dimension
2. werben um	b. man sucht sich die Waren selbst aus
3. die Hilfskraft	c. das Spezialgeschäft

4. der Farbkatalog   d. Reklame machen

5. konkurrieren   e. bunte Broschüre, die Waren anbietet

6. das Kaufhaus   f. Helfer oder Helferin

7. das Ausmaß   g. im Wettbewerb stehen

8. der Selbstbedienungsladen   h. Waren mit der Post schicken

9. die Plastiktüte   i. ein Geschäft, das fast alles hat

10. das Fachgeschäft   j. billige Einkaufstasche

Aktivitäten

A. Mündliches. Beschreiben Sie,

- wie die Ware vom Hersteller zur Kundschaft gelangt.
- woran Sie sich orientieren würden, wenn Sie Ihre Produkte auf den Markt bringen wollten.
- welche Rolle die Werbung in der Vermarktung eines Produkts spielt.

B. Partnergespräch. Sie und ein Kollege / eine Kollegin arbeiten seit langem bei einer Firma. Die Arbeit ist inzwischen routinemäßig geworden, und Sie hätten Lust, sich selbstständig zu machen. Die Idee, ein amerikanisches Restaurant in Deutschland aufzumachen, wird immer attraktiver. Natürlich haben Sie etwas Geld gespart. Überlegen Sie sich Folgendes:

- Unternehmensform
- Kredit
- Vordisposition
- Geographische Lage
- Bedarf
- Werbung

Benutzen Sie den nachstehenden Text „Frau Kaufmann macht sich selbstständig", wenn Sie Ideen brauchen.

Wortschatz

Substantive

Anmeldung, die	registration
Auflagen, Pl.	hier: conditions
Gaststättengewerbe, das	gastronomy
Gewerbeamt, das	trade inspectorate
Gewerberaum, der	commercial space
Makler, der	real estate agent
Vertrag, der	contract

Verben

beauftragen	to commission
erfüllen	fulfill

Adjektive und Adverbien

allmählich	gradually
behördlich	official
geeignet	suitable
zusätzlich	additonally

Ausdrücke

sich gefasst machen auf	to be prepared for
Schuppen von den Augen	the scales fall from one's eyes
über die Runden kommen	to make ends meet

Frau Kaufmann macht sich selbstständig.

Ilse Kaufmann, 25 Jahre alt, hat 20.000 € geerbt. Ihre Arbeit in der Telefonzentrale einer Firma gefällt ihr schon lange nicht mehr. Mit dem Geld will sie sich ihren Traum von einem Bistro in der Fußgängerzone erfüllen. Sie beauftragt einen Makler mit der Suche nach einem geeigneten Gewerberaum. Dabei erfährt sie, dass sie sich auf hohe Mieten gefasst machen muss. Bei der Industrie und Handelskammer (IHK) hört sie, dass im Gaststättengewerbe zusätzlich zur Anmeldung beim Städtischen Gewerbeamt eine behördliche Erlaubnis verlangt wird. Diese hängt von der Prüfung der persönlichen Zuverlässigkeit und von der Eignung des Gaststättenraums als Bistro ab. Außerdem muss sie bei der IHK an einem Kurs über das Lebensmittelrecht teilnehmen. Ilse Kaufmann ist überrascht. Sie hatte gedacht, die Freiheit der Berufswahl und die Gewerbefreiheit würden vom Staat garantiert.

Mit den zahlreichen staatlichen Auflagen, die sie vor der Ausübung ihres Traumberufs erfüllen muss, hat sie nicht gerechnet. Bald fällt es ihr wie Schuppen von den Augen: Das Geld reicht nicht für Miete, Renovierung, Küchengeräte, Geschirr, Besteck, Einrichtung und viele andere Anschaffungen. Ohne Kredit von ihrer Bank kommt sie nicht über die Runden. Außerdem braucht sie Personal. Sie kann nicht gleichzeitig kochen und bedienen.

Allmählich fügt sich eins zum andern. Mit dem Durchblick kehrt das Selbstvertrauen zurück. Und das braucht sie, denn jetzt muss sie sich in Verträge binden. In freier Entscheidung setzt sie ihren Namen unter den Mietvertrag, den Kreditvertrag, den Versicherungsvertrag, die vielen Kaufverträge und so weiter.

Ein Jahr später ist es endlich so weit. Mit einer kleinen Feier für Verwandte und Freunde wird das Bistro eröffnet. Ob nun auch andere Gäste kommen? In der Fußgängerzone gibt es eine Menge Restaurants und Imbissstuben. Die Konkurrenz ist groß. Aber – wer nichts wagt, der nichts gewinnt.

Zeitlupe

C. Diskussion

1. Was passiert, wenn Angebot und Nachfrage sich nicht das Gleichgewicht halten?

2. Sprechen Sie über die Vor- und Nachteile, die man beim Einkauf in einem Discountgeschäft hat.

3. Viele neue Unternehmen machen schon nach einem Jahr Konkurs (go bankrupt). Was mag der Grund dafür sein?

LESETEXT 2 Arbeitgeber und Arbeitnehmer

Vor dem Lesen. Beantworten Sie die folgenden Fragen

1. Was stellen Sie sich unter dem Begriff „Sozialpartner" vor?
2. Wie könnte man das Verhältnis zwischen Arbeitgeber und Arbeitnehmer in Ihrem Land charakterisieren?
3. Welche Rolle spielen die Gewerkschaften in Ihrem Land?
4. Wie stellen Sie sich den Arbeitsmarkt im nächsten Jahrhundert vor?

Wortschatz

Substantive

Auszubildende, Pl.	trainees
Aktionär, der	stockholder
Arbeitgeberverband, der	employers' assocation
Arbeitskampf, der	strike
Aufsichtsrat, der	board of directors
Aussperrung, die	lockout
Bergbau, der	mining
Betriebsrat, der	workers' council
Betriebsversammlung, die	shop meeting, employees meeting
Dachorganisation, die	umbrella organization
Einmischung, die	interference
Forderung, die	demand
Fortdauer, die	continuance, continuation
Gaststätte, die	restaurant
Gewerkschaft, die	trade union
Gewerkschaftskasse, die	trade union's fund
Gratifikation, die	bonus
Investitionsplan, der	investment plan
Jugendausschuss, der	youth council
Kampfhahn, der	fighting cock
Kündigungsfrist, die	period of notice for dismissal
Lohn- und Gehaltstarif, der	pay agreement
Maßnahme, die	action, measure
Mitbestimmungsrecht, das	right of codetermination
Personalrat, der	personnel council/representatives
Rahmen- oder Manteltarif, der	framework of general agreement
Rationalisierungsplan, der	efficiency plan
Schlichtungskommission, die	arbitration commission
Sozialpartner, Pl.	both sides of industry: union & management
Tarifpartner, Pl.	parties to collective agreements
Tarifverhandlung, die	collective negotiation

Tarifvertrag, der	collective agreement
Überstunden, Pl.	overtime
Unternehmensentscheidung, die	decision concerning the company
Verhandlung, die	negotiation
Wirtschaftsausschuss, der	management codetermination board
Wirtschaftszweig, der	branch of industry

Verben

abschließen	to work out
betonen	to stress
einstellen	to employ
erzielen	to obtain
scheitern	to fail
sich einigen	to agree, come to an agreement
vertreten	to represent

Adjektive und Adverbien

äußerst	most extreme
unverändert	unchanged
vorübergehend	temporarily
wettbewerbsfähig	competitive

Ausdrücke:

Forderungen stellen	to make demands
niedrig halten	to keep low
zum letzten Mittel greifen	turn to the last resort
zum Streik aufrufen	call a strike
zur Hälfte	half and half

Sozialpartner oder Tarifpartner sind Arbeitgeberverbände und Gewerkschaften oder einfach Arbeitgeber und Arbeitnehmer. Arbeitgeber sind diejenigen, die Arbeit verschaffen; das können Privatunternehmen sein, Industriegesellschaften, der Staat, eine Gemeinde, die Post, Bahn oder Kirchen. Arbeitnehmer sind diejenigen, die für ihre geleistete Arbeit einen Lohn oder ein Gehalt bekommen; dazu gehören Arbeiter, Angestellte, Beamte und Auszubildende („Azubis").

In der Bundesrepublik gibt es mehrere hundert Arbeitgeberverbände, die einzelne Wirtschaftszweige vertreten. Alle zusammen haben eine Dachorganisation, die Bundesvereinigung der Deutschen Arbeitgeberverbände (BDA)[2]. Sie vertritt die Arbeitgeber bei ihren Verhandlungen mit den Gewerkschaften. Acht Gewerkschaften, die alle Branchen und Wirtschaftsbereiche vertreten, sind im Deutschen Gewerkschaftsbund (DGB)[3] zusammengeschlossen. Er vertritt die Arbeitnehmer. Daneben gibt es noch einige kleinere Gewerkschaftsbünde wie den

---

2 German Employers' Association
3 DGBGerman Trade Union Federation

Deutschen Beamtenbund (DBB)[4], die Deutsche Angestelltengewerkschaft (DAG)[5] und den Christlichen Gewerkschaftsbund Deutschland (CGD)[6].

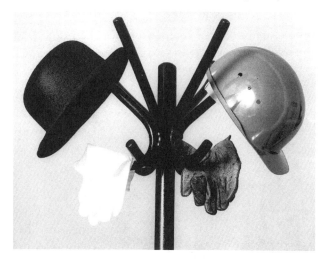

Was passiert, wenn Arbeitnehmer Forderungen stellen, die die Arbeitgeber nicht akzeptieren wollen? Dann kommt es zu Tarifverhandlungen. Beide Seiten werden von ihren Organisationen (den Tarifpartnern) vertreten, und die Verhandlungen der Tarifrunde beginnen. Solche Verhandlungen gelten immer nur für eine bestimmte Gewerkschaft (z.B. für IG-Metall) und den dazugehörigen Arbeitgeberverband, nicht für alle Gewerkschaften im DGB.

Was für Tarifverträge gibt es?

- Lohn- und Gehaltstarif. Er bestimmt die Bezahlung von Arbeitern und Angestellten und gilt gewöhnlich für ein Jahr.
- Rahmen- oder Manteltarif. Er bestimmt Arbeitszeit, Überstunden, Urlaub, Kündigungsfrist, Gratifikationen, u.a. Er gilt meistens für mehrere Jahre.

Die Tarifpartner schließen selbstständig Tarifverträge ab, d.h. ohne Einmischung der Regierung. Die Gewerkschaften wollen dabei meistens große Vorteile für ihre Arbeitnehmer, während die Arbeitgeber die Löhne niedrig halten wollen, um auf dem Markt wettbewerbsfähig zu bleiben und um einen höheren Gewinn zu erzielen. Wenn die beiden Parteien sich nicht einigen können, dann sind die Tarifverhandlungen gescheitert. Und wie geht es nun weiter? Es gibt drei Alternativen:

- Unveränderte Fortdauer des alten Zustandes
- Einsatz einer Schlichtungskommission
- Arbeitskampf

4 DBB German Civil Servants' Federation
5 DAG German Union of Salaried Employees
6 CGD Christian Trade Union Federation of Germany

Wenn die unparteiische Schlichtungskommission auch keine Lösung findet, dann gelten Streik und Aussperrung als die äußersten Maßnahmen. In der Bundesrepublik wird davon nicht viel Gebrauch gemacht.

Wenn drei Viertel der Arbeitnehmer zustimmen, kann die Gewerkschaft zum Streik aufrufen. Die Gewerkschaftsmitglieder bekommen während dieser Zeit Streikgeld aus ihren Gewerkschaftskassen.

Die Arbeitgeber können auch protestieren, ihren Betrieb vorübergehend schließen, die Arbeitnehmer aussperren und ihnen keinen Lohn mehr zu bezahlen. Nach der Aussperrung müssen aber alle wieder eingestellt werden.

Da der Staat sich in solche Arbeitskämpfe nicht einmischt, bezahlt er den Streikenden und Ausgesperrten auch kein Arbeitslosengeld. Man muss aber betonen, dass Arbeitgeberverbände und Gewerkschaften sich im Allgemeinen nicht als Kampfhähne gegenüberstehen, sondern immer versuchen, auf beste Weise die Interessen beider Seiten zu vertreten. Man überlegt lange und gründlich, bevor man zum letzten Mittel

Streik

greift. Streik oder Aussperrung. Die Deutschen mögen weder das eine noch das andere, und im Vergleich mit anderen Industrieländern wird in Deutschland sehr wenig gestreikt.

Ein Blick in die Organisation eines deutschen Betriebes zeigt, dass er sich in vielen Dingen sehr von einem amerikanischen Betrieb unterscheidet. Mitbestimmungsrecht ist Gesetz! Arbeitgeber und Arbeitnehmer müssen sich über soziale, personelle und Arbeitsprobleme einigen, d.h. der Arbeitgeber kann über solche Dinge nicht selbst entscheiden. Jeder Betrieb mit mindestens fünf Arbeitnehmern muss einen Betriebsrat haben. Dieser Betriebsrat wird von den Arbeitnehmern gewählt, vertritt ihre Interessen und hält regelmäßig Betriebsversammlungen ab—während der Arbeitszeit. Jugendliche unter achtzehn Jahren haben ihren eigenen Betriebsrat; er heißt Jugendausschuss. Beamte, Arbeiter und Angestellte des öffentlichen Dienstes haben statt des Betriebsrates den Personalrat.

In Betrieben mit mehr als 100 Beschäftigten wählt der Betriebsrat einen Wirtschaftsausschuss. Der Arbeitgeber muss diesem Ausschuss regelmäßig die wirtschaftliche Lage des Unternehmens erklären und auch mit ihm

Investitions- und Rationalisierungspläne besprechen. Große Gesellschaften mit mehr als 500 Beschäftigten haben einen Aufsichtsrat, der je zur Hälfte aus Vertretern der Arbeitnehmer und Arbeitgeber (oder Aktionäre) besteht. Damit sind die Arbeitnehmer an den Unternehmensentscheidungen beteiligt.

Übung zum Verständnis: Finden Sie im Text die Antworten zu den folgenden Fragen:

1. Wen vertritt die Bundesvereinigung der Deutschen Arbeitgeberverbände?

_____

2. Wen vertritt der Deutsche Gewerkschaftsbund?

_____

3. Welche anderen Gewerkschaftsbünde gibt es sonst noch? Wen vertreten sie?

_____

4. Was kann passieren, wenn die Tarifverhandlungen scheitern?

_____

5. Wie heißen die beiden Arten von Tarifverträgen?

_____

6. Was können Arbeitgeber und Arbeitnehmer als letzte Maßnahme machen, um ihre Forderungen durchzusetzen?

_____

7. Woher bekommen die Arbeitnehmer während eines Streiks ihren Lohn?

_____

8. Verlieren Arbeitnehmer nach einer Aussperrung ihren Arbeitsplatz?

_____

9. Warum können die Streikenden kein Arbeitslosengeld vom Staat bekommen?

_____

10. Wie stehen die Deutschen zum Streik?

_____

Übungen zum Wortschatz:

A. Ordnen Sie die folgenden Begriffe den entsprechenden Definitionen zu:

Arbeitgeberverband	Gewerkschaft
Aussperrung	Schlichtungskommission
Dachorganisation	Streik
Deutsche Angestelltengewerkschaft	Tarifverhandlung
Deutscher Beamtenbund	Tarifvertrag

1. Hierzu gehören diejenigen, die vom Staat angestellt sind.

   _____

2. Arbeitnehmer sind hier vereinigt.

   _____

3. Der Arbeitgeber lässt die Arbeitnehmer nicht arbeiten.

   _____

4. Die Organisation, unter der viele Organisationen zusammengefasst sind.

   _____

5. Hierdurch versucht man, Probleme zwischen Arbeitgebern und Arbeitnehmern zu lösen

   _____

6. Die Tarifpartner sind in der Tarifrunde zu diesem Ergebnis gekommen.

   _____

7. Ein unparteiisches Komitee, das versucht, eine Lösung zu finden, mit der die Tarifpartner zufrieden sind.

   _____

8. Eine Vereinigung, zu der die Angestellten gehören.

   _____

9. Die Arbeitnehmer weigern sich, zur Arbeit zu kommen.

   _____

10. Dieser Verband vertritt die Interessen der Arbeitgeber.

    _____

B. Was gehört zusammen?

1. _____ Jugendausschuss

2. _____ Aufsichtsrat

3. _____ Mitbestimmungsrecht

4. _____ Personalrat

5. _____ Betriebsrat

6. _____ Wirtschaftsausschuss

a. vertritt die Interessen der Arbeitnehmer in Betrieben mit mehr als fünf Beschäftigten

b. gilt nur für solche, die vom Staat angestellt sind

c. ist der Betriebsrat für Arbeitnehmer unter 18 Jahren

d. wird vom Arbeitgeber regelmäßig über die wirschaftliche Lages des Unternehmens (mit mehr als 100 Arbeitnehmern) informiert

e. verlangt, dass Arbeitgeber und Arbeitnehmer sich über alle Arbeitsprobleme einigen

f. gibt es nur in Gesellschaften mit über 500 Beschäftigten

C. Ordnen Sie den Substantiven in der linken Spalte die richtigen Verben aus der rechten Spalte zu. (Es gibt mehrere Möglichkeiten)

1. _____ Forderungen   a. verschaffen

2. _____ Tarifverhandlungen   b. bekommen

3. _____ Interessen   c. vertreten

4. _____ Arbeit   d. stellen

5. _____ Lohn   e. abschließen

6. _____ Tarifverträge   f. sich einigen

7. _____ Lösung   g. finden

8. _____ Gewinn   h. scheitern

9. _____ Betrieb   i. erzielen

10. _____ Parteien   j. schließen

Aktivitäten.

A. Mündliches. Beschreiben Sie die Spielregeln für den Arbeitskampf anhand des folgenden Schaubildes. Vergleichen Sie mit Lesetext 2.

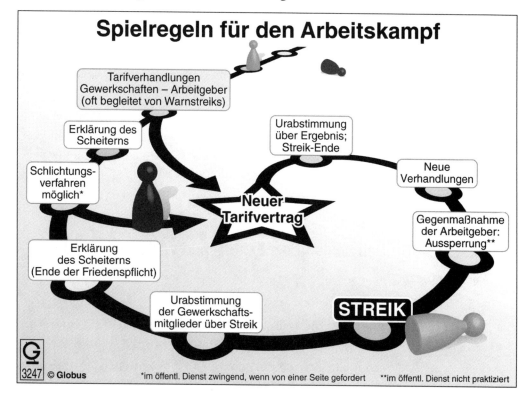

B. Partnergespräche

1. Sie und Ihr Partner / Ihre Partnerin sind Angestellte bei einer größeren Elektrofirma in Deutschland. Um die Produktivität zu steigern, hat sich die Firma entschlossen, die Arbeitswoche auf vierzig Stunden zu erhöhen.

Bereiten Sie zusammen Argumente gegen den Firmenvorschlag vor. Sie wollen die Argumente später dem Betriebsrat unterbreiten.

2. Ihr Partner / Ihre Partnerin ist Manager / einer deutschen Firma. Er / sie ist auf Geschäftsreise in Ihrem Land. Stellen Sie Fragen zu den folgenden Themen und berichten Sie später, was Sie erfahren haben:

- Häufigkeit von Streiks in der Bundesrepublik
- Konsequenzen für die Wirtschaft
- Wann wird gestreikt?
- Wer bezahlt die Löhne während des Streiks?
- Welche Maßnahmen stehen dem Arbeitgeber offen?

C. Diskussion

1. Was für einen Vorteil sehen Sie darin, wenn Arbeitgeberverbände und Gewerkschaften miteinander anstatt gegeneinander arbeiten?

2. Wenn Sie bei einer Firma in der Bundesrepublik arbeiteten, wäre es dann in Ihrem Sinn, Mitglied einer Gewerkschaft zu sein? Warum? Warum nicht?

3. Finden Sie es gut, dass die Tarifpartner ihre Tarifverträge ohne Einmischung der Regierung machen? Warum? Warum nicht?

4. Die Tarifpartner rufen eine Schlichtungskommission zu Hilfe, wenn sie sich nicht einigen können. Was soll diese Kommission tun?

5. In der Bundesrepublik wird verhältnismäßig wenig gestreikt. Was sind wohl die Gründe dafür?

D. Mündliche Berichte

1. Vergleichen Sie das Arbeitnehmer / Arbeitgeber-Verhältnis in Deutschland mit dem in Ihrem Land. Wo bestehen die größten Unterschiede, und wie wirken sich die Unterschiede auf die Volkswirtschaft aus?

2. Was ist Ihre Meinung zu dem deutschen System? Begründen Sie Ihre Antwort und geben Sie Beispiele aus Ihrer eigenen Arbeitserfahrung.

LESETEXT 3 Deutschland als Export- und Wirtschaftsland

Vor dem Lesen

Beantworten Sie die folgenden Fragen.

1. NAFTA: Wie stehen Sie dazu? Sehen Sie Vor- oder Nachteile für Ihr eigenes Land?

2. APEC (Asian Pacific Economic Cooperation): Welche Rolle sollte Ihr Land dabei spielen?

3. Welthandel: Offenere Märkte? Protektionismus? Was ist Ihre Meinung?

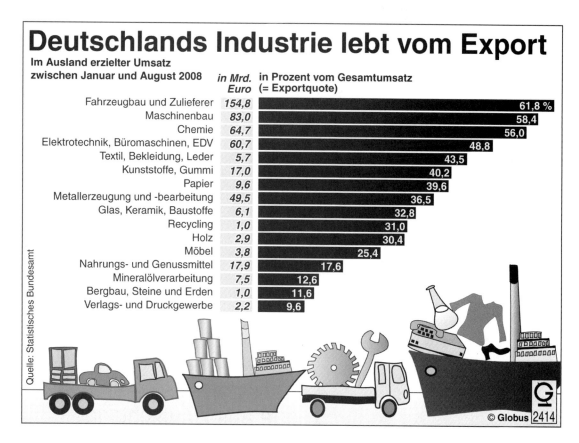

Deutschlands Industrie lebt vom Export

Im Ausland erzielter Umsatz zwischen Januar und August 2008

	in Mrd. Euro	in Prozent vom Gesamtumsatz (= Exportquote)
Fahrzeugbau und Zulieferer	154,8	61,8 %
Maschinenbau	83,0	58,4
Chemie	64,7	56,0
Elektrotechnik, Büromaschinen, EDV	60,7	48,8
Textil, Bekleidung, Leder	5,7	43,5
Kunststoffe, Gummi	17,0	40,2
Papier	9,6	39,6
Metallerzeugung und -bearbeitung	49,5	36,5
Glas, Keramik, Baustoffe	6,1	32,8
Recycling	1,0	31,0
Holz	2,9	30,4
Möbel	3,8	25,4
Nahrungs- und Genussmittel	17,9	17,6
Mineralölverarbeitung	7,5	12,6
Bergbau, Steine und Erden	1,0	11,6
Verlags- und Druckgewerbe	2,2	9,6

Quelle: Statistisches Bundesamt

© Globus 2414

Wortschatz:

Substantive

Ausbildungsplatz, der	training facility
Auslandshandelskammer, die	foreign chamber of commerce
Absatzmarkt, der	market
Berater, der	advisor
Botschaft, die	embassy
Bruttonationaleinkommen, das	gross national product
Darlehen, das	loan
Fachkraft, die	specialist
Einheimische, der	native
Einrichtung, die	organization
Erweiterung, die	expansion
Genussmittel, das	consumable luxury item
Gütesiegel, das	quality seal
Produktionsstätte, die	place of production
Rohstoff, der	raw material
Umsatz, der	revenue
Welthandel, der	world trade
Weltmarktführer, der	world market leader

Verben

absichern	to secure
ausstellen	to exhibit
beteiligen	to share, participate
einsetzen	to deploy
fehlen	to miss
sich richten auf + Akk.	point to
unterstützen	to support
übersteigen	to exceed
verdienen	to earn

Adjektive und Adverbien

ansässig	settled
bedeutend	important
besiedelt	populated
dicht	densely
heimisch	here: domestic
mittlerweile	in the meantime
zollvergünstigt	favorable customs rate

Ausdrücke

| zur Verfügung stehen | to have at one's disposal |

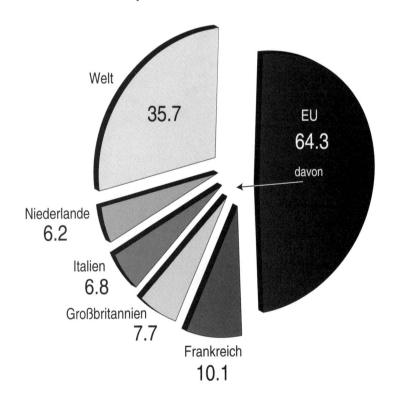

Exporte aus Deutschland

Welt 35.7

EU 64.3 davon

Niederlande 6.2

Italien 6.8

Großbritannien 7.7

Frankreich 10.1

In der Europäischen Union ist Deutschland mit seinen 82 Millionen Einwohnern das größte und wichtigste Wirtschafts- und Industrieland. Nach China, Japan und den USA steht Deutschland als Weltmarktführer an vierter Stelle. Das Gütesiegel, „Made in Germany", ist in der ganzen Welt bekannt.

Der deutsche Exportmarkt macht etwa ein Drittel des Bruttoinlandsproduktes aus. Nur China konnte im Jahre 2009 mehr exportieren als Deutschland, das in der Welt auch als Exportweltmeister gesehen wird. Schon 2003 und 2006 hatte sich Deutschland diesen Titel verdient. Deutschland ist heute mit 9% am Welthandel beteiligt.

In Europa sind Deutschlands bedeutendste Exportländer Frankreich, Holland und Großbritannien. Als wichtigstes Nicht EU-Land kommen die USA an erster Stelle. 10% von 64.3% des EU-Exports fließen in die neuen EU-Mitgliedsstaaten im Osten von Deutschland.

Die wirtschaftliche Explosion in China bedeutet für Deutschland eine Erweiterung des Exporthandels. Nach den USA steht der Ferne Osten mittlerweile an zweiter Stelle im deutschen Exportgeschäft. Die Prognose der kommenden Jahre sieht China an erster Stelle im deutschen Exporthandel. China, als wichtigster Handelspartner, investiert seit 1999 in Europa. Über 2000 deutsche Firmen sind auch in China ansässig und haben dort investiert.

In Deutschland übersteigt der Export gewöhnlich den Import. Der Handel mit den Ländern der Dritten Welt erscheint prozentual gering, aber er ist dennoch von großer Bedeutung. Die Länder haben Rohstoffe, die in Deutschland fehlen und oft auch billige Arbeitskräfte; diese Entwicklungsländer brauchen das Know-How deutscher Firmen beim Aufbau der heimischen Industrie und sie brauchen Deutschland als Absatzmarkt. Deutschland investiert in diesen Ländern und macht es ihnen möglich, ihre eigenen Produkte zollvergünstigt in Deutschland einzuführen. Deutsche Fachkräfte und Berater werden in diesen Ländern eingesetzt und Ausbildungsplätze in Deutschland stehen den Einheimischen zur Verfügung. International liegt Deutschland auf der Liste der Geberländer auf dem dritten Platz, nach Frankreich und den USA.

Die Investitionen im Ausland richten sich auf wirtschaftliche Initiativen in Asien, Lateinamerika, Nah- und Mittelost, im südlichen Afrika und in den Ländern im Osten von Deutschland.

Der Export ist für Deutschland einfach lebensnotwendig. Das Land ist dicht besiedelt und hat nicht genug eigene Rohstoffe. Der Import von lebenswichtigen Rohstoffen, Nahrungsmitteln und Industriegütern muss gesichert werden. Deutschland ist deshalb mit seinen Trümpfen auf dem Weltmarkt vertreten:

- Hoher Technologiestandard
- Ausgezeichnete Berufsausbildung
- Leistungsfähige Produktionsstätten
- Qualitätsware
- Guter Kundenservice

Deutschland exportiert vor allem Straßenfahrzeuge, Maschinen und Maschinenteile, chemische und elektronische Industrie. Importiert werden Nahrungsmittel, Genussmittel, Erdöl und Erdgas.

Deutschlands Exportsystem kann sich auf den Staat und auch auf die Wirtschaft stützen. Wenn man exportieren will, kann man die deutschen Botschaften und Konsulate im Ausland konsultieren, sowie die Auslandshandelskammern (AHK) und die Gesellschaft der Bundesrepublik Deutschland für Außenwirtschaft und Standortmarketing. Auf den wichtigsten Exportmärkten der Welt sind alle drei Einrichtungen präsent. In den anderen Ländern finden die Unternehmen auf jeden Fall die Auslandsvertretungen als Partner und Helfer.

Messeplatz Deutschland:
Schaufenster der Welt
Ausländische Aussteller auf deutschen Messen im Jahr 2009

aus

Italien	10 977
China	7 888
Frankreich	5 033
Großbritannien	4 570
Niederlande	4 453
USA	4 380
Spanien	3 918
Österreich	3 337
Schweiz	3 108
Taiwan	2 540
Indien	2 472
Belgien	2 179
Türkei	2 000

Quelle: AUMA

© Globus 3694

Investitionen deutscher Unternehmen im Ausland werden von der Bundesregierung unterstützt. Politische Risiken in Ländern der Dritten Welt werden abgesichert. Das Risikomanagement ist daher sehr gering, und bei wirtschaftlichen oder finanziellen Problemen hat man immer die deutsche Regierung an seiner Seite.

Die Deutsche Investitions- und Entwicklungsgesellschaft erteilt Beratung und gibt auch Darlehen für Investitionsprojekte.

Die AUMA (Ausstellungs- und Messe-Ausschuss)[7] der deutschen Wirtschaft ist für die Auslandsmesseaktivitäten der deutschen Wirtschaft verantwortlich. Diese Auslandsmessen machen es möglich, Verkaufs- und Präsentationschancen, attraktive Orientierungs-, Informations- und andere Kontakte zu schaffen. Zwei Fünftel der deutschen Industrieunternehmen stellen regelmäßig im Ausland aus. Aufträge, die man auf den Auslandsmessen bekommt und auch Geschäftskontakte, die sich aus der Beteiligung an Messen ergeben, machen 25% der Exportumsätze der Unternehmen aus, die sich an den Messen beteiligen.

Übung zum Verständnis

A. Unterstreichen Sie im Text die Teile mit den folgenden Informationen:

1. Die Bundesrepublik braucht die Länder der Dritten Welt als Handelspartner.

2. Die Bundesrepublik erleichtert den Entwicklungsländern ihren Warentransport nach Deutschland.

3. Etwa ein Drittel aller Erzeugnisse geht in den Export.

4. Die Deutschen sind im Allgemeinen für ihre Arbeit sehr gut ausgebildet.

5. Deutschland exportiert nicht nur in die USA, sondern auch nach China.

6. Die Bundesregierung unterstützt deutsche Firmen bei ihren Investitionen im Ausland.

7. Wenn man exportieren will, kann man sich an Einrichtungen wenden, die von der Bundesregierung unterstützt werden.

8. Die Auslandsmessen erhöhen den Exportumsatz.

B. Sind die folgenden Aussagen richtig oder falsch? Schreiben Sie (R) oder (F) neben jede Aussage und korrigieren Sie die falschen:

1. _____ Die Bundesrepublik exportiert mehr als sie importiert.

2. _____ Der Handel mit den Entwicklungsländern ist für Deutschland relativ unwichtig.

3. _____ Nahrungsmittel und Rohstoffe sind die Trümpfe der Bundesrepublik auf dem Weltmarkt.

4. _____ Deutsche Unternehmen, die im Ausland investieren, müssen höhere Steuern zahlen.

5. _____ Es ist ein sehr hohes Risiko, im Ausland eine Niederlassung aufzubauen.

6. _____ Man kann sich für Auslandsinvestitionen bei der DEG Geld leihen.

7. _____ China ist der bedeutendste Absatzmarkt der Bundesrepublik.

8. _____ Die Exportumsätze der Auslandsmessen betragen 30%.

---

7 Institute of the German Trade Fair Industry

9. _____ Deutschland ist vom Import unabhängig, da es genügend Rohstoffe hat.

10. _____ Die EU-Länder sind Deutschlands wichtigster Handelspartner

C. Warum ist das so? Die Gründe finden Sie im Lesetext.

1. Warum ist die Bundesrepublik am Handel mit den Entwicklungsländern interessiert?

2. Warum ist der Export für die Bundesrepublik lebensnotwendig?

3. Warum müssen Investoren sich keine Sorgen machen, wenn sie im Ausland investieren wollen?

4. Warum sind viele Messen im Ausland vertreten?

Grammatiknotizen

Konjunktiv I

1. Diese Konjunktivform lesen Sie in der Zeitung und hören Sie im Radio und Fernsehen, z.B. in den Nachrichten. Man gebraucht sie, wenn man berichten will, was jemand gesagt hat. Sie wird von dem Infinitiv abgeleitet und hat die Endungen **–e, -est, -e, -en, -et, -en.** Das Verb **sein** hat seine eigene Konjunktion: **sei, seiest, sei, seien, seiet, seien.**

2. Hauptsächlich findet man diese Konjunktivform in der 3. Pers. Sgl. und Pl.

3. Wenn die Form des Konjunktiv I mit dem Indikativ identisch ist, dann gebraucht man grundsätzlich den Konjunktiv II:

Konjunktiv I und Indikativ: Er sagte, sie **haben** die Lieferung schon im April erwartet.

Konjunktiv II: Er sagte, sie **hätten** die Lieferung schon im April erwartet.

Vergleichen Sie:

Direkte Rede: Der Kanzler sagte: „Deutschland muss mehr investieren."

Indirekte Rede (Konj. I): Der Kanzler sagte, Deutschland **müsse** mehr investieren.

Die Hilfsverben **haben** und **sein** werden oft in der indirekten Rede in der Vergangenheit gebraucht:

Er berichtete, Deutschland **habe** die technische Betreuung übernommen.

Im Bericht aus Washington hieß es, die Entscheidungen **seien** noch nicht getroffen worden.

(Zur Wiederholung sehen Sie bitte in Ihrem Grammatikbuch nach unter „Subjunctive in indirect discourse". Der Konjunktiv I heißt auch *special* oder *alternate subjunctive*.)

Übung zur Grammatik. Wie würden Sie die folgenden Sätze auf Englisch wiedergeben?

1. Ich habe gelesen, die BRD exportiere mehr als sie importiere.

   _____

2. In der *Berliner Zeitung* stand, in Europa seien Deutschlands bedeutendste Exportländer Frankreich, Holland und Großbritannien.

   _____

3. In irgendeinem Informationsbericht habe ich gehört, die Deutsche Investitions- und Entwicklungsgesellschaft erteile Beratung und gebe auch Darlehen für Investitionsprojekte.

   _____

4. In einem Exportbericht stand, der Handel mit den Ländern der Dritten Welt solle in der nahen Zukunft zunehmen.

_____

5. Im Geschäftsteil der *Frankfurter Rundschau* stand, über 2000 deutsche Firmen seien in China ansässig und hätten dort investiert.

_____

6. Die Arbeitnehmer haben von ihrer Gewerkschaft gehört, dass die Gewerkschaft zum Streik aufrufen könne, wenn drei Viertel der Arbeitnehmer zustimmten.

_____

7. Der Sprecher sagte, eine Schlichtungskommission sei eingesetzt worden.

_____

8. Frau Kaufmann sagte, mit dem Geld wolle sie sich ihren Traum von einem Bistro in der Fußgängerzone erfüllen.

_____

9. Zur Zeit heißt es, ein Streik sei ganz ausgeschlossen.

_____

10. Die großen Kaufhäuser schreiben in ihren Werbungen, sie hätten ungefähr alles, was man zum täglichen Leben benötige und noch mehr.

_____

LESETEXT 4   Das deutsche Hightech-Dreieck

Wortschatz

Substantive

Durchbruch, der	breakthrough
Eckpunkt, der	corner
Existenznot, die	fear of one's existence
Entwickler, der	developer
Fertigung, die	production
Forscher, der	researcher
Forschung, die	research
Geldverschwendung, die	waste of money
Konkurrent, der	competitor
Nachfrage, die	demand
Schwärmen, das	raving
Strommast, der	utility pole
Überleben, das	survival
Verspätung, die	delay
Zulieferer, der	supplier

Verben

ausfechten	to fight
belächeln	to ridicule
drosseln	to reduce
errichten	to build
gelingen	to succeed
lästern	to gossip
ringen um	to fight for
sich ansiedeln	to establish
sich rüsten	to set up
spannen	to tighten
stricken	to knit
werben	to advertise

Adjektive und Adverbien

ausgerechnet	of all things
derzeit	at this time
entscheidend	decisive
ganz vorne	at the very front
immer enger	tighter and tighter
künftig	future
maßgeblich	for the most part
reibungslos	without flaw
vermeintlich	supposed
vertraut	familiar
zeitgleich	at the same time

Ausdrücke

es ernst meinen	to mean business
sich bezahlt machen	to pay off
vom Band laufen	rolling off the assembly line

Im Süden der USA bauen die deutschen Automobilhersteller Daimler, BMW und Volkswagen am neuen Autoherzen Amerikas.[8]

Mohammed Omar schaut aus dem Fenster und sieht nicht viel. Weit und breit nur vertrocknete Wiesen, eine leere Straße und ein paar einsame Strommasten. Es gibt viel Platz hier im früheren Baumwoll-Staat South Carolina. Dann dreht sich Omar um, schaut auf den Bildschirm seines Computers – und sieht die Zukunft. „Hier entsteht das Silicon Valley der Autoindustrie", schwärmt

---

8 Mit freundlicher Genehmigung: www.magazin-deutschland.de

der gebürtige Jordanier. „Wir planen hier gerade für die nächsten Jahrzehnte." Ein Hightech Zentrum der Automobil-Industrie? Ausgerechnet hier, „in the middle of nowhere"? Doch Omar meint es ernst. Gemeinsam mit seinen Kollegen sucht der Ingenieur an der Clemson-Universität nahe der Kleinstadt Greenville nach neuen Lösungen für eine traditionelle Industrie. Maßgeblich finanziert wird seine Forschung aus Deutschland: von BMW.

Während die traditionsreiche US-Autoindustrie in Detroit ums Überleben kämpfte, rüstete sich der Südosten des Landes für den Durchbruch nach der großen Krise. Von Alabama bis South Carolina, von Georgia bis Tennessee stricken große und kleine Unternehmen aus aller Welt ein neues Netzwerk. Ganz vorn mit dabei: die deutschen Hersteller Daimler, BMW und Volkswagen. Fast zeitgleich haben Daimler und BMW hier vor 15 Jahren ihre ersten Werke in Amerika gebaut: Daimler in Alabama, BMW in South Carolina. Mit ein paar Jahren Verspätung errichtete nun auch Volkswagen eine moderne Fabrik, ein Stück weiter nördlich in Tennessee. Immer enger spannen sie ihr Netz mit Zulieferern, Forschern und Entwicklern - und markieren mit ihren Werken die Eckpunkte des „German Triangle". Vertraute Lieferanten wie ZF, Continental, Pierburg, Hella und Dräxlmaier siedeln sich in diesem Dreieck an, ebenso wie der französische Reifenkonzern Michelin. Und ThyssenKrupp baut gerade ein neues Stahlwerk in Alabama.

Vor wenigen Jahren wurden sie mit ihren Visionen von der etablierten Autoindustrie in Detroit noch belächelt. BMW stünde für „Big Money Wasted",

lästerten Kritiker über die vermeintliche Geldvernichtung. Mittlerweile läuft die Fertigung reibungslos, ein Großteil der Autos wird nach Europa exportiert. 170.000 Fahrzeuge hat BMW 2008 in Spartanburg gebaut, bis 2016 sollen es 450.000 werden. „Die Region wird nach der Krise weiter wachsen", sagt Dave Lucas vom US-Marktforscher Autodata voraus. Der große Durchbruch ist damit gelungen. Die deutschen Hersteller haben sich von der globalen Rezession erholt. Sie alle fahren ihre Produktion wieder hoch. Einige Zulieferer, die auch für General Motors oder Chrysler produzieren, sind nicht mehr in Existenznot – und setzen auf die Hilfe der Autobauer im Süden.

Sind die deutschen Autobauer auf dem Heimatmarkt Konkurrenten, läuft es im Ausland ganz anders. Hier kooperieren die Rivalen Daimler, BMW und VW miteinander. Zulieferer und Forscher werden geteilt, politische und juristische

Konflikte gemeinsam ausgefochten. „Man kennt sich, und man hilft sich", sagt ein Ingenieur, der gerade aus Süddeutschland übergesiedelt ist. Traditionell genießen deutsche Firmen im US-Süden einen guten Ruf. Vor 50 Jahren kamen die ersten Maschinenbauer aus Germany, belieferten die damals noch bedeutende Textilindustrie.

Für Alabama, South Carolina und Tennessee ist der neue Autocluster die große, und derzeit wohl auch die einzige Chance. Die US-Staaten kämpfen um jedes neue Unternehmen. „Die Politik hat damals alles getan, um BMW nach Spartanburg zu holen", erinnert sich Douglas Woodward von der Universität von South Carolina. Seit 15 Jahren dokumentiert der Ökonom den Aufbau der Autoindustrie in der Region. Die staatlichen Investitionen hätten sich bezahlt gemacht, bilanziert Woodward: „Wenn BMW sein Werk schließen müsste, würden hier insgesamt 23.000 Jobs verloren gehen."

Aber BMW will nicht ab-, sondern ausbauen. Neben den Geländewagen X3, X4, X5 und X6 wird hier künftig auch die neue Modellreihe X7 vom Band laufen. Fünf Milliarden Dollar hat der Autobauer in Spartanburg insgesamt investiert, 750 Millionen kommen nun hinzu. Seit 2011 rollen auch die ersten Volkswagen aus Tennessee vom Band. Die Konzerne hatten sich in der Nachfrage ihrer Modelle nicht getäuscht. Bis 2018 will VW in den USA jährlich 800.000 Autos verkaufen, viermal so viele wie bisher.

„Deutsche Ingenieure und amerikanische Arbeiter – die perfekte Kombination." Mit diesem Slogan werben die Konzerne. Dass die Autos in Amerika gebaut werden, ist für den US-Markt von entscheidender Bedeutung. Noch immer haben die Deutschen in den USA zusammen weniger als zehn Prozent Marktanteil. Im Premiumsegment liegt ihr Marktanteil dagegen schon bei 40 Prozent.

Übung zum Verständnis:

1. Wo – meint Mohammed Omar – entsteht ein Silicon Valley der Autoindustrie?

2. Woher bekommt Mohammed sein Forschungsgeld?

3. Welche Automobilhersteller stehen an der Spitze im Südosten der USA?

4. Was hat Volkswagen in Tennessee aufgebaut?

5. Welche US- Staaten bilden das deutsche Hightech-Dreieck?

6. Produziert BMW in South Carolina nur für den US Markt?

7. Wie unterscheidet sich die Kooperation der deutschen Autobauer in Deutschland von der in den USA?

8. Wie würde sich die Schließung des BMW Werkes in South Carolina auf die amerikanische Wirtschaft auswirken?

9. Wo lesen Sie in dem Artikel, dass die Volkswagenproduktion bis 2018 um 400% steigen wird?

Übung zum Wortschatz

1. Mohammeds Forschung wird aus Deutschland _____ (financed).

2. Die Autoindustrie in Detroit ist _____ (rich in tradition).

3. Der Südosten sieht einen _____ (breakthrough) nach der Krise.

4. Die deutschen _____ (producers, manufacturers) Daimler, BMW und VW liegen ganz vorn.

5. _____ (suppliers), _____ (researchers) und _____ (developers) arbeiten am „German Triangle".

6. Vertraute Lieferanten _____ sich auch in diesem Dreieck _____ (settle).

7. In Detroit gibt es eine _____ (established) Autoindustrie.

8. Die _____ (production) läuft reibungslos.

9. Einige Zulieferer sind nicht mehr in _____ (fear of their existence).

10. Die Rivalen müssen ihre Konflikte gemeinsam _____ (fight out).

11. BMW will _____ (expand).

12. Mehrere andere Autotypen werden hier _____ (roll off the assembly line).

13. Die _____ (demand) wird größer werden.

14. Die Deutschen haben weniger als 10% _____ (share of the market).

Aktivitäten

A. Fassen Sie die Hauptinformationen dieses Artikels zusammen. Die Zusammenfassung darf nicht länger als ein Drittel des Originals sein.

B. Finden Sie für jeden Textabschnitt eine passende Überschrift.

C. Führen Sie ein Interview (in Form eines Dialogs) mit einem Vertreter aus der Marketingabteilung von VW, Mercedes oder BMW. Stellen Sie Fragen zu den folgenden Themen:

- Arbeitsmarkt in den Südstaaten von Amerika

- Wo liegen die Produktionskosten? Sind die Arbeitslöhne niedriger als in Deutschland? Kann man in den USA günstiger produzieren?

- Gibt es für BMW, Mercedes und VW steuerliche Vorteile oder günstige Kredite, weil sie etwas für den Arbeitsmarkt tun?

- Was bedeutet die Konkurrenz der deutschen Autobauer in Amerika für den US-Automarkt? Sehen die amerikanischen Autobauer sich jetzt gefährdet? Gibt es Kurseinbrüche bei den Aktien? Werden die Amerikaner mehr ausländische Autos kaufen?

Folgende Aussagen sind hilfreich, wenn Sie über die wirtschaftliche Lage sprechen. Versuchen Sie, diese Sätze im Englischen auszudrücken:

1. Traditionell genießen deutsche Firmen im US-Süden einen guten Ruf.

   _____

2. Die globale Rezession hat auch die deutschen Hersteller schwer getroffen.

   _____

3. Von Alabama bis South Carolina, von Georgia bis Tennessee stricken große und kleine Unternehmen aus aller Welt ein neues Netzwerk.

   _____

4. Während die deutschen Autobauer auf dem Heimatmarkt Konkurrenten sind, läuft es im Ausland ganz anders.

   _____

5. Während die traditionsreiche US-Autoindustrie in Detroit ums Überleben kämpfte, rüstete sich der Südosten des Landes für den Durchbruch nach der großen Krise.

Nehmen Sie Stellung zu den folgenden Aussagen! Schreiben Sie in jedem Fall einen Kommentar!

1. Im Süden der USA soll für die nächsten Jahrhunderte die deutsche Autoindustrie dominieren.
2. Die Zukunft der deutschen Autoindustrie existiert nur auf dem Bildschirm eines Computers.
3. Die deutsche Autoindustrie kämpft um ihr Überleben.
4. Wie in Detroit bauen die deutschen Unternehmen ein Zentrum im Süden.
5. Amerikanische Zulieferer beliefern nur die amerikanische Autoindustrie.
6. ThyssenKrupp baut in Tennessee ein neues Werk, um bei der Produktion von VW mitzuhelfen.
7. Die amerikanische Autoindustrie machte sich über die Investition von BMW, Mercedes und VW lustig.
8. Der Staat South Carolina ist froh, dass BMW sich dort angesiedelt hat.
9. Nur die großen deutschen Autobauer siedeln sich im Süden an.
10. Die Ansiedlung der deutschen Autoindustrie hat sicherlich Folgen für die US-Autoindustrie.

LESETEXT 5 Die globale Rezession und Deutschland

Wortschatz

Substantive

Boni, Pl.	bonuses
Bruttonationaleinkommen, das	gross national product (GNP)
Mittelstand, der	medium sized businesses
Vorführmodell, das	show piece
Weltmarktanteil, der	world market share
Weltrangliste, die	world rank category

Verben

aufheben	to suspend
bedeuten	to mean
drosseln	to slow down
geschehen	to happen
sich erholen	to recover
versorgen	to supply

Adjektive und Adverbien

erneuerbar	renewable

Die Wirtschaft in Deutschland war schon immer sehr stark und die Prognosen für 2010 versprachen ein Wachstum von 3,5% und für 2011 weitere 2%. Die deutsche Bundeskanzlerin kommentierte 2010, dass Deutschland sich von der Rezession schnell erholen würde. Und das ist auch geschehen.

Das Jahr 2010 brachte in Deutschland so etwas wie „ein wirtschaftliches Wunder". Der deutsche Export boomte, und man hatte den Eindruck, als sei die globale Rezession nie passiert. Deutschland hat schon immer einen starken Export gehabt und wird auch immer wieder Exportweltmeister genannt. Deutschland exportiert ein Drittel seiner gesamten Inlandsproduktion. Davon gehen 64% in die EU-Länder, und der Rest in den Welthandel, wo Deutschland seinen größten Profit macht. Die Exportwirtschaft war ein wichtiges Plus in der Rezession.

Das Volkswagenwerk in Shanghai produzierte 2010 mehr als eine Million Autos und wurde so die größte Autofabrik der Welt. In Nanjing hat die deutsche Chemie-Firma BASF ihre größte Hightech-Fabrik in Asien aufgebaut, zusammen mit dem chinesischen Ölkonzern *Sinopec*.

Die deutsche Wirtschaft im Vergleich zu der amerikanischen schien plötzlich sehr stark zu sein, denn in Amerika gab es eine Arbeitslosenquote von 9,6 Prozent, während sie in Deutschland bei 7,7% lag. Die US-Wirtschaft konnte sich nur ganz langsam von der Rezession erholen. Viele Amerikaner dachten damals darüber nach, warum die deutsche Wirtschaft in der Rezession viel besser war als die amerikanische Wirtschaft. In Amerika muss die Wirtschaft einen Markt von über 300 Millionen Menschen versorgen und die USA exportieren nur 13% ihres Bruttoinlandsproduktes. In Deutschland muss die Wirtschaft 82 Mio. Menschen versorgen und der Export beträgt ein Drittel des Bruttoinlandsproduktes. Im Ausland verdient Deutschland 40% seines Bruttoinlandproduktes.

Das wirtschaftliche Wachstum in Deutschland bedeutete auch ein Sinken bei den Arbeitslosenzahlen. In den letzten 20 Jahren hatte es in Deutschland noch nie weniger als 3 Millionen Arbeitslose gegeben. Die wirtschaftliche Produktion wurde gedrosselt. International wurden finanzielle Reformen implementiert. In Deutschland regulierte man den Arbeitsmarkt, Banken und Versicherungen wurden schärfer kontrolliert und die Boni für Manager sollten limitiert oder aufgehoben werden.

Das Herz der deutschen Wirtschaft, der Mittelstand, sorgt immer noch für Beschäftigung. Im Gegensatz zu der EU, wo der Durchschnitt für Forschung und Entwicklung bei 1,9% liegt, liegt die Investition der deutschen Wirtschaft bei 2,6% ihres Bruttoinlandsproduktes. Etwa 11% aller Patente weltweit wurden allein im Jahr 2009 von deutschen Erfindern angemeldet. Auf der Weltrangliste steht Deutschland damit auf Platz drei der Patentanmeldungen. Mit seinem Wirtschaftssektor Technologie ist Deutschland in der ganzen Welt bekannt, besonders in der Windenergie und erneuerbaren Energie. Der Weltmarktanteil liegt hier bei 28%.

In Deutschland gibt es pro Jahr mehr als 150 internationale Messen. Zwei Drittel der wichtigsten internationalen Messen finden in Deutschland statt. Die alljährliche Messe in Hannover gilt als Vorführmodell der deutschen Wirtschaft. In Berlin findet alle zwei Jahre die Internationale Luft- und Raumfahrtausstellung Berlin statt. Alle zwei Jahre kann man die Internationale Automobil-Ausstellung (IAA) in Frankfurt am Main besuchen. Die Cebit in Hannover (Informationstechnologie) und die Internationale Funkausstellung (IFA) in Berlin (Unterhaltungs- und Kommunikationselektronik) zählen zu den wichtigsten Messen in Deutschland. Auch die Internationale Tourismus-Börse (ITB) trifft sich jedes Jahr in Berlin. Die Frankfurter Buchmesse ist weltweit bekannt und findet jedes Jahr im Oktober statt.

Übung zum Verständnis

A. Beantworten Sie ganz kurz die folgenden Fragen

1. Wie sieht das wirtschaftliche Wachstum für Deutschland in der Zukunft aus, wenn man den Prognosen glauben darf?

   _____

2. Welcher Wirtschaftszweig half Deutschland, die Rezession gut zu überleben?

   _____

3. Wo werden die meisten Volkswagen produziert? _____

4. In welchem Land kooperiert die deutsche Chemie-Firma BASF mit dem Ölkonzern *Sinopec*? _____

5. Vergleichen Sie die Arbeitslosigkeit in den USA mit der in Deutschland während der Rezession. _____

6. Verdient Deutschland durch seine Exporte mehr innerhalb oder außerhalb der EU-Länder? _____

7. Was erfahren Sie über die Patentanmeldungen der deutschen Erfinder?

   _____

8. Wie groß ist Deutschlands Weltmarktanteil in der Technologie?

   _____

9. Wie viele der wichtigsten internationalen Messen finden in Deutschland statt (in Prozenten)? _____

10. Welche Messestädte werden hier erwähnt? _____

B. Wie steht das im Text?

1. Man sieht ein wirtschaftliches Wachstum voraus.

   _____

2. Die Bundeskanzlerin meinte, es würde der deutschen Wirtschaft bald besser gehen. _____ Die Einnahmen durch den Export stiegen. _____

3. Man hat schon immer gesagt, Deutschland stünde weltweit ganz vorn im Exporthandel. _____

4. Der deutschen Wirtschaft schien es besser zu gehen als der amerikanischen. _____ Durch das Wachstum der deutschen Wirtschaft gäbe es weniger Menschen ohne Arbeit. _____

5. Manager sollten keine extra Zulagen oder Gratifikationen mehr bekommen. _____
   Im Durchschnitt gibt die deutsche Wirtschaft mehr Geld für Forschung und Entwicklung aus als die anderen EU-Länder _____

6. Deutschland ist als Standort für internationale Messen hochbeliebt.

   _____

7. Jeden Herbst kann man zu einer weltberühmten Buchmesse gehen.

   _____

Schlussgedanken

- Welche Rolle spielt der Staat in einer sozialen Marktwirtschaft?
- Welche Vor- oder Nachteile sehen Sie in einem Mitbestimmungsrecht?
- Die Welt als Freihandelszone – was meinen Sie?

Wussten Sie das schon?

- Das deutsche Arbeitsgesetz erschwert es, jemanden zu entlassen. Inkompetente Mitarbeiter werden oft dorthin plaziert, wo sie keinen Schaden anrichten können.
- Das Planen dauert in der Bundesrepublik länger als in den USA, und sofortige Profite werden nicht erwartet. Deutsche Firmen planen oft auf

zehn oder zwanzig Jahre voraus. Sie arbeiten nicht alle Vierteljahre einen Finanzbericht aus, da ein Vierteljahr zu kurz ist, um von Bedeutung zu sein.

- Während für das Planen eine längere Zeit angesetzt wird, dauert die Durchführung nicht lange. Ein einmal gefasster Plan wird nur schwer umgestoßen.
- Deutsche sind Perfektionisten und erwarten dasselbe von anderen. Wenn man ausgezeichnete Arbeit geleistet hat, erwartet man kein Lob, denn man hat nur getan, was von einem erwartet wurde.
- Der Unterschied im Gehalt zwischen dem Top Management und dem am wenigsten Verdienenden in der Wirtschaft ist viel geringer als in den USA. In der Bundesrepublik ist das Verhältnis 1:25 und in den USA 1:80 (in Japan ist es 1:70).
- Deutsche Arbeiter haben viel mehr staatlich garantierte Rechte als ihre US-amerikanischen Kollegen.
- Ein hohes Einkommen ist bei den deutschen Arbeitnehmern nicht das Wichtigste. An erster Stelle steht ein sicherer Arbeitsplatz, als zweites wollen sie eigenverantwortliches Handeln, dann folgen Aufstiegsmöglichkeiten, gutes Einkommen, flexible Arbeitszeit und Mitbestimmungsrecht.
- Im öffentlichen Dienst gab es noch nie eine Aussperrung.
- Ein deutscher Industriearbeiter arbeitet 1960 Stunden pro Jahr. In zwanzig EU-Staaten wird mehr gearbeitet und in Japan arbeitet ein Industriearbeiter sogar 53 Tage im Jahr mehr als sein deutscher Kollege.
- Formelles Benehmen und Höflichkeit wird bei Personen in leitenden Positionen vorausgesetzt. Die formelle Anrede „Sie" gilt für alle Personen: für Übergeordnete und Untergeordnete, für den Chef, den Portier und den Laufjungen. Die Anrede mit dem Vornamen passt nicht in die Geschäftswelt.
- Kundschaft werben ist ein langer Prozess. Oft bleiben Kunden einem Geschäft oder einer Firma ihr Leben lang treu.
- Jeder vierte Arbeitsplatz ist vom Export abhängig.

Geldwirtschaft[1]

Geldinstitute
Geldverkehr und Service
Gespräch zwischen einem Kunden und einem Bankangestellten
Kreditkarten

Geschäftsviertel mit den
wichtigsten Banken in Frankfurt

Lernziele

In diesem Kapitel werden die verschiedenen Arten von Banken vorgestellt,
ihre Aufgaben und ihr Service besprochen: der bargeldlose Zahlungsverkehr,
das Electronic Banking, Spar- und Girokonten, Kredite, Zinsen, Daueraufträge,
Dispositionskredite und vieles andere. Die Kenntnis darüber ist im Rahmen einer
Geschäftsverbindung mit einem deutschen Kreditinstitut von Vorteil.

---

1 http://muskingum.edu/~modern/german/busgerm/web_banken.pdf

Einführende Gedanken

A. Was assoziieren Sie mit dem Begriff „Geld"?

_____   _____

_____   _____

_____   _____

_____   _____

_____   _____

B. Beantworten Sie die folgenden Fragen.

- Wie oft und warum gehen Sie zu Ihrer Bank?
- Welche Dienstleistungen können Sie von Ihrer Bank erwarten?
- Können Sie erst ab einem bestimmten Alter ein Konto eröffnen?
- Gibt Ihre Bank Werbegeschenke an Kunden aus?
- Gibt es in Ihrer Stadt ausländische Banken?
- Haben alle Banken in Ihrer Stadt dieselben Zinssätze für ein Sparkonto?
- Wie oft bekommen Sie Ihren Kontoauszug?

C. Geben Sie Ihre Meinung.

- Banken und Sparkassen sind aus dem modernen Geschäftsleben und Privatleben nicht wegzudenken. – Was meinen Sie dazu?
- Viele Kreditinstitute verkaufen ihren Kunden auch Aktien. Was halten Sie davon?
- Immer mehr ausländische Banken lassen sich in Deutschland nieder. Sie befassen sich hauptsächlich mit Import- und Exportgeschäften und mit Bankgeschäften ausländischer Firmen. Als allgemeine Kreditinstitute dürfen sie in jeder Weise mit den deutschen konkurrieren. Was halten Sie davon?

LESETEXT 1   Geldinstitute

Vor dem Lesen

- Welche Arten von Geldinstituten kennen Sie in Ihrem Land?
- Bei welchem Geldinstitut haben Sie ein Konto?
- Kennen Sie ein Geldinstitut, das überall im Land Filialen hat?
- Gibt es Geldinstitute, die von Geschäftsleuten und Privatleuten besonders bevorzugt werden?

Wortschatz

Substantive

Aktie, die	shares, stocks
Bankgeschäft, das	banking transaction
Banknote, die	bank note, bill

Darlehen, das	loan
Dienstleistung, die	service
Girokonto, das	checking account
Girozentrale, die	clearinghouse bank
Pfandbriefbank, die	mortgage bank, loan bank
Landeswährung, die	currency of a particular country
Niederlassung, die	branch
Überweisung, die	transfer of money
Währungsstabilität, die	currency stability
Zahlungsverkehr, der	financial transactions
Zinsen, Pl.	interest
Zinssatz, der	interest rate
Zweigstelle, die	branch

Verben

abheben	to withdraw
anbieten	to offer
(jemanden) anhalten etwas zu tun	to encourage somebody to do something
anheben	to increase
aufnehmen	to take out (a loan)
ausgeben	to issue
einteilen in + Akk.	to divide into
entsprechen + Dat.	to correspond to
senken	to lower
unterstehen + Dat.	to be under the control of
versorgen	to supply
verwalten	to manage
wachen über + Akk.	to watch over

Adjektive und Adverbien

genossenschaftlich	cooperative
öffentlich-rechtlich	public
reibungslos	smooth
unentbehrlich	indispensable

Banken sind für Wirtschaft und Privatleben unentbehrlich. In Deutschland sind öffentlich-rechtliche, genossenschaftliche und private Geldinstitute tätig. In vielen Fällen bieten die deutschen Geldinstitute ihren Kunden mehr Dienstleistungen an als die amerikanischen. Alle deutschen Banken und alle Zweigstellen der ausländischen Banken in Deutschland unterstehen den allgemeinen deutschen Bankgesetzen.

An der Spitze steht die Deutsche Bundesbank in Frankfurt. Sie entspricht der Nationalbank der meisten Länder. Nur sie darf Banknoten ausgeben. Sie wacht über die Währungsstabilität und darf Zinssätze senken oder anheben. Die Bundesbank hat in neun Bundesländern Hauptverwaltungen und insgesamt 47 Filialen im gesamten Bundesgebiet, die die Geldinstitute mit Bargeld versorgen und für einen reibungslosen Ablauf des Zahlungsverkehrs sorgen.

Die meisten deutschen Kreditinstitute sind Universalbanken, eine Art Supermarkt für Bankgeschäfte. Zu ihnen zählen alle Sparkassen, Kreditbanken und private Geschäftsbanken. Spezialbanken haben besondere Aufgaben oder einen speziellen Kundenkreis; zu ihnen zählen private Pfandbriefbanken, die Postbank und private Bausparkassen.

Die zwei Großbanken - Deutsche Bank und Commerzbank (früher drei Großbanken: die Dresdner Bank wurde von der Commerzbank übernommen) - haben Zweigstellen im ganzen Bundesgebiet. Die einzelnen Bundesländer haben auch ihre Regionalbanken. Diese Banken arbeiten nur in einem bestimmten Gebiet (Geschäftsgebiet) und nicht im ganzen Bundesland. Einzelne Orte haben ihre Lokalbanken, die nur für diesen bestimmten Ort zuständig sind. Sparkassen findet man überall. Alle Sparkassen einer Region werden von der Girozentrale dieser Region verwaltet.

Das Sparschwein

Schon von klein auf werden die Kinder zum Sparen angehalten. Am Weltspartag, der jedes Jahr am 30. Oktober stattfindet, geben die Geldinstitute ihren kleinen Kunden (Kindern) als Belohnung Werbegeschenke, wenn die Kinder ihr volles „Sparschwein" auf die Bank bringen, um es auf ihr Sparkonto einzuzahlen. So wollen die Kreditinstitute schon früh die Kunden an sich „binden".

Die Dienstleistungen der Banken und Sparkassen lassen sich in drei Bereiche einteilen:

- Zahlungsverkehr und Service (Girokonto).
- Sparen und Geldanlage (wie investiert man sein Geld am besten usw.).
- Kredite (man leiht sich Geld und muss neben der Rückzahlung dafür Zinsen bezahlen).

Die Postbank AG richtet sich auf das Spar-und Einzelhandelsgeschäft. Sie ist auch die Hausbank der Deutschen Post. Wenn man bei der Postbank ein Konto hat, kann man an jeder Post seine Bankgeschäfte abwickeln. Besonders praktisch ist ein Postbanksparbuch, wenn man in Deutschland auf Reisen ist.

Übungen zum Verständnis

A Wovon ist hier die Rede?

1. Diese Bank wacht darüber, dass die Währung stabil bleibt.

2. Diese Bank erledigt praktisch alle Arten von Bankgeschäften.

3. Diese Bank spezialisiert sich auf das Sparen zum Bauen.

4. Diese Bank nimmt man in Anspruch, wenn man ein Darlehen aufnehmen muss.

5. Diese Bank ist in den meisten kleinen Orten zu finden.

B Beantworten Sie die folgenden Fragen:

1. Für welche Banken gelten die deutschen Bankgesetze?

2. Wie heißt die Bank in Deutschland, die der „Federal Reserve Bank" entspricht?

3. Wie nennt man die Bundesbank in den Bundesländern?

4. Was ist der Unterschied zwischen Universalbank und Spezialbank?

Übungen zum Wortschatz

A. Ordnen Sie die Verben den passenden Substantiven und Ausdrücken zu.

anbieten   erledigen   verteuern
ausgeben   unterstehen   zuständig sein
einzahlen

1. Banknoten _____

2. Bankgeschäfte _____

3. für einen speziellen Kundenkreis _____

4. Dienstleistungen _____

5. den deutschen Bankgesetzen _____

6. Geld auf ein Konto _____

7. Zinssätze _____

B. Ergänzen Sie die Sätze mit dem Ausdruck, der am besten passt.

Aktien-Shop   Dienstleistungen   Hauptverwaltung
Bankgeschäfte   einteilen   unentbehrlich
Bankgesetzen   entspricht   verwaltet
Bausparkasse

1. Eine _____ gehört zu den Spezialbanken.

2. Deutsche Banken erledigen viel mehr _____ als amerikanische.

3. Alle Banken bieten ihren Kunden ausgezeichnete _____ an.

4. Die Dienstleistungen der Banken und Sparkassen kann man in drei Bereiche _____.

5. In- und ausländische Banken in Deutschland unterstehen den deutschen _____.

6. _____ sind Branchen der Deutschen Bundesbank.

7. Ein _____ gehört auch zum Aufgabenbereich vieler Geldinstitute.

8. Die Deutsche Bundesbank _____ der Nationalbank anderer Länder.

9. Banken sind auch im Privatleben _____.

10. Die Girozentrale _____ alle Sparkassen einer Region.

Aktivitäten

Mündliches. Suchen Sie im Text die Formulierungen, die den folgenden Formulierungen entsprechen.

„Für viele sind Wertpapiere leider immer noch ein Buch mit sieben Siegeln. Dabei können zum Beispiel Aktien, vor allem langfristig gesehen, eine äußerst interessante Geldanlage sein. Vorausgesetzt, man hat den richtigen Berater. Deshalb ist unser Aktien-Shop schon längst eine gute Adresse. Hier können Sie ganz einfach, ohne jede Hektik, die Welt der Wertpapiere entdecken. Ungestört bei einer Tasse Kaffee und der Lektüre diverser Fachzeitschriften in unserem Aktien-Shop-Café. Selbstverständlich steht Ihnen auch ein Experten-Team für eine umfassende Beratung jederzeit gern zur Verfügung.“

etwas Unverständliches _____

auf lange Zeit hin effektiv _____

strahlt Ruhe aus _____

dort arbeiten Fachleute _____

fast immer _____

informatives Lesematerial _____

LESETEXT 2 Geldverkehr und Service

Vor dem Lesen

A. Nennen Sie alle Dienstleistungen, die Ihre Bank Ihnen anbietet.

_____   _____

_____ **Bank** _____

_____   _____

B. Beschreiben Sie, was Sie auf der Bank machen

   einzahlen → Konto → abheben

   1. Am Ende des Monats haben Sie noch etwas Bargeld
      übrig, das Sie sparen wollen. Sie _____ es
      auf Ihr Konto _____.

   2. Sie sind beim Einkaufen und brauchen mehr
      Bargeld. Sie gehen also zu einem Bankautomaten
      und _____ Geld von Ihrem Konto
      _____.

C. Erklären Sie Ihrer Gruppe die folgenden Sachverhalte.

   1. Wie kann man in Ihrem Land ein Girokonto
      eröffnen?

   2. Wie erhalten Sie Ihren Lohn oder Ihr Gehalt?

   3. Was passiert, wenn Sie Ihr Konto überziehen?

   4. Wie bezahlen Sie Ihre Rechnungen?

   5. Wie sparen Sie?

   6. Warum haben Sie gerade die Bank/Sparkasse
      gewählt, bei der Sie jetzt Kunde/Kundin sind?

Deutsche Bank in Frankfurt

Wortschatz

Substantive

Abzahlung, die	installment payments
Abhebung, die	withdrawal
Abwicklung, die	carrying out
Allzweckdarlehen, das	general-purpose loan
Anlagedauer, die	set time of saving
Auszahlungsanweisung, die	disbursing order
Bausparen, das	saving with the intention of building
Behörde, die	office
Betrag, der	amount
Bonität, die	credit worthiness
Buchungstag, der	transaction date

Dauerauftrag, der	standing order
Deckung, die	coverage
Dispositionskredit, der	overdraft credit
Einräumung, die	concession
Eintrag, der	entry
Einzahlung, die	deposit
Geldberater, der	financial advisor
Gehaltszahlung, die	salary
Höhe, die	limit
Kapitalmarkt, der	money market
Kreditrahmen, der	credit allowance
Kontoauszug, der	account statement
Kontoauszugsdrucker, der	account statement printer
Kontostand, der	account balance
Kündigungsfrist, die	period of notice for withdrawal of funds
Lastschrift, die	debit
Laufzeit, die	period
Plus-Sparen, das	saving of money remaining in the checking account at the end of the month
Prämiensparen, das	saving with a chance of winning cash
Regelfall, der	normal occurrence
Rendite, die	yield, return on capital
Rückzahlungsrate, die	loan interest rate
Überweisung, die	transfer
Überziehungszins, der	overdraft interest
Vereinbarung, die	agreement
Verfügbarkeit, die	availability
Verrechnungsscheck, der	check for deposit only
Vorgehensweise, die	procedure
Widerspruch, der	objection
Zahlungsempfänger, der	recipient of the money
Zahlungspflichtige, der	person who has to pay
Zinsen, Pl.	interest

Verben

abbuchen	to debit
abheben	to withdraw
ausführen	to carry out
ausgleichen	to balance
ausweisen	to contain
beauftragen mit	to charge with
belasten	to charge

bereitstehen	to be available
bestätigen	to confirm
einlösen	to cash in
führen zu	lead to
gutschreiben + Dat.	to credit
mitteilen	to inform
überweisen	to transfer
verfügen über + Akk.	to have at one's disposal
vermerken	to record
zweifeln an + Dat.	to doubt

Adjektive und Adverbien

bargeldlos	without using cash
gedeckt	covered
gekennzeichnet	marked
gelegentlich	occasionally
getrennt nach	divided by
mittels	via
sofern	as long as
überzogen	overdrawn
üblich	customary, common
vereinbart	agreed upon
vorherig	previous
wechselnd	changing

Ausdrücke

der bargeldlose Zahlungsverkehr	cashless money transaction
einen Kredit aufnehmen	to take out a loan
in Anspruch nehmen	to make use of

Aus Gründen der Rationalisierung zahlen fast alle Unternehmen und Behörden ihren Mitarbeitern Löhne und Gehälter bargeldlos. Das geht schnell, sicher und bequem. Diverse Zahlungen können mit Dauerauftrag, Überweisung oder Kreditkarte ausgeführt werden. Die Eröffnung eines **Girokontos** ist die Voraussetzung, um am **bargeldlosen Zahlungsverkehr** teilnehmen zu können. **Der Kontoauszug** teilt dem Girokontoinhaber alle Veränderungen seines Kontostandes und die jeweiligen Kontobewegungen mit. Die Kontoauszüge werden zu vereinbarten Zeiten zugeschickt oder mittels Kontokarte am Kontoauszugsdrucker ausgedruckt. Der **Kontostand** selbst kann auch am Bankautomaten ausgedruckt werden. Der Kontoauszug enthält die Kontonummer, das jeweilige Datum der Buchungen, den vorherigen Kontostand (alter Saldo) und den neuen Kontostand (neuer Saldo). Die Umsätze erscheinen getrennt nach **Soll** (Belastungen) und **Haben** (Gutschriften). Wenn Sie von Ihrem Konto Geld abheben oder von Ihrem Konto Geld auf ein anderes Konto überweisen, dann belasten Sie Ihr Konto. Der Betrag steht dann unter Soll. Wenn Sie auf Ihr Konto Geld einzahlen oder eine Gutschrift erhalten, wird der Betrag ihrem Konto gutgeschrieben und ist dann mit einem H gekennzeichnet. Der neue **Saldo** kann also im Haben stehen, wenn Sie über ein **Kontoguthaben** verfügen oder im Soll, wenn Sie entweder Ihr Konto überzogen oder – wenn vereinbart – einen eingeräumten Kredit in Anspruch genommen haben.

Wenn Sie Bargeld brauchen, gehen Sie zur Bank und füllen eine **Auszahlungsanweisung** aus. Diese Vorgehensweise ist aber heute nur noch selten zu finden. Im Regelfall werden Sie sich mit Ihrer **Bankkarte** Geld vom Bankautomaten holen, das dann automatisch von Ihrem Konto abgebucht wird.

Bei regelmäßigen Zahlungen mit festen Beträgen (Miete, Rundfunkgebühren usw.) können Sie Ihr Geldinstitut damit beauftragen, per **Dauerauftrag** diese Zahlungen an einem bestimmten Termin zu Lasten Ihres Kontos für Sie auszuführen. Die Beträge werden an die Zahlungsempfänger überwiesen, sofern das Konto ausreichende Deckung ausweist. Ihrem Kontoauszug können Sie dann diese **Überweisungen** entnehmen.

Bei regelmäßigen Zahlungen mit wechselnden Beträgen kann Ihr Geldinstitut durch eine **Lastschrift** Ihre Rechnungen begleichen. Der Zahlungsempfänger trägt die Änderung der Beträge ein (wie bei Stromversorgung, Telefongebühren usw.) und erhält den Betrag durch eine Lastschrift vom Konto des Zahlungspflichtigen. Sollte der Zahlungspflichtige an dem Betrag zweifeln, legt er Widerspruch gegen die **Abbuchung** ein; dann wird der Betrag sofort seinem Girokonto wieder gutgeschrieben, bis die Sache geklärt ist.

Größere Firmen können auch einen **Verrechnungsscheck** ausstellen. Die Bank belastet das Konto mit dem Betrag und diese Abbuchung erscheint dann auf Ihrem Kontoauszug.

Es kann vorkommen, dass Sie Ihr Konto gelegentlich überziehen, aber die Beträge durch entsprechende Geldeingänge schnell wieder ausgleichen. Um hohe Überziehungszinsen zu vermeiden, kann die Bank Ihnen einen **Dispositionskredit** einräumen. Innerhalb dieses Kreditrahmens können Sie sich dann finanziell bewegen. Die Einräumung dieses Kredites ist zeitlich meistens unbegrenzt; die Höhe richtet sich nach den Gehaltszahlungen, die Sie erhalten.

Wenn Sie einen größeren Geldbetrag brauchen, z.B. für den Kauf eines neuen Autos, dann beantragen Sie ein **Allzweckdarlehen**. Die entsprechenden Konditionen wie Rückzahlungsrate, Laufzeit etc.) vereinbaren Sie mit dem Geldberater Ihrer Bank.

Je länger Sie Kunde bei einer Bank oder Sparkasse sind, desto einfacher ist es, einen Kredit aufzunehmen, da dem Kreditinstitut dann Ihre Bonität (=persönliche Kreditwürdigkeit) bekannt ist.

Sparen geht am einfachsten mit Sparbuch. Jede **Einzahlung** und Abhebung wird im **Sparbuch** vermerkt, und man bekommt **Zinsen** auf das gesparte Geld. Es gibt viele Sparformen, wie z.B. das Bausparen, Prämiensparen oder Plus-Sparen. Die folgenden Gesichtspunkte helfen bei der Entscheidung, wie man sparen soll.

1. Sicherheit. Für viele Deutsche ist Sicherheit der wichtigste Gesichtspunkt beim Sparen.

2. Verfügbarkeit. Die meisten Sparer wollen jederzeit über ihr Geld verfügen können.

3. Rendite (Erträge). Die Zinsen hängen von der Dauer ab, mit der das Geld festgelegt wird.

4. Anlagedauer. Je länger man das Geld fest anlegt (spart), desto höher sind die Zinsen.

5. Art der Abwicklung. Jeder Sparer kann mit einem Sparbuch umgehen.

6. Um Aktien zu erwerben oder zu verkaufen, muss man sich aber gut informieren; eine entsprechende Eröffnung eines Depots ist erforderlich.

Die bei den Deutschen beliebteste Art des Sparens ist das **Sparkonto**. Der Kunde bekommt ein Sparbuch, in das alle Einzahlungen, Auszahlungen und Zinsgutschriften eingetragen werden. Man kann sich auch am Bankautomaten oder online nach dem Kontostand erkundigen. Die Deutsche Bank bietet zum Beispiel eine Spar Card[2] an, mit der man an 850.000 Geldautomaten weltweit von seinem Sparkonto Geld abbuchen kann. Pro Tag kann man damit 600 Euro abheben und pro Monat 2.000 Euro. Die Karte selbst ist kostenlos und man bekommt auf das Sparguthaben Zinsen.

Eine beliebte Art des Sparens ist auch das **Plus-Sparen**. Geld, dass am Ende des Monats auf dem Girokonto übrig ist, lässt man automatisch von seinem Girokonto auf das Plussparkonto umbuchen. Das **Prämien-Sparkonto**, das allerdings eine dreimonatige Kündigungsfrist hat, bietet die Möglichkeit mit einem Mindestsparbetrag von 25 Euro höhere Zinsen zu bekommen, besonders, wenn das Geld mehrere Jahre lang auf dem Konto ruht.

Übungen zum Verständnis

A. Sind die Aussagen aufgrund des vorhergehenden Textes richtig oder falsch? Schreiben Sie R oder F neben die Aussagen. Korrigieren Sie die falschen Aussagen.

1. _____ Wenn man ein Sparkonto hat, kann man seine Einkäufe mit Schecks bezahlen.

2. _____ Ihr Arbeitgeber kann Ihr Gehalt direkt auf Ihr Girokonto überweisen.

3. _____ Wenn Sie am Ende des Monats noch etwas Geld auf Ihrem Konto haben, dann ist das Ihr Guthaben.

4. _____ Sie können Ihren Kontoauszug einmal im Monat bekommen.

5. _____ Man darf sein Girokonto nie überziehen.

---

2 In Deutschland an allen Geldautomaten der Cash Group (Deutsche Bank, Berliner Bank, norisbank, Commerzbank, Hypo-Vereinsbank und deren Tochtergesellschaften sowie Postbank), weltweit an allen Geldautomaten der Deutsche Bank Gruppe und ihrer Kooperationspartner: Bank of America (USA), Barcleys (z.B. Großbritannien), BNP Paribas (Frankreich), Scotiabank (z.B. Kanada, Mexiko) und Westpac (Australien, Neuseeland).

6. ____ Bargeld bekommt man nur an der Kasse der Bank.

7. ____ Mit einem Dauerauftrag kann die Bank Ihre monatlichen Rechnungen für Miete und Telefon bezahlen.

8. ____ Wenn Sie Geld auf Ihr Konto einzahlen, dann belasten Sie Ihr Konto.

9. ____ Mit einer Lastschrift bezahlt die Bank Ihre monatlichen Rechnungen, die wechselnde Beträge haben.

10. ____ Die übliche Art zu bezahlen ist mit Barscheck.

11. ____ Ein Allzweckdarlehen ist ein Darlehen, das alle Bankkunden automatisch haben.

12. ____ Je länger das Geld festliegt, desto höher sind die Zinsen.

13. ____ Geld kann nicht von einem Girokonto auf ein Sparkonto überwiesen werden.

B. Beziehen Sie sich auf den vorhergehenden Text und beantworten Sie die Fragen mit einem vollständigen Satz.

1. Benutzt man sein Sparkonto oder Girokonto für häufige Überweisungen?

   _____

2. Was sagt Ihnen der Kontostand?

   _____

3. Warum bezahlen Unternehmen ihren Mitarbeitern Löhne und Gehälter oft gern bargeldlos?

   _____

4. Wann ist es praktisch, der Bank einen Dauerauftrag zu geben?

   _____

5. Unter welchen Umständen kann man mehr Geld ausgeben als man auf dem Konto hat?

   _____

6. Wie heißt der Kredit, den Sie bei Ihrer Bank beantragen, um eine größere Anschaffung zu machen?

   _____

LESETEXT 3 Gespräch zwischen einem Kunden und einem Bankangestellten

Kunde: Guten Morgen. Mein Name ist Warner, James Warner. Kann ich bei Ihnen ein Konto einrichten?

Bankangestellter: Ja, natürlich.

Kunde: Gut. Ich möchte nämlich mein Gehalt auf mein Girokonto überweisen lassen.

Bankangestellter:	Schön. Also, hier ist erst einmal der Vordruck zur Beantragung Ihres Girokontos. Darf ich bitte Ihren Personalausweis oder Reisepass sehen? (*gültiges Legitimationspapier*) Danke. (*Der Kunde füllt den Vordruck aus und gibt ihn dem Bankangestellten*)
Kunde:	Bitte schön.
Bankangestellter:	Danke schön. Wann sollen wir Ihnen Ihren monatlichen Kontoauszug zuschicken?
Kunde:	Ich hätte ihn gern am ersten jeden Monats. Könnten Sie mir erklären, wie ich meinen Kontoauszug lesen soll?
Bankangestellter:	Ja, gern. Jeder Kontoauszug zeigt den Saldo des vorigen Monats an. Sie finden darin außerdem die Belastungen—wir nennen das auch die Sollbuchungen Ihres Kontos, sowie das Guthaben oder die Gutschriften. Wenn Sie Ihr Konto nicht überzogen haben, dann zeigt der neue Saldo Ihr Guthaben. Wenn Sie aber Ihren Dispositionskredit in Anspruch genommen haben, dann steht der neue Saldo im Soll. Sie müssen für diesen Kredit der Bank dann Zinsen zahlen.
Kunde:	Das ist ja sehr schön, dass Sie mir gleich einen Dispositionskredit zur Verfügung stellen.
Bankangestellter:	Das tun wir nicht für jeden Kunden. Aber Sie arbeiten ja hier bei der Firma Holzmann und Co., und das ist uns eine Garantie.
Kunde:	Vielen Dank. Und wie ist das mit einer Kredit- und Bankkarte?
Bankangestellter:	Wir werden mit Ihrem Antrag auf ein Girokonto auch die entsprechenden Kreditkarten beantragen. Wir benachrichtigen Sie auf jeden Fall schriftlich. Es dauert nicht lange.
Kunde:	Vielen Dank. Auf Wiedersehen.
Bankangestellter:	Auf Wiedersehen, Herr Warner.

Übungen zum Wortschatz

A. Unterstreichen Sie in jedem Satz den passenden Ausdruck:

1. Meinem Konto sind 96,78 € (mitgeteilt / gutgeschrieben / abgehoben) worden.

2. Der Name des Zahlungsempfängers wird auf dem Verrechnungsscheck (verfügt / eingelöst / aufgeschrieben).

3. Eine Rechnung wird selten bar (überzogen / vereinbart / bezahlt).

4. Das Geld kann an der Kasse (abgeholt / gedeckt / ausgeführt) werden.

5. Der Kontoauszug (belastet / überweist / bestätigt) die Bezahlung Ihrer Rechnungen.

6. Sie dürfen Ihr Konto (verbilligen / überziehen / verteuern).

7. Eintragungen und Abhebungen werden ins Sparbuch (verwaltet / angeboten / geschrieben).

8. Beim Spar-Dauerauftrag wird ein Betrag automatisch von Ihrem Girokonto auf Ihr Sparkonto (übertragen / belastet / eingeteilt).

9. Ein Dispositionskredit ist Ihnen (abgehoben / eingeräumt / verwaltet) worden.

10. Allzweckdarlehen können aus vielen Gründen (abgehoben / verrechnet / beantragt) werden.

B. Ergänzen Sie die Sätze mit den passenden Ausrücken.

Auszahlungsanweisung	gutschreiben	überziehen
belasten	Kontoauszug	Zinsen
Verrechnungsscheck	Kontostand	MasterCard
überweisen	Dauerauftrag	EC-Karte

1. Wenn Sie kein Bargeld bei sich haben, bezahlen Sie mit der

   _____.

2. Monatlich bekommen Sie Ihren _____ von der Bank, auf dem genau steht, wie viel Geld auf Ihrem Konto eingegangen ist und wie viel abgehoben worden ist.

3. Der _____ sagt Ihnen, wie viel Geld Sie noch auf Ihrem Konto haben.

4. Wenn man in Europa unterwegs ist, bezahlt man am besten mit der

   _____

5. Mit einem _____ bezahlt die Bank automatisch jeden Monat Ihre Miete.

6. Geld kann man von einem Konto auf ein anderes _____

7. Wenn man Geld von seinem Konto abheben will, dann muss man zuerst eine _____ ausfüllen und sich damit das Geld von der Kasse holen.

8. Wenn bei Ihrer Bank Geld für Sie eingeht, dann wird die Bank dieses Geld Ihrem Konto _____.

9. Wenn Sie eine Rechnung nicht bar bezahlen wollen, dann können Sie sie mit der _____ bezahlen.

10. Geld vom Konto abheben, heißt „das Konto _____".

11. Sie dürfen Ihr Konto ruhig _____, denn Sie haben einen Dispositionskredit.

12. Wer bei einer Bank oder Sparkasse spart, bekommt _____.

C. Prüfen Sie Ihren Wortschatz, indem Sie die folgenden Sätze vervollständigen.

abhebt	Haben	überweisen	belastet
Kontoauszug	überzieht	Dauerauftrag	Soll
Verrechnungsscheck	Sparkasse	Sparkonto	Girokonto
gutgeschrieben			

1. Das Geld, das man auf seinem Konto hat, heißt _____

2. Wenn man zu viel Geld ausgibt, ohne genügend Geld auf dem Konto zu haben, dann _____ man sein Konto.

3. Die Bank kann monatlich Miete und Rundfunkgebühren per _____ überweisen.

4. Die beiden wichtigsten Kontoarten für eine Privatperson sind das _____ und das _____.

5. Der _____ zeigt den Kontostand an.

6. Um für die neuen Möbel zu zahlen, schickt man dem Möbelhaus ein en _____.

7. Geldbeträge, die man auf sein Konto einzahlt, werden dem Konto _____.

8. Man kann Geld von einem Konto auf ein anderes _____.

9. Die meisten Privatleute haben ein Konto bei der _____.

10. Mit jeder Überweisung _____ man sein Konto.

11. Jede Abbuchung vom Konto erscheint unter der Rubrik _____.

12. Immer, wenn man Geld von seinem _____, wird das Guthaben geringer.

LESETEXT 4   Kreditkarten

Vor dem Lesen

A. Was sind die Vor- und Nachteile des bargeldlosen Einkaufs mit Kreditkarte?

Vorteile	Nachteile

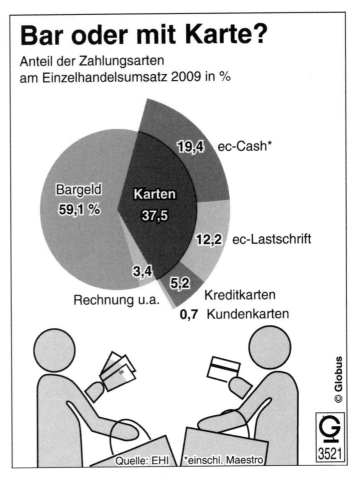

Bar oder mit Karte?

Anteil der Zahlungsarten
am Einzelhandelsumsatz 2009 in %

19,4 ec-Cash*

Bargeld
59,1 %

Karten
37,5

12,2 ec-Lastschrift

3,4

5,2

Rechnung u.a.

Kreditkarten

0,7 Kundenkarten

© Globus

G
3521

Quelle: EHI   *einschl. Maestro

B. Beantworten Sie die folgenden Fragen.

1. Wie viele Kreditkarten haben Sie?

2. Wie oft schicken die Kreditinstitute Ihnen eine Rechnung?

3. Was passiert, wenn Sie Ihr Limit überziehen?

4. Was für Zahlungsmittel nehmen Sie auf größere Reisen mit?

5. Inwiefern sind Reiseschecks sicherer als Bargeld?

6. Warum würden Sie gern/nicht gern Ihre Bankgeschäfte von zu Hause aus per Computer erledigen?

Die EC-Karte (electronic cash), auch Debitkarte genannt, wird von jedem Geldinstitut zur Verfügung gestellt. Falls man wenig Bargeld dabei hat, kann man zu einem Bankautomaten gehen und Bargeld bekommen, indem man seine PIN-Nummer eingibt. Das Geld wird automatisch vom Girokonto abgebucht. Man kann auch seine Einkäufe mit der EC-Karte machen, wenn man nicht genug Bargeld hat. Auch im Ausland kann man mit der EC-Karte bezahlen und auch Geld am Bankautomaten bekommen. Der einzige Nachteil ist, dass die EC-Karte mit dem Girokonto gekoppelt ist, d.h., jede Abbuchung belastet das Konto sofort, genauso wie bei den amerikanischen Debit-Karten.

Wenn auf der Debitkarte das Maestro Logo steht, kann man mit der Karte weltweit an Bankautomaten Bargeld bekommen und die Karte auch als Bargeld benutzen. In Deutschland sind MasterCard, Visa und American Express am beliebtesten. Die MasterCard findet man bei 515.000 Geschäften und Unternehmen und sie ist damit um ein Fünftel beliebter als die Visa-Karte. Wenn man kein Risiko mit einer Kreditkarte eingehen will, kann man eine PrePaid-Karte beantragen, die vom Girokonto per Dauerauftrag immer wieder aufgeladen wird. Für Jugendliche gibt es auch eine PrePaid-Karte.

Dem Karteninhaber stehen pro Tag und pro Woche nur begrenzte Summen zur Verfügung, da man den Kunden auch vor Missbrauch schützen will. Im Ausland muss man bei Gebrauch der EC-Karte Gebühren bezahlen.

Grammatiknotizen

> **Erweiterte Adjektivkonstruktionen**
> **(Extended modifiers)**
> Im Deutschen kann vor einem Substantiv eine ganze Anzahl von Bestimmungswörtern (modifiers) stehen, auch Präpositionalausdrücke. Meistens beginnt solch eine Konstruktion mit einem Artikel, und alles, was zwischen dem Artikel und dem Substantiv steht, ist nichts anderes als ein ausgedehntes Adjektiv. Partizipien sind dabei besonders beliebt. Im Englischen gebraucht man dafür meistens einen Relativsatz. Der Gebrauch dieser Partizipialkonstruktionen ist eine Frage des Stils. Sie klingen sehr formell und offiziell.
>
> **Das** an allen Geldautomaten Europas angebrachte **EC-Symbol** ...
>
> **Der** von mir schon am 15. ausgestellte **Verrechnungsscheck** ...
>
> **Die** bei 515.000 Geschäften und Unternehmen beliebte **MasterCard** ...

Übung zur Grammatik
Drücken Sie die folgenden Aussagen mit einem englischen Relativsatz aus.

1. Unsere überall in der Welt akzeptierten Reiseschecks können Sie in den acht wichtigsten Währungen erhalten.

   _____

2. Die von jedem Geldinstitut zur Verfügung gestellte EC-Karte ist besonders bei denjenigen beliebt, die wenig Bargeld bei sich haben wollen.

   _____

3. Hier ist der zur Beantragung Ihres Girokontos nötige Vordruck.

   _____

4. Die von den deutschen Geldinstituten angebotenen Dienstleistungen sind vielfältiger als die der amerikanischen Geldinstitute.

   _____

5. Der beim Spar-Dauerauftrag automatisch von meinem Girokonto auf mein Sparkonto übertragene Betrag wird mir hoffentlich viele Zinsen bringen.

Schlussgedanken

Besprechen Sie im Plenum, wie sich das Bankwesen in Deutschland von dem in Ihrem Land unterscheidet und in welchen Punkten es ganz ähnlich ist.

Wussten Sie das schon?

- Deutsche Bankkaufleute oder Bankiers haben eine enge Verbindung zur Wirtschaft. Sie können dem Geschäftsmann bei der Einrichtung eines neuen Geschäfts außerordentlich behilflich sein – nicht nur in geldlichen Angelegenheiten, sondern auch mit vielen guten Ratschlägen und Vorschlägen.
- Der Wechselkurs ändert sich täglich; er ist von Bank zu Bank etwas unterschiedlich. Für das Wechseln muss man eine kleine Gebühr bezahlen. Diese Gebühr ist bedeutend höher in Wechselstuben, in Bahnhöfen und Flughäfen. Wie der Wechselkurs steht, sieht man auf einer Tafel mit der Aufschrift „Devisenkurs".
- Man bezahlt gewöhnlich bar. Kreditkarten wie z.B. Diners Club, American Express, VISA oder MasterCard benutzt man, um Hotelrechnungen zu bezahlen, ein Auto zu mieten oder eine Flugkarte zu kaufen. Man kann auch die EC- oder Debit-Karte benutzen.
- Kreditkarten mit Chipkarten können sehr viel Information speichern und sind fälschungssicher.
- Telefonkarten sind einfache Speicherkarten und können mit einem Guthaben aufgeladen werden.
- SmartCards können mit mehreren Funktionen programmiert werden. Eine Karte kann z.B. als Schlüssel, als Kreditkarte oder auch als Fahrkarte dienen.

12

Umwelt[1]

Umweltprobleme
Umweltschutz
Sonniges Milliardenprojekt
Sonnige Aussichten für das „Solar Valley"
Jugend und die Umwelt
Windenergie
Erneuerbare Energiequellen

Lernziele

Die Beseitigung von Umweltproblemen ist lebensnotwendig für die Wirtschaft und damit für die Menschen. Der Schutz des Menschen und seiner Umwelt ist das Anliegen. Das Bundesministerium für Umwelt und das Umweltbundesamt achten auf das Klima, die Atomenergie und den Strahlenschutz, Chemikalien, Abfall, Luft, Lärm und Umweltinformationen. Auch die Entwicklung und der Einsatz umweltfreundlicher Energiequellen spielt für einen Industriestaat wie Deutschland eine besonders wichtige Rolle.

Einführender Gedanke

„Ohne Forschung, ohne Investitionen in die Zukunft werden wir unseren Wohlstand nicht halten können."

- Bundeskanzlerin Angela Merckel, Januar 2010

• Was meint die deutsche Bundeskanzlerin mit ihrer Aufforderung wohl?

---

1 http://muskingum.edu/~modern/german/busgerm/web_DieUmwelt.pdf

LESETEXT 1   Umweltprobleme

Vor dem Lesen.

Denken Sie gemeinsam mit einem Partner / einer Partnerin über die folgenden Fragen nach.

1. Was für Arten von Umweltverschmutzung kennen Sie?

2. Was werfen Sie alles weg?

3. Inwiefern können unsere Umweltprobleme auch unsere Nachbarländer betreffen?

4. Kennen Sie—in Ihrem eigenen Land oder anderswo—eine staatliche oder private Organisation, die sich mit Umweltproblemen befasst?

5. Tun Sie persönlich etwas zum Schutz der Umwelt? Wenn ja, was tun Sie?

6. Was für Abfälle können gut wiederverwertet werden?

7. Glauben Sie, die nächste Generation wird umweltbewusster handeln? Warum? Warum nicht?

8. Benutzen Sie Recyclingpapier? Warum? Warum nicht?

Wortschatz

Substantive

Abgase, Pl.	exhaust fumes
Abwasser, das	waste water, sewage
Abfallwirtschaftspolitik, die	economic politics regarding waste
Ballungsgebiet, das	densely populated area
Brauchwasser, das	water for domestic use
Dunstglocke, die	haze
Gestank, der	smell
Gewässer, Pl.	bodies of water
Gleichgewicht, das	balance
Großfeuerungsanlage, die	large furnaces, firing plants
Katalysator, der	catalytic converter
Kläranlage, die	water treatment plant
Kohlenwasserstoff, der	hydrocarbons
Lärmbekämpfung, die	fight against noise
Luftreinhaltung, die	maintenance of air purity
Müllbekämpfung, die	fight against garbage
Meereslebewesen, Pl.	marine life
Rauch, der	smoke
Stickstoff, der	nitrogen
Trinkwasser, das	drinking water
Umweltproblem, das	environmental problem
Wasserreinhaltung, die	maintenance of water purity
Wasserverschmutzung, die	water pollution
Zusammenwirken, das	interaction

Verben

ausstoßen	to emit
erzeugen	produce
verschwinden	disappear
verseuchen	contaminate

Adjektive und Adverbien

schädlich	damaging

In der Bundesrepublik gibt es ein Umweltbundesamt, das sich mit den Umweltproblemen befasst und die Öffentlichkeit über Umweltfragen informiert. Die Bundesrepublik als hochindustrialisiertes und zentral gelegenes Land macht sich nicht nur Sorgen um seine eigenen Umweltprobleme, sondern auch um die Probleme seiner Nachbarn.

Die wichtigsten Aufgaben für den Umweltschutz sind

- Luftreinhaltung
- Wasserreinhaltung
- Lärm- und Müllbekämpfung
- Landschaftsschutz
- Schutz vor schädlichen Chemikalien

Autos verursachen Abgase und Gestank, Fabriken erzeugen Rauch. Die Stadt liegt unter einer Dunstglocke. Über Industriegebieten hängt der Smog wie eine braune Decke.

Luftverschmutzung ist ein besonders großes Problem in Ballungsgebieten, in dicht bevölkerten Gebieten mit viel Industrie und Verkehr. Schädliche Abgase und saurer Regen werden für das Absterben der deutschen Wälder verantwortlich gemacht. Vor allem sind es die Stickstoffe und Kohlenwasserstoffe, die von Kraftfahrzeugen und Großfeuerungsanlagen ausgestoßen werden.

Ein großes ökologisches Problem ist der Müll, der jedes Jahr in der Nordsee landet. Jährlich verschwinden 20.000 Tonnen Müll unter dem Wasser. Meereslebewesen sind gefährdet, da sie sich strangulieren können. Auch die Abwässer der Industrien töten Tiere und Pflanzen. Wasserverschmutzung ist besonders in Industriegebieten ein großes Problem.

Zu diesem Zweck gibt es in Deutschland eine Gewässerschutzpolitik, die sich darum bemüht, das ökologische Gleichgewicht der Gewässer zu schützen. Dieses Gesetz sichert auch die Trink- und Brauchwasserversorgung.

Die Böden in Deutschland sind durch das Zusammenwirken physikalischer, chemischer und biologischer Faktoren entstanden. Schädliche Chemikalien führen zu Gefahren für den Einzelnen und die Allgemeinheit.

Die Abfallwirtschaftspolitik in Deutschland bedeutet, dass die Hersteller bei der Produktion ihrer Waren und Erzeugnisse darauf achten müssen, dass selbst bei der Produktion und auch später bei der Verwendung der Produkte weniger Abfälle entstehen. Außerdem müssen die Abfallprodukte umweltfreundlich wiederverwertet werden können.

Übung zum Verständnis

Sind die folgenden Aussagen nach den Informationen im Lesetext richtig oder falsch? Schreiben Sie **R** oder **F** neben die Aussagen. Korrigieren Sie die falschen Aussagen.

1. _____ In der Bundesrepublik gibt es ein Amt, das sich mit Umweltproblemen befasst.
2. _____ Deutschland kümmert sich auch um die Umweltprobleme seiner Nachbarn.
3. _____ Luftverschmutzung ist ein großes Problem in großen Städten.
4. _____ Die Wasserverschmutzung wird streng geregelt.
5. _____ Das Wasser in der Nordsee ist sehr gut für Meereslebewesen.
6. _____ Chemikalien haben einen negativen Einfluss auf die Ökologie.
7. _____ Die deutsche Industrie achtet nicht auf das Wiederverwerten ihrer eigenen Produkte.
8. _____ In Industriegebieten ist die Luftverschmutzung nicht sehr hoch.
9. _____ Autos haben Katalysatoren und sind gut für die Umwelt.
10. _____ Die Industrie ist heute für die Umwelt nicht mehr schädlich.

Übungen zum Wortschatz

A. Sie können in Rekordzeit Ihr Umwelt-Vokabular erweitern, da die meisten Wörter Komposita sind, deren Einzelteile Sie wahrscheinlich schon kennen. Arbeiten Sie zusammen mit einem Partner / einer Partnerin.

1. Schreiben Sie unter jeden Ausdruck die englische Bedeutung und vor jedes Substantiv den passenden Artikel.

2. Setzen Sie hinter jeden positiven Ausdruck ein +, hinter jeden negativen Ausdruck ein – und hinter jeden neutralen Ausdruck eine 0.

3. Besprechen Sie im Plenum, warum die positiven Ausdrücke positiv sind.

____ Umweltproblematik ____   ____ Umweltverschmutzung ____

_____   _____

____ umweltschutzorientiert ____   ____ umweltgerecht ____

_____   _____

____ Umweltvergiftung ____   ____ umweltschonend ____

_____   _____

___ umweltverträglich ___

___ umweltgefährdend ___

___ umweltbewusst ___

___ Umwelt-Tipp ___

___ umweltschädlich ___

___ umweltfreundlich ___

___ Umweltbundesamt ___

___ Umwelttechnologie ___

__ Umweltberater/Umweltberaterin __

___ Emissionsgrenzwerte ___

___ Umweltexperte ___

__ Umweltverträglichkeitsprüfung __

___ Wegwerfgesellschaft ___

___ Sanierung ___

___ Schadstoffmobil ___

___ Landschaftspflege ___

___ Naturschutz ___

___ Abfallstoff ___

___ Entsorgungsunternehmen __

B. Wählen Sie den Ausdruck, der am besten passt und ergänzen Sie die Sätze.

Abgase	Kläranlage	verseuchen
Ballungsgebiet	Luftverschmutzung	Wasserverschmutzung
emittieren	Umweltschutz	

1. Kraftfahrzeuge _____ Stickstoffe und Kohlenwasserstoffe.

2. Die _____ der Autos schaden den Wäldern.

3. In dicht besiedelten Gebieten ist die _____ am stärksten.

4. Ein _____ ist eine Gegend, wo viele Menschen wohnen.

5. Die _____ des Rheins verursacht auch Holland Probleme.

6. Abwässer _____ Bäche und Flüsse.

7. Das Umweltbundesamt befasst sich mit dem _____.

8. Eine _____ reinigt das Wasser.

LESETEXT 2 Umweltschutz

Wortschatz

Substantive

Altglas, das	used glass
Altstoff, der	used material
Arbeitslärm, der	work noise
Bekämpfung, die	fight (against)
Bundesnaturschutzgesetz, das	federal nature protection law
Chemikalien, Pl.	chemicals
Einwegflasche, die	non-refillable bottles
Fluglärm, der	aviation noise
Klärschlamm, der	sludge
Lärmgrenzwert, der	noise limit
Lärmschutzbereich, der	no-noise zone
Naturschutzgebiet, das	nature preserve
Pfandpflasche, die	deposit bottle
Prüfungsergebnis, das	test result
Schienenlärm, der	noise along railroad tracks
Sonderabfall, der	special waste, hard to dispose of
Umweltlärm, der	environmental noise
Verwendung, die	application
Zentralanlage, die	central facility

Verben

aussterben	to die out, become extinct
belästigen	to bother
beseitigen	to remove, dispose of
kontrollieren auf + Akk.	to test for
quälen	to torment
umwandeln in + Akk.	to convert, to change into
verschaffen	to provide
verschärfen	to tighten
wiederverwerten	to recycle

Adjektive und Adverbien

schalldämpfend	sound muffling

Ausdrücke

pro Kopf	per capita
unter strenger Kontrolle stehen	to be subject to strict regulations

Verkehrsberuhigung

Lärmschutz

Straßenlärm, Schienenlärm, Fluglärm und Arbeitslärm gehören zum Umweltlärm, der den modernen Menschen quält. In der EU gibt es bestimmte Lärmgrenzwerte im Straßenverkehr, die aber in Zukunft noch viel mehr verschärft werden sollen.

Über vierzig zivile und militärische Flughäfen haben jetzt Lärmschutzbereiche. Das ist natürlich bei weitem nicht genug und die deutsche Bundesregierung arbeitet weiter an der Bekämpfung des Lärms. Sie baut an vielen Stellen der Autobahnen schalldämpfende Mauern, die den Lärm der Motoren absorbieren, um die Anwohner nicht zu sehr zu belästigen.

Haus- und Industriemüll sollen umweltfreundlich beseitigt werden. Dafür gibt es mehr als 500 Zentralanlagen und die Beseitigung von Sonderabfällen in hundert Spezialanlagen wird besonders stark überwacht. Klärschlamm darf nur unter bestimmten Bedingungen aufs Land gebracht werden, und seine Verwendung steht unter strenger Kontrolle.

Der Lärmschutz

Müllbeseitigung und Wiederverwertung

Da die Bundesrepublik arm an Rohstoffen ist, bemüht sie sich, die Abfälle wiederzuverwerten. 30% des Hausmülls wird in Energie umgewandelt. Heutzutage wird zwei Drittel allen Glases als Altglas wiederverwertet und zwanzig Prozent Plastik. In der Papierindustrie liegt der Anteil an der Wiederverwertung von Altpapier bei mehr als 50%. In der EU gibt es zum Beispiel Richtlinien für die Wiederverwertung von Autos. Seit 2006 liegt die Recyclingquote bei 85% und ab 2015 soll sie auf 95% klettern. Die Automobilhersteller müssen seit 2008 angeben, dass alle neuen Autos bis zu 85% wiederverwertet werden können. Ab 2025 sollen alle Teile eines Autos wiederverwertbar sein. Seit 2010 besteht in Europa ein Netzwerk von Autorecyclingfirmen Die Autohersteller in Europa entwickeln eine Datenbank für die Anleitung einer exakten Demontage.

Glascontainer

Die deutsche Bevölkerung achtet sehr darauf, nicht zu viel wegzuwerfen. Einkaufstüten aus Plastik werden noch ein paarmal gebraucht und kosten in vielen Geschäften 10 Cent. Wenn man einkaufen geht, nimmt man entweder eine Tasche oder einen Korb mit. Glasflaschen sind oft Pfandflaschen und werden zurückgebracht. Einwegflaschen, sowie Mehrwegflaschen und Plastikflaschen kann man gegen Pfand zurückbringen.

Naturschutz und Landschaftspflege

Landschaftsschutzgebiet

Das Bundesnaturschutzgesetz dient dazu, dass die Landschaftsplanung nicht weiter in die Lebensgebiete bestimmter Tier- und Pflanzenarten eingreift. Hunderte von Tierarten und Blütenpflanzen sind in der Bundesrepublik schon ausgestorben. Um ein weiteres Natursterben zu verhindern und um den Menschen Erholungsgebiete zu verschaffen, gibt es in der Bundesrepublik 101 Naturparks. Es gibt über 8.400 Naturschutzgebiete. Insgesamt sind sie so groß wie 3,6% der Fläche Deutschlands.

Übungen zum Verständnis

A. Beantworten Sie die folgenden Fragen, indem Sie sich auf den Text beziehen.

1. Was für eine Aufgabe haben die schalldämpfenden Mauern?

2. Was macht man mit Klärschlamm?

3. Warum bemüht sich die Bundesrepublik, so viel Müll wie möglich wiederzuverwerten?

4. Wie garantiert die Bundesrepublik den Menschen Erholungsgebiete und den Tieren einen gefahrlosen Lebensraum?

5. Womit will Deutschland ein weiteres Natursterben verhindern?

B. Unterstreichen Sie im Text die Stellen mit den folgenden Informationen.

1. In den EU-Ländern dürfen Fahrzeuge auf der Straße nur eine bestimmte Lautstärke haben.

2. Viel Müll wird in der Bundesrepublik wiederverwertet.

3. Für Plastik Einkaufstüten muss man oft etwas bezahlen.

4. Wenn man bestimmte Glasflaschen in den Laden zurückbringt, bekommt man etwas Geld dafür zurück.

5. Viele Tiere und Pflanzen, die es früher einmal in Deutschland gab, existieren heute nicht mehr.

6. Es gibt Gegenden, wo Tiere ungestört leben dürfen.

7. Deutsche Autos werden heute so produziert, dass man sie als Altwagen wiederverwerten kann.

Übungen zum Wortschatz

A. Wovon spricht man hier?

1. Die Flasche kann man nur einmal gebrauchen _____

2. Lauter darf es nicht sein _____

3. Der Lärm, den die Eisenbahn verursacht _____

4. Glasartikel, die man nicht mehr benutzt _____

5. Lärm der Flugzeuge _____

6. Das schadet der Umwelt nicht _____

7. Ein Gesetz, das die Natur schützt _____

8. Wenn Tiere oder Pflanzen nicht mehr existieren _____

B. Wählen Sie den Ausdruck, der am besten passt und ergänzen Sie die Sätze.

Emissionen   bleifrei   Kläranlagen   saure Regen   umweltfreundlich

Abwasser   Fluglärm   Klärschlamm   Schwefeldioxyds   Verschmutzungsgrad

1. Man versucht, den Müll _____ zu beseitigen.

2. Die Verwendung von _____ wird streng kontrolliert.

3. In der Region Frankfurt ist der _____ ein großes Problem.

4. _____ reinigen das Wasser.

5. Fabriken, die ihr _____ ungeklärt in Flüsse leiten, müssen Strafe bezahlen.

6. Holland hat sich über den _____ des Rheins beklagt.

7. Deutsche Autos benutzen alle _____ Benzin.

8. Der _____ ist nicht nur ein Problem für deutsche Wälder.

9. In industriellen Ballungsgebieten sind _____ besonders stark konzentriert.

10. Der Wind trägt die Hälfte des _____, das sich in der Luft über Deutschland befindet, in die Nachbarländer.

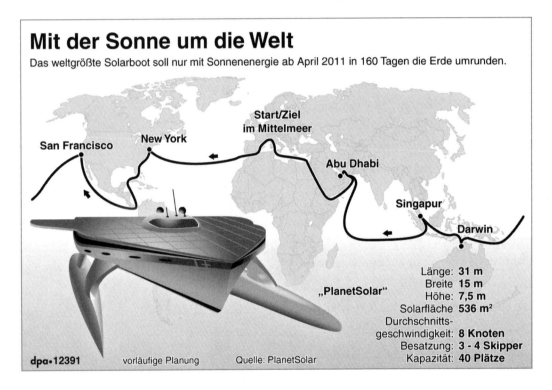

Mit der Sonne um die Welt

Das weltgrößte Solarboot soll nur mit Sonnenenergie ab April 2011 in 160 Tagen die Erde umrunden.

San Francisco

New York

Start/Ziel im Mittelmeer

Abu Dhabi

Singapur

Darwin

„PlanetSolar"

Länge: **31 m**
Breite **15 m**
Höhe: **7,5 m**
Solarfläche **536 m²**
Durchschnitts-
geschwindigkeit: **8 Knoten**
Besatzung: **3 - 4 Skipper**
Kapazität: **40 Plätze**

dpa•12391   vorläufige Planung   Quelle: PlanetSolar

LESETEXT 3   Sonniges Milliardenprojekt[2]

Wortschatz

Substantive

Absichtserklärung, die	declaration of intent
Empfehlung, die	recommendation
Energiebedarf, der	energy need

---

2 Mit freundlicher Genehmigung: www.magazin-deutschland.de

Energieträger, der	energy source
Herausforderung, die	challenge
Kraftwerkstandort, der	power plant site
Meldung, die	announcement
Planung, die	planning
Sonneneinstrahlung, die	angle of sun's rays
Stromnetz, das	network of energy
Verlauf, der	direction
Voraussetzung, die	prerequisite
Vorhaben, das	intention, plan

Verben

abhängen	to depend
decken	to cover
einfangen	to collect
konkretisieren	to carry out
vorliegen	to generate

Adjektive und Adverbien

ambitioniert	ambitious
beteiligt	participating
erzeugt	produced
immerhin	after all
jedenfalls	in any case
geschätzt	estimated
hervorragend	excellent
umweltfreundlich	environmentally friendly

Ausdrücke

etwas lässt einen kalt	to not show a reaction
ins Leben rufen	to establish

Energie ist das Wort, worüber heute die Gesellschaft nachdenkt und auch die Regierungen voll Sorge in die Zukunft schauen lässt. Die Energiequellen, die die Menschheit seit Jahren benutzt, sind nicht ewig vorhanden. Eines Tages werden sie aufgebraucht sein. Außerdem sind Kohle und Öl nicht die saubersten Energieträger. Viele Länder benutzen auch Kernenergie. Heute gibt es in jedem Land viele Forschungszentren, die sich mit der Idee der Energiegewinnung befassen. Deutschland ist die Nummer 1 in der Welt, wenn man von erneuerbarer Energie spricht.

Geplante Installation von Solar-Panelen in der Sahara

Mit der Desertec-Initiative planen zwölf Unternehmen[3] ein 400 Milliarden Euro schweres Projekt, um Solarstrom in der Wüste zu gewinnen. Die einen vergleichen es mit dem Bau des Panamakanals. Die anderen sehen darin die größte technische Herausforderung seit dem Apollo-Programm der NASA. Und das hat immerhin den ersten Menschen auf den Mond gebracht. Jedenfalls lässt kaum jemanden die Meldung kalt, die am 13. Juli 2009 von München aus in die Welt ging, jedenfalls kaum einen: Zwölf Unternehmen riefen an jenem Montag Desertec ins Leben, eins der wohl ambitioniertesten Technikprojekte der Geschichte. Riesige Solarkraftwerke sollen in den Wüsten Nordafrikas die Wüstensonne einfangen, um so sauberen Strom auch für Europa zu produzieren – so lautet das Desertec-Ziel. Bis zum Jahr 2050 sollen auf diese Weise 15 Prozent des europäischen Energiebedarfs umweltfreundlich gedeckt werden. 85 Prozent der mit Desertec erzeugten Energie sollen jedoch von den beteiligten Staaten Nordafrikas genutzt werden.

Im Oktober 2009 wurde die Desertec Industrial Initiative Planungsgesellschaft (DII) gegründet, um die Planungen für das gigantische Vorhaben zu konkretisieren. Nach spätestens drei Jahren sollen dann erste Ergebnisse vorliegen. Von diesen Empfehlungen hängt ab, wo und wie der Solarstrom aus der Wüste gewonnen werden soll. Die klimatischen Voraussetzungen in diesen Regionen sind jedenfalls hervorragend. Sechs Stunden Sonneneinstrahlung in den Wüsten liefern mehr Energie, als die Menschheit in einem Jahr verbraucht.

Probleme sehen die Initiatoren zurzeit vor allem bei drei Punkten: Die Gesamtfinanzierung von Desertec ist noch nicht geklärt, ebenso wie die Kraftwerksstandorte und der Verlauf der Stromnetze. Doch für die zwölf Unternehmen steht fest: Ein Zurück gibt es nicht.

Fragen zum Verständnis

1. Warum befassen sich so viele Forschungszentren mit Energiegewinnung?
2. Wie viele Jahre wird es dauern, bis die Solaranlagen in den Wüsten 15% des europäischen Energiebedarfs decken können?
3. Wie wird im Text ausgedrückt, dass die in den Wüsten gewonnene Solarenergie den Energieverbrauch für alle Menschen decken könnte?
4. Wie viele Unternehmen wollen an dem Projekt teilnehmen und wieviel soll es kosten?

Übungen zum Wortschatz. Wie steht das im Text?

1. to look into the future _____
2. not eternally available _____
3. renewable energy _____

---

3 Münchener Rück, Siemens, RWE, Eon, die HSH Nordbank, die Deutsche Bank, die Schweizer ABB, die Solarspezialisten und Anlagenbauer MAN Solar Millennium, Abengoa Solar aus Spanien, Schott Solar, Cevital aus Algerien und M+V Zander.

4. a technical challenge _____

5. costs of the project _____

6. to finalize a plan _____

7. climatic prerequisites _____

8. to produce solar energy from the desert _____

LESETEXT 4   Sonnige Aussichten für das „Solar Valley"

Wortschatz

Substantive

Aufbruchsstimmung, die	euphoric mood
Dünnschichtzelle, die	thin film module
Herstellung, die	production
Verblüffung, die	awe
Zuschlag, der	contract

Verben

anlocken	to attract
entdecken	to discover

Adjektive und Adverbien

beeindruckt	impressed
börsennotiert	registered at the stock market

Ostdeutschland lockt immer mehr internationale Investoren an. Vor allem nordamerikanische Unternehmen haben den Standort für die Produktion modernster Solaranlagen entdeckt. Die Eröffnung einer Produktionsanlage ist für Botschafter nichts Ungewöhnliches. Doch auf das deutsche „Solar Valley" zwischen Frankfurt/Oder, Dresden und Halle reagierte der US-Botschafter William R. Timken mit Verblüffung: „Ich habe in meinem Berufsleben schon über 40

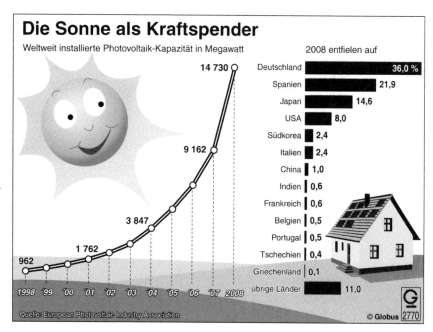

Fabriken eröffnet, aber so eine Aufbruchsstimmung wie heute habe ich noch nie erlebt", zeigte sich Timken beeindruckt. Der Spitzendiplomat war von Berlin nach Frankfurt/Oder gereist, um bei der Eröffnung des neuen Produktions-Werkes von First Solar dabei zu sein.

115 Millionen Euro investierte das börsennotierte US-Unternehmen in die „weltweit modernste" Fabrik zur Herstellung von Solarstrommodulen aus Dünnschichtzellen, wie der Präsident von First Solar, Bruce Sohn, erklärte. Der Zuschlag für die Produktion in Ostdeutschland „ist ein entscheidender Schritt in unserer Firmengeschichte". Eine Entscheidung, die immer mehr Investoren aus den USA und Kanada fällen. Mehrere Solarfabriken nordamerikanischer Unternehmen wurden bislang in Deutschland gebaut. Tausende Arbeitsplätze sind durch das Engagement nordamerikanischer Unternehmen entstanden.

Allein 400 Arbeitsplätze stellte die neue Fabrik von First Solar. Die startete ihre Produktion gleich mit einem Großauftrag: „Wir haben insgesamt 550.000 Module für den Bau des Solarkraftwerks in Brandis bei Leipzig geliefert", erklärte Geschäftsführer Heiner Eichermüller. Vom Standort Frankfurt/Oder aus beliefert das Unternehmen auch die expandierenden Märkte in anderen europäischen Ländern. Die 40-Megawatt-Anlage entstand auf einer Fläche von rund 200 Fußballfeldern und der Bau dauerte ca. zwei Jahre. Im August 2009 wurde das Solarkraftwerk Waldpolenz in Betrieb genommen und war damit das zweitgrößte der Welt. In der Zwischenzeit hat sich Vieles geändert und weltweit liegt es jetzt an achter Stelle. Die Leistung dieses Solarkraftwerkes kann 10.000 Haushalte pro Jahr mit Strom versorgen.

Übungen zum Wortschatz. Wie heißt das auf Englisch?

1. mit Verblüffung reagieren _____

2. eine Aufbruchsstimmung erleben _____

3. bei einer Eröffnung dabei sein _____

4. ein börsennotiertes Unternehmen _____

5. die Herstellung von Dünnschichtzellen _____

6. der Zuschlag für die Produktion _____

7. Arbeitsplätze entstehen _____

8. in Betrieb nehmen _____

9. Haushalte versorgen _____

10. an achter Stelle liegen _____

LESETEXT 5   Die Jugend und die Umwelt

Jedes Jahr findet in Deutschland der BundesUmweltWettbewerb für Jugendliche statt. Seit 1990 gibt es nun diese Ausschreibung für umweltinteressierte und umweltengagierte junge Leute. Je nach dem Motto des jeweiligen Jahres müssen die Bewerber ihre eigenen Ideen mit Fachleuten in der Öffentlichkeit besprechen. Durch diesen Kontakt lernen die jungen Leute, wie man seine Ideen entwickelt und wie man Kontakte knüpft. Oft bekommen sie dann auch Unterstützung von außen. In einem Jahr haben sich Jugendliche auf Energiesparen konzentriert und für ihre eigene Schule ein Energiesparkonzept entworfen. Andere Gruppen wollten die städtischen Grünflächen verändern. Diskussionen mit dem städtischen Umweltamt führten dazu, dass die Stadt die Neuplanung zusammen mit den Plänen der Jugendlichen durchführte.

Für die Jugend gibt es generell spezielle Wettbewerbe, wie Jugend forscht, die auch Arbeiten zum Umweltschutz einreichen können. Dieser Wettbewerb existiert nicht nur in Deutschland, sondern auch auf EU-Ebene. In Rheinland-Pfalz gibt es die Waldjugendspiele, in denen Kinder einen Tag in der Natur verbringen. Sie müssen dann Aufgaben lösen, die mit der Umwelt zu tun haben. Die Deutsche Bundesstiftung Umwelt hat ein eigenes Umweltportal für Jugendliche zwischen 10 und 16 Jahren geschaffen, auf dem sie sich speziellen Themenkreisen widmen können.

Übungen zum Wortschatz. Verbinden Sie die englischen Wörter mit den deutschen.

_____ stattfinden	a. to focus on s.th.
_____ die Ausschreibung	b. competition
_____ umweltengagiert	c. environmentally active
_____ der Bewerber	d. support
_____ Ideen entwickeln	e. to design
_____ die Unterstützung	f. applicant
_____ entwerfen	g. develop ideas
_____ der Wettbewerb	h. for a competition announcement
_____ einreichen	i. to submit
_____ widmen	j. to take place

LESETEXT 6   Windenergie

Auf dem Meer weht es immer stärker als auf dem Land. Für Energiegewinnung ist das sehr wichtig und man möchte diese Windenergie für moderne Energiesysteme benutzen. Auf dem Land kann man dieses Konzept viel einfacher realisieren als auf dem Wasser. Auch der Anschluss an das Stromnetz ist viel einfacher. Im Meer müssen teure Kabel gelegt werden, die den Strom zum Festland transportieren. Und hier muss der Strom weiter an den Verbraucher geleitet werden. Zu diesem Zweck sollen in den kommenden zwanzig Jahren neue Windparks in der Nord- und Ostsee entstehen.

In Europa sind in den letzten Jahren viele Windparks aufgebaut worden. Eine Leistung von 1.000 Megawatt (zehn Windparks) kann eine Stadt mit mehreren hunderttausend Einwohnern versorgen.

Es gibt mittlerweile 828 Windturbinen und 38 Windparks in neun europäischen Ländern. Europa ist bei dieser Energieversorgung weltweit führend. Momentan sind 17 Windparks im Bau und weitere 52 sind schon genehmigt. Die meisten dieser zukünftigen Windparks sollen vor der Küste Deutschlands gebaut werden. Man rechnet damit, dass diese Windparks in den kommenden zehn bis fünfzehn Jahren zehn Prozent der gesamten europäischen Stromnachfrage liefern können.

Besonders die deutschen Hersteller besitzen ein hohes technologisches Know-how. Mehrere deutsche Unternehmen sind deshalb nicht nur in Deutschland aktiv, sondern auch in der Nordsee vor der britischen Küste. Die Planung sieht vor, dass Großbritannien bis 2020 ein Viertel seiner Energie mit den Windparks decken kann.

Alle EU-Staaten, die an der Nordsee liegen, unterzeichneten 2009 eine Erklärung, die eine Lösung für die Stromanbindung von Off-Shore-Windparks an das Netz auf dem Festland finden sollte. Norwegen als Nicht EU Mitglied ist dieser Gruppe beigetreten. Probleme der internationalen Strompolitik sowie Schifffahrt und Umweltschutz werden auf diesem Weg friktionslos gelöst. Die gemeinsame Forschungs-, Entwicklungs-, und Wirtschaftspolitik bedeutet auch, dass man in Zukunft effizienter handeln kann.

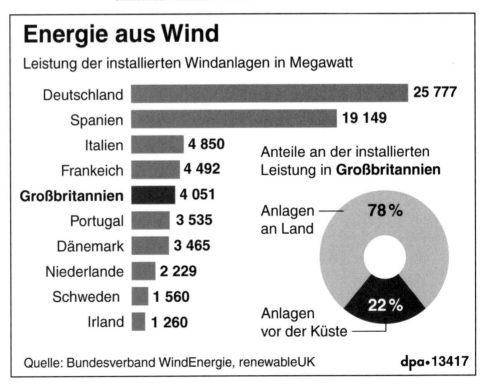

Energie aus Wind

Leistung der installierten Windanlagen in Megawatt

Deutschland	25 777
Spanien	19 149
Italien	4 850
Frankeich	4 492
Großbritannien	4 051
Portugal	3 535
Dänemark	3 465
Niederlande	2 229
Schweden	1 560
Irland	1 260

Anteile an der installierten Leistung in **Großbritannien**

Anlagen an Land — 78 %

Anlagen vor der Küste — 22 %

Quelle: Bundesverband WindEnergie, renewableUK

dpa•13417

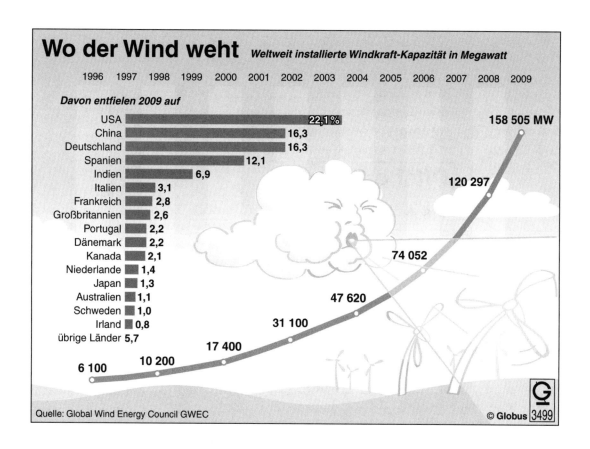

Wo der Wind weht *Weltweit installierte Windkraft-Kapazität in Megawatt*

1996 1997 1998 1999 2000 2001 2002 2003 2004 2005 2006 2007 2008 2009

Davon entfielen 2009 auf

USA **22,1 %** 158 505 MW
China **16,3**
Deutschland **16,3**
Spanien **12,1**
Indien **6,9**
Italien **3,1**
Frankreich **2,8**
Großbritannien **2,6**
Portugal **2,2**
Dänemark **2,2**
Kanada **2,1**
Niederlande **1,4**
Japan **1,3**
Australien **1,1**
Schweden **1,0**
Irland **0,8**
übrige Länder **5,7**

120 297

74 052

47 620

31 100

17 400

10 200

6 100

Quelle: Global Wind Energy Council GWEC

© Globus 3499

Übung zum Wortschatz. Wählen Sie den Ausdruck, der den jeweiligen Satz am besten vervollständigt.

1. Moderne Energiesysteme _____ gern Windenergie.
   realisieren – wehen – benutzen

2. Teure Kabel müssen im Meer _____ werden, die den Strom zum Festland transportieren.
   gelegt – angeschlossen – versorgt

3. Zehn Windparks können eine Stadt mit mehreren hunderttausend Einwohnern mit Strom _____.
   aufbauen – versorgen – transportieren

4. Zur europäischen Energieversorgung _____ Großbritannien und Dänemark den größten Anteil _____.
   aufbauen – anschließen – beisteuern

5. Deutsche Windparks _____ man am liebsten vor der Küste.
   baut – legt – benutzt

6. Die Windparks sollen in der Zukunft die gesamte europäische Stromnachfrage _____ können.
   entstehen – führen – liefern

7. Großbritannien will in Zukunft 25% seiner Energie mit den Windparks

_____.

transportieren – decken – folgen

8. Man will eine Lösung _____, wie man den Strom von Off-Shore-Windparks an das Netz auf dem Festland anschließen kann.
unterzeichnen- beitreten - finden

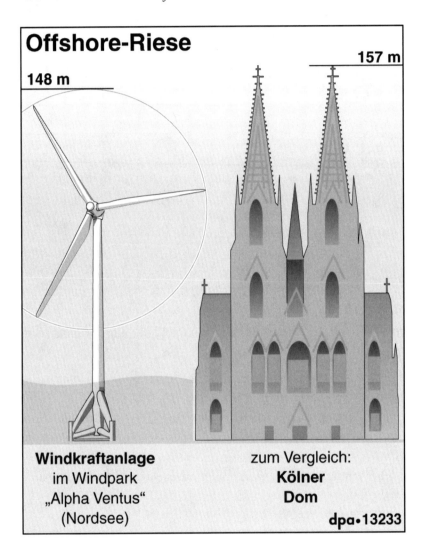

Offshore-Riese

148 m

157 m

Windkraftanlage
im Windpark
„Alpha Ventus"
(Nordsee)

zum Vergleich:
Kölner
Dom

dpa•13233

LESETEXT 7   Erneuerbare Energiequelle[3]

Vor dem Lesen

1. Schreiben Sie zusammmen mit zwei Partnern/ Partnerinnen alle Energiequellen auf, die Sie kennen. Vergleichen Sie sie im Plenum.

---

4 Nach Informationen des Bundesministeriums für Wirtschaft und Technologie

2. Bezeichnen Sie jede Energiequelle mit einem + für **umweltfreundlich** oder einem – für **umweltschädlich.**

3. Welche Energiequellen werden zur Stromerzeugung benutzt?

4. Was für Energiequellen benutzt man in Ihrem Land?

5. Aus welchen Energiequellen kann Kraftfahrzeugtreibstoff erzeugt werden?

6. Was für Alternativen hätten wir, wenn plötzlich jeder Erdölimport zum Stillstand käme?

7. Welche Energiequelle ist Ihnen für Ihren Privatverbrauch am sympathischsten? Und warum?

Wortschatz

Substantive

Biokraftstoff, der	biofuel
Erdwärmekollektoren, Pl.	geothermal heating collectors
Erdwärmesonde, die	geothermal probe
Laufwasserkraftwerk, das	hydroelectric power plant
Pumpspeicherkraftwerk, das	pumped storage power plant
Solarthermie, die	solar thermal energy
Speicherkraftwerk, das	storage power plant
Stromerzeugung, die	power generation
Verfahren, das	process
Vorreiter, der	pioneer
Wachstum, das	growth
Wärmepumpe, die	heat pump
Wärmeversorgung, die	heat supply
Wasserkraft, die	hydropower

Adjektive

gefragt	in demand
nutzbar machen	to harness s.th.
vielfältig	in many ways

Erneuerbare Energien, oder *regenerative Energien*, erneuern sich entweder von selbst oder erschöpfen sich nicht. Die Energiequellen, die wir gut kennen, sind die Wasserkraft, Windenergie, Sonnenenergie und Erdwärme (Geothermie). Auch Holz kann man zur erneuerbaren Energie zählen.

Die **Geothermie** kann man vielfältig benutzen, zum Beispiel zur Wärmeversorgung, zur Kühlung, zur Stromerzeugung oder zur Meerwasserentsalzung. Die Geothermie existiert nahe an der Oberfläche der Erde und auch in der Tiefe. Beide Arten werden genutzt.

Solarenergie. Photovoltaik, Solarthermie oder Concentrated Solar Power (CSP). Die Solarindustrie ist besonders für den Export geeignet, denn deutsche Hersteller produzieren komplette Anlagen oder einzelne Komponenten. Fachberater und Spezialisten sind vor allem im Exportgeschäft sehr gefragt.

Deutschland ist der Vorreiter auf dem Sektor **Windenergie**. Überall auf der Welt arbeiten deutsche Firmen und Ingenieure an Windenergieinstallationen. Deutschland ist auf diesem Gebiet die Nummer eins weltweit. Windparks gibt es in der Nord- und Ostsee und jetzt auch mit deutschem Know-How vor der Küste Großbritanniens.

Bioenergie. Viele Länder benutzen mittlerweile deutsche Technologien für die Gewinnung von Biogas, feste Biomasse oder Biokraftstoffe als Energiequellen. Besonders für den Export sind diese neuen Verfahren nützlich, denn es können sich profitable Märkte auftun.

Wasserkraftwerke können auf eine lange Tradition zurückblicken, denn es gibt sie schon seit mehr als 100 Jahren. Die hydroelektrische Energie, die in der ganzen Welt nur zum Teil genutzt wird, ist für deutsche Unternehmen besonders interessant, da man diese Energiequelle jetzt mit Speicherkraftwerken, Pumpspeicherkraftwerken und Laufwasserkraftwerken nutzbar machen kann.

Wohn- und Gewerbeobjekte kann man heutzutage auch mit **Wärmepumpen** beheizen. In Zukunft rechnet man hier mit einem überdurchschnittlichen Wachstum, sowohl in Deutschland als auch weltweit.

Übung zum Verständnis. Von welcher Energiequelle ist im Text die Rede?

1. Sie ist in der Erde gespeicherte Wärme. Sie zählt zu den regenerativen Energien. Sie kann sowohl zum Heizen und Kühlen genutzt werden, als auch zur Erzeugung von elektrischem Strom.

   _____

2. Diese Vorrichtung entzieht der Umwelt (umgebende Luft, Grundwasser oder Erdreich) Wärmeenergie und erhöht ihre Temperatur, um damit Gebäude oder andere Einrichtungen beheizen zu können.

   _____

3. In Gegenden, wo die Sonneneinstrahlung besonders intensiv ist, kann diese Energie besonders hervorragend produziert werden.

   _____

4. Diese Energie, vor allem als Kraftstoff bekannt, gewinnt man aus biologischem Material.

   _____

5. Die Energie, die in diesem Kraftwerk erzeugt wird, wandelt die mechanische Energie des Wassers in elektrischen Strom um.

   _____

Grammatiknotizen

Eine beliebte Art, neue Substantive zu bilden, ist das Zusammensetzen von zwei oder mehreren Wörtern, die auch selbstständig vorkommen:

Eisen + Bahn = Eisenbahn

Wörter wie **der Eisenbahnwaggon** oder **die Feuerversicherungsgesellschaft** verstehen wir leicht, wenn wir uns das letzte Wort, das Grundwort ansehen. Im ersten Fall handelt es sich um einen Waggon oder Wagen der Eisenbahn. Im zweiten Fall ist die Rede von einer Gesellschaft. Von was für einer Gesellschaft? Von einer Gesellschaft, die uns gegen Feuer versichert. Das Grundwort gibt dem Kompositum den Artikel. Vor dem Grundwort stehen die Bestimmungswörter. Komposita können auch von anderen Wortarten abgeleitet werden, wie bei **kundenfreundlich** oder **qualitätsorientiert**.

Manchmal steht zwischen den Substantiven ein Fugen **–s** oder **–(e)n**. Die Regeln für diese Fugenzeichen sind etwas komplex. Im Großen und Ganzen gelten aber folgende Regeln:

1. Das Fugen **–s** steht immer nach den Suffixen **–heit, -ing, -ion, -keit, -ling, -schaft, -tät, -tum, -ung**: Heizungsrohr, Eigentumswohnung.

2. Wenn das Bestimmungswort vor dem Grundwort im Plural steht – auch wenn es dem Sinn nach ein Singular ist: **das Hühnerei; das ist das Ei eines einzigen Huhns.**

3. Manchmal steht das Bestimmungswort im Singular, obwohl es Pluralbedeutung hat (**eine Erdbeertorte hat nicht nur eine Erdbeere, und ein Flusssystem besteht aus mehr als nur einem Fluss**).

4. Feminine Substantive können das -e am Wortende verlieren: **Schulaufgabe.**

5. Ein Fugen **–(e)n** kann eine Pluralform sein oder eine alte Genitivendung maskuliner und femininer Substantive: **Sonnenenergie, Dokumentenschrank.**

6. Wenn das Bestimmungswort mehrsilbig ist, kann das Fugen **–s** stehen, auch wenn es bei dem einsilbigen Bestimmungswort nicht steht: **Durchfahrtserlaubnis, Fahrerlaubnis.**

7. Mehrsilbige Substantive mit der Endung **–e** haben meistens kein Fugen **–s**: **Aufnahmebedingung, Teilnahmeschein.**

8. Kein Fugen **–s** haben einsilbige Bestimmungswörter: Streikrecht und solche, die auf **-sch, -z, -s, -ss** enden: **Schmutzwasser.**

Übungen zur Grammatik

A. Ergänzen Sie das Kompositum, wenn es erforderlich ist. Wie heißt es auf Englisch?

1. die Arbeit _____ losigkeit _____

2. der Kauf _____ vertrag _____

3. die Mensch _____ rechte _____

4. das Umwelt _____ problem _____

5. die Angestellt _____ versicherung _____

6. die Abfall _____ verbrennung _____

7. der Verschmutzung _____ grad _____

8. die Dunst _____ glocke _____

9. das Meer _____ wasser _____

10. die Präsident _____ wahl _____

11. der Arbeitgeber _____ verband _____

12. der Ware ____ test _____

13. die Tag ____ zeitung _____

14. die Wasserschutz ____ polizei _____

15. der Schluss ____ gedanke _____

B. Bilden Sie Komposita mit Artikel

1. das Leben, der Standard _____

2. das Einkommen, die Verhältnisse _____

3. die Lohnsteuer, die Karte _____

4. der Test, die Ergebnisse _____

5. die Mitbestimmung, das Recht _____

6. die Industrie, der Staat _____

7. der Lärm, der Schutz _____

8. die Generation, der Konflikt _____

9. die Geburt, das Datum _____

10. das Leben, der Raum _____

Aktivitäten

A. Partnerarbeit. Wählen Sie zusammen mit einem Partner / einer Partnerin eins der folgenden Themen und nehmen Sie Stellung zu diesen Vorschlägen. Begründen Sie Ihre Antwort und berichten Sie dann Ihre Ergebnisse dem Klassenforum.

1. Glauben Sie, dass die Regierung Lärmgrenzwerte festsetzen soll?

2. Sollte man Flughäfen weit weg oder in der Nähe einer Großstadt bauen?

3. Was halten Sie davon, dass Industrieunternehmen eine Strafe zahlen, wenn sie die Wasserwege verschmutzen?

4. Sind Sie bereit, für umweltfreundliche Produkte mehr zu bezahlen?

B. Schriftliches. Stellen Sie eine Liste von Umweltschutzmaßnahmen zusammen, die Ihr Land getroffen hat.

C. Mündlicher Bericht. Bereiten Sie einen mündlichen Bericht vor, in dem Sie einen Aspekt der Umweltprobleme in Nord- oder Südamerika beschreiben.

Schlussgedanken

Bringen Sie ein Poster oder anderes Bildmaterial, Artikel aus Zeitungen oder Zeitschriften oder vielleicht eine kleine Collage, die ein Umweltproblem darstellt, mit. Besprechen Sie kurz das Anschauungsmaterial aller Studenten / Studentinnen und diskutieren Sie dann im Plenum die folgenden Fragen.

- Können Umweltprobleme lokal gelöst werden?
- Ist eine weltweite Zusammenarbeit überhaupt möglich?
- Welche wirtschaftlichen Faktoren stehen einer Zusammenarbeit im Wege?

- Sollten wir uns mit Umweltproblemen genauso beschäftigen wie mit Wirtschaftsproblemen?
- Was für Fortschritte, glauben Sie, wird die Umweltplanung bis zum Jahr 2050 erzielt haben?

Wussten Sie das schon?

- Öko-Kleidung wird unter Verwendung schadstoffarmer Materialien hergestellt.
- Unter Umweltkriminalität versteht man Verstöße gegen Gesetze zum Schutz der Umwelt.
- Umwelt-High-Tech „Made in Germany" sind Exportprodukte, die weltweit gefragt sind.
- Seit 1994 steht in Artikel 20a des deutschen Grundgesetzes, dass die natürlichen Lebensgrundlagen geschützt werden müssen.
- Energiesparlampen und Leuchtstoffröhren soll man nicht in den Hausmüll werfen, sondern an Sammelstellen kostenlos abgeben.
- Für den Verbraucher gibt es auch eine eigene Umweltzeitschrift, die sich mit Themen der Umwelt befasst. Öko-Test untersucht Waren, die sich auf dem Markt befinden und ist damit eine Institution, die für den Verbraucher Waren prüft, ob sie umweltverträglich und auch gut für den Menschen sind.
- Die Deutsche Bundesstiftung Umwelt verleiht jedes Jahr einen Umweltpreis in Höhe von 500.000 €. Personen, Firmen und Organisationen können diesen Preis erhalten, wenn sie in besonderer Weise etwas für den Umweltschutz und für Umweltprobleme getan haben. Es ist auch wichtig, dass diese Leistung einen Modellcharakter hat, der für andere Firmen beispielhaft ist.
- Umwelttechnik bedeutet, dass man technisches Know-How für den Schutz der Umwelt anwendet. Die Umwelttechnik befasst sich zum Beispiel damit, wie man Abwässer reinigt oder wie man Müll verbrennt. Andere Themen sind die Luftverschmutzung und erneuerbare Energien.

Wortschatz

A

(jemanden) anhalten etwas zu tun	to encourage somebody to do something
ab Werk	directly from the factory
Abbau, der	reduction
abbauen	here: to lose jobs
abbuchen	to debit
Abfallwirtschaftspolitik, die	economic politics regarding waste
Abgaben, Pl.	contributions
Abgase, Pl.	exhaust fumes
abhängen	to depend
abheben	to withdraw
Abhebung, die	withdrawal
Absatz, der	sales
Absatzmarkt, der	market
abschaffen	to get rid of
Abschaffung, die	abolition, getting rid off
abschließen	to work out
absetzen	to sell
absichern	to secure
Absichtserklärung, die	declaration of intent
Abteilungssekretariat, das	office of the departmental secretary
abwandern	to migrate
Abwärtstrend, der	downward trend
Abwasser, das	waste water, sewage
abwickeln	to process, to complete
Abwicklung, die	carrying out
Abzahlung, die	installment payments
abziehen	to deduct
achten auf + Akk.	to pay attention to
achten	to value, to pay attention to
Agrargebiet, das	farming area
Aktie, die	shares, stocks
Aktiengesellschaft, die	stock holding company
Aktionär, der	stockholder
allmählich	gradually
Allzweckdarlehen, das	general-purpose loan
Almosen, das	alms
Altglas, das	used glass
Altstoff, der	used material
ambitioniert	ambitious

anbieten	to offer
anerkannt	reputable
Anforderung, die	challenge
Angebot und Nachfrage	supply and demand
angehören + Dat.	to belong to
angewiesen sein auf + Akk.	to be dependent on
Angst haben um	to be afraid of
anheben	to increase
ankommen auf + Akk.	to depend on
Anlage, die	enclosure, attachment
Anlagedauer, die	set time of saving
anlocken	to attract
Anmeldung, die	registration
anpassen	to adjust, to adapt
Anrede, die	salutation
ansässig	settled
Anschaffung, die	acquisition
Ansehen, das	image
Anspruch haben auf + Akk.	to be entitled to
Anspruch, der	claim, right
Anstellungsvertrag, der	contract of employment
Antrag, der	application
Arbeitgeberverband, der	employers' association
Arbeitsförderung, die	re-employment assistance
Arbeitskampf, der	strike
Arbeitslärm, der	work noise
Arbeitslosenversicherung, die	unemployment insurance
auf Landesebene	state specific
Aufbau, der	establishment, construction
aufbauen	to establish
Aufbruchsstimmung, die	bubble of enthusiasm
aufheben	to suspend
Auflagen, Pl.	here: conditions
Auflösung, die	dissolution
aufnehmen	to take out (a loan)
Aufsatzform, die	composition style
Aufschwung, der	upturn, upswing
Aufsichtsrat, der	board of directors
ausbauen	to widen
ausbeuten	to exploit
Ausbildung, die	training, education
Ausbildungsförderung, die	training stipend
Ausbildungsplatz, der	training facility
Ausbildungsvergütung, die	training pay
ausfechten	to fight
ausführen	to carry out

ausgeben	to issue
ausgerechnet	of all things
ausgleichen	to balance
ausgrenzen	to exclude
Aushilfsjob, der	temporary job
Auslandshandelskammer, die	foreign chamber of commerce
Ausmaß, das	dimension
ausschalten	avoid competition
außergewöhnlich	extraordinary
äußerst	most extreme
außerstädtisch	outside of a city
Aussperrung, die	lockout
ausstellen	to exhibit
aussterben	to die out, become extinct
ausstoßen	to emit
ausweisen	to contain
ausweiten	to expand
auswirken	to impact
Auszahlungsanweisung, die	disbursing order
auszeichnen	to label
Auszubildende, Pl.	trainees
Autobahnnetz, das	network of highways

B

Bahnanschluss, der	rail connection
Ballungsgebiet, das	densely populated area
bangen	to worry
Bankgeschäft, das	banking transaction
Banknote, die	bank note, bill
bar	in cash
bargeldlos	without using cash
basieren auf + Dat.	to be based on
Bausparen, das	saving with the intention of building
Beantragung, die	application
beauftragen mit	to charge with
beauftragen	to commission
beauftragt	commissioned
Bedarf, der	need
Bedenken, das	objection
bedeuten	amount to, to mean
bedeutend	important
Bedürfnis, das	need, necessity
beeindruckt	impressed
befördern	to transport
Beförderung, die	promotion
Befriedigung, die	satisfaction

begrenzt auf	limited to
Behebung, die	rectification
Behörde, die	office
behördlich	official
Beihilfe, die	financial assistance
Beitrag, der	contribution
beitragen	to contribute
bekämpfen	to fight against
Bekämpfung, die	fight (against)
belächeln	to ridicule
beladen	to load
belasten	to charge
belastet	congested
belästigen	to bother
Belastung, die	burden
Belastungen, Pl.	burdens, obligations
beliefern	to supply
Berater, der	advisor
Bereich, der	area
bereichern	to enrich
bereitstehen	to be available
bergab	downhill
Bergbau, der	mining
berücksichtigen	to consider
Berufsleben, das	job area
beschäftigen	employ
Beschäftigung, die	employment
Beschluss, der	decision
beseitigen	to remove, dispose of
Beseitigung, die	removal
besiedelt	populated
Besonderheit, die	special feature
Bestandteil, der	part, element
bestätigen	to confirm
bestehen aus	to consist of
bestehen	to insist
bestellen	to order
beteiligen	to share, participate
beteiligt	participating
betonen	to stress
beträchtlich	substantial
Betrag, der	amount
Betreff, der	reference
betreffen	to concern
Betrieb, der	company
Betriebsrat, der	workers' council
Betriebsversammlung, die	shop meeting, employees meeting

bevorzugt	preferred
bewältigen	to master
Bewerbung, die	application
bewerten	to judge
Bewertung, die	assessment
bezeichnen	to call
beziehen	to get, to receive, to purchase
Beziehung, die	connection
bezugnehmend	in reference to
Bezugszeichenzeile, die	reference line
Binnengewässer, Pl.	inland waterways
Binnenschifffahrt, die	inland navigation
Biokraftstoff, der	biofuel
Boni, Pl.	bonuses
Bonität, die	credit worthiness
börsennotiert	registered at the stock market
Botschaft, die	embassy
Branntwein, der	brandy
Branntweinsteuer, die	tax on alcohol
Brauchwasser, das	water for domestic use
Briefbogen, der	letter
Briefverkehr führen	to handle correspondence
Brummi, der	truck (coll.)
Bruttonationaleinkommen, das (BNE)	gross national income (GNI)
Bruttoverdienst, der	gross income
Buchungstag, der	transaction date
Bundesnaturschutzgesetz	federal nature protection law

C

Chemikalien, Pl.	chemicals

D

Dachorganisation, die	umbrella organization
Darlehen, das	loan
das höchste Ansehen	the highest prestige
Datenbogen, der	data sheet
Dauerauftrag, der	standing order
dauerhaft	permanent
dazu beitragen	to amount to
dazukommen	to be added
decken	to cover
Deckung, die	coverage
defekt	defective
der bargeldlose Zahlungsverkehr	cashless money transaction
der Chef/die Chefin	boss
der/die Auszubildende	trainee
der/die Azubi	
derzeit	at this time

dicht	densely
Dienstleistung, die	service
Dienstleistungen, Pl.	services
Dispositionskredit, der	overdraft credit
Distributionskette, die	distribution chain
Dolmetscher, der	interpreter
Dolmetscherin, die	
Dreimastschoner, der	three-mast-schooner
drosseln	to slow down
drosseln	to reduce
dünn besiedelt	thinly populated
Dünnschichtzelle, die	thin film module
Dunstglocke, die	haze
Durchbruch, der	breakthrough
durchschnittlich	average
Durchwahl, die	telephone extension number

E

Eckpunkt, der	corner
eigene Anreise	travel at your own expense
ein Dorn im Auge sein	to be a thorn in the flesh
ein Risiko eingehen	to take a risk
Einbruch, der	loss
eindrucksvoll	impressive
einen Antrag stellen	to fill out an application
einen Beitrag leisten	to contribute
einen Kredit aufnehmen	to take out a loan
einen Kredit einräumen	to give credit
einer Beschäftigung nachgehen	to be gainfully employed
einfach	simple
einfangen	to collect
Einführung, die	introduction
Einheimische, der	native
einheitlich	uniform, common
Einheitsschreiben, das	form letter
Einkommensteuer, die	income tax
einläuten	to ring in
einlösen	to cash in
Einmischung, die	interference
einräumen	to allow, grant
Einräumung, die	concession
Einreise, die	entry
Einrichtung, die	establishment, organization
Einschätzung, die	rating
einschränken	to reduce, to limit
einseitig	here: on one side
einsetzen	to deploy, to use
einstellen	to employ

einteilen in + Akk.	to divide into
Eintrag, der	entry
eintragen in + Akk.	to enter (in a document)
einwandfrei	perfect
Einwegflasche, die	non-refillable bottles
Einzahlung, die	deposit
einzeilig	single spaced
Einzelhandel, der	retail trade
Einzelhändler, der	retailer
einzeln	alone, singularly
Empfänger, der	recipient
Empfehlung, die	recommendation
Energiebedarf, der	energy need
Energieträger, der	energy source
Engpass, der	bottleneck
entdecken	to discover
entlassen	to dismiss, lay off
entlasten	to ease
entscheidend	decisive
entsprechen + Dat.	to correspond to
entsprechend	corresponding
Entwickler, der	developer
Entwicklung, die	development
Entwicklungshilfe, die	aid for developing countries
er sieht zu, dass	he sees to it that
erdenklich	thinkable
Erdwärmekollektoren, Pl.	geothermal heating collectors
Erdwärmesonde, die	geothermal probe
erfahren	to experience, to receive
erforderlich	necessary
erfüllen	fulfill
Erhaltung, die	maintenance
erheben	to elevate
erhöhen	to increase
Erholungskur, die	recovery and relaxation (health spa)
erleichtern	to make easier
ermitteln	to find out, to investigate
erneuerbare Energie, die	renewable energy
erproben	to try out
errichten	to establish, to build
ersparen	to save, prevent
erstarken	to gain in strength
erstaunt	amazed
erweitern	to expand
Erweiterung, die	expansion
erwirtschaften	to generate

erzeugen	produce
Erzeuger, der	producer
erzeugt	produced
erzielen	to obtain
es ernst meinen	to mean business
Essenszuschuss, der	meal allowance
etwas in Anspruch nehmen	to make use of something
etwas lässt einen kalt	to not show a reaction
Existenznot, die	fear of one's existence

F

Fachausbildung, die	specialized training
Fachgeschäft, das	specialty store
Fachkenntnis, die	specialized knowledge
Fachkraft, die	specialist
Fachleute, Pl.	experts
Fachmann, der	expert
Fahrspur, die	traffic lane
fällig sein	to be due
Familienstand, der	marital status
fehlen	to miss
Fertighaus, das	prefabricated home
Fertigung, die	production
Filiale, die	chain store
finanzkräftig	financially strong
Finanzwissenschaft, die	public finance
Fluglärm, der	aviation noise
Flugsicherheit, die	air safety
Flusskreuzfahrt, die	river cruise
Flusskreuzfahrtschiff, das	river cruise ship
folgendermaßen	as follows
Fördereinrichtung, die	container crane
Forderung, die	demand
Forderungen stellen	to make demands
formgebunden	having a prescribed form
Forscher, der	researcher
Forschung, die	research
Fortdauer, die	continuance, continuation
fortschrittlich	progressive
Fracht, die	freight
Frachtschiff, das	freight vessel
Freibetrag, der	tax-free amount
freie Marktwirtschaft, die	market economy
Friedenssicherung, die	peacekeeping measure
führen zu	lead to
führend	leading
Funkaustellung, die	electronics show

G

ganz vorne	at the very front
Gastgewerbe, das	gastronomy
Gaststätte, die	restaurant
Gaststättengewerbe, das	gastronomy
gebührenpflichtig	subject to a charge
gedeckt	covered
geeignet	suitable
gefährdet	endangered
Gefälle, das	gradient
gefragt	in demand
Gegebenheit, die	situation
gegenseitig	mutual
Gegenstand, der	item
Gegenwartsform, die	present tense
Gegenzug, der	countermove
Gehalt, das	salary
Gehaltserhöhung, die	raise
Gehaltsklasse, die	salary bracket
Gehaltszahlung, die	salary
gekennzeichnet	marked
Geldberater, der	financial advisor
Geldumtausch, der	exchange
Geldverschwendung, die	waste of money
gelegentlich	occasionally
gelingen	to succeed
gelten als	to be considered as
gelten	to be valid, to apply
gemeinnützig	non-profit
gemeinsam	common
genießen	to enjoy
genossenschaftlich	cooperative
genügend	sufficient
Genussmittel, das	consumable luxury food
Gerechtigkeit, die	justice
geringfügig	minimal
Gesamtbevölkerung, die	total population
Geschäftsführer, der	manager
Geschäftsvermerk, der	business information
geschätzt	estimated
geschehen	to happen
Geschwindigkeitsbegrenzung, die	speed limit
gesetzlich	legal
Gestank, der	smell
gesundheitsschädlich	detrimental to one's health
Gesundheitswesen, das	public health system
getrennt nach	divided by

gewähren	to grant
Gewässer, Pl.	bodies of water
Gewerbe, das	trade, industry
Gewerbeamt, das	trade inspectorate
Gewerberaum, der	commercial space
Gewerbesteuer, die	trade tax
Gewerkschaft, die	trade union
Gewerkschaftskasse, die	trade union's fund
gewöhnlich	usually
Girokonto, das	checking account
Girozentrale, die	clearinghouse bank
glänzend	brilliant
Gleiche, das	same
Gleichgewicht, das	balance
gleichmäßig	evenly
gleitend	flextime
Gleitzeit, die	flextime
Gratifikation, die	bonus
grenzen an + Akk.	to border (on)
Großfeuerungsanlage, die	large furnaces, firing plants
Großhändler, der	wholesaler
Großunternehmen, das	corporation
großzügig	generous
gründen	to found
Grundgesetz, das	basic law (Germany's constitution)
Grundstein, der	foundation stone
Gründung, die	foundation
Gruppenverhalten, das	group behavior
gültig	valid
günstig	favorable
Güterverkehr, der	freight shipping
Gütesiegel, der	quality seal
gutschreiben + Dat.	to credit

H

Haftung, die	liability
Handel, der	trade
Handelsflotte, die	merchant marine
Handelsmacht, die	economic power
Handelspartner, der	trade partner
Handelsvertreter, der	traveling salesman
Handwerk, das	small trade
Hauptstrecke, die	main line
Hauptursache, die	main reason
Hauptverkehrszeit, die	peak traffic hour
Hebeeinrichtung, die	container crane
heimisch	here: domestic

Herausforderung, die	challenge
herausgeben	to publish
Herstellung, die	production
hervorragend	excellent
heutzutage	nowadays
Hilfskraft, die	helper, assistant (bagger)
hochachtungsvoll	sincerely
Höhe, die	limit
Hürde, die	obstacle

I

im Durchschnitt	on average
im Gegensatz	in contrast
im Schnitt	on average
immer enger	tighter and tighter
immerhin	after all, anyhow, at any rate
in Anspruch nehmen	to make use of
in Betracht ziehen	to take into regard
in den alten Ländern	in West Germany, before unification
in etwas + Dat. inbegriffen sein	to be included in something
in Umlauf bringen	to circulate
Industriemesse, die	industrial fair
Industriestandort, der	industrial center / location
Industriezweig, der	industrial branch
Inlandszoll, der	domestic tariff
innerstädtisch	within a city
ins Leben rufen	to establish
insgesamt	in total
Investitionsplan, der	investment plan

J

jedenfalls	in any case
Jugendarbeitsschutzgesetz, das	child labor law
Jugendausschuss, der	youth council

K

Kampfhahn, der	fighting cock
Kanal, der	canal
Kantine, die	firm's cafeteria
Kapital, das	capital, funds
Kapitalmarkt, der	money market
Katalysator, der	catalytic converter
Kaufkraft, die	purchasing power
Kaufkraft, der	buying power
Kernforschung, das	nuclear research
Kernindustrie, die	nuclear industry
Kindergeld, das	child subsidy
Kläranlage, die	water treatment plant

Klärschlamm, der	sludge
Kleinhändler, der	retailer
knapp	scarce
Knappschaftsversicherung, die	miners' insurance
Knotenpunkt, der	junction
Kohlenwasserstoff, der	hydrocarbons
Konjunktur, die	economic situation
konkretisieren	to carry out
Konkurrent, der	competitor
konkurrenzfähig	competitive
Konkurrenzkampf, der	competition
konkurrieren	to compete
Konsument, der	consumer
Konsumgüter, Pl.	consumer goods
Kontoauszug, der	account statement
Kontoauszugsdrucker	account statement printer
Kontostand, der	account balance
kontrollieren auf + Akk.	to test for
Körperschaftssteuer, die	corporation tax
kostensparend	money saving
Kraftwerk, das	power plant
Kraftwerkstandort, der	power plant site
Krankenversicherung, die	health insurance
Kredit gewähren	to grant credit
Kreditrahmen, der	credit allowance
Krieg führen	to make war
Kriegsopferversorgung, die	war victim assistance
Kundendienst, der	customer service
Kundenkreis, der	clientele
kündigen	to give notice
Kündigungsfrist, die	period of notice
Kundschaft, die	clientele
künftig	future
Kunststofferzeugnis, das	synthetic products
Kursschwankung, die	currency fluctuation

L

Lage, die	location
Lagerraum, der	storage space
Landeswährung, die	currency of a particular country
Lärmbekämpfung, die	fight against noise
Lärmgrenzwert, der	noise limit
Lärmschutzbereich, der	no-noise zone
Laster, der	truck
lästern	to gossip
Lastschrift, die	debit
Laufwasserkraftwerk, das	hydroelectric power plant

Laufzeit, die	period
laut Umfrage	according to a poll
leben von	to live on / by
Lebenslage, die	situation in life
Lebenslauf, der	C.V., résumé
Leerzeile, die	blank line
Lehrmittel, Pl.	instructional aid
Lieferant, der	supplier
Lieferer, der	supplier
Lieferzeit, die	delivery time
Linienflug, der	regular flight
Linienverkehr, der	regularly scheduled flights
Lohn- und Gehaltstarif, der	pay agreement
Lohnsteuer, die	income tax
Lohnsteuerrückerstattung, die	income tax refund
löschen	to unload a ship
Luftreinhaltung, die	maintenance of air purity

M

macht es notwendig	makes it necessary
Makler, der	real estate agent
Mängelrüge, die	complaint
Markenartikelindustrie, die	brand name industry
Marktanteil, der	market share
maßgeblich	for the most part
Maßnahme, die	action, measure
Maut, die	toll
Meereslebewesen, Pl.	marine life
Mehrwertsteuer, die	value added tax
Mehrzahl, die	majority
Meisterbrief, der	master craftsman's diploma
Meldung, die	announcement
Mindestzeit, die	minimal time
Missverständnis, das	misunderstanding
mit etwas umgehen	to handle something
mit großem Abstand	by a wide margin
Mitarbeiter, der	co-worker
Mitbestimmungsrecht, das	right of codetermination
miteingetragen	included
Mitgliedstaat, der	member state
mitteilen	to inform
mittels	via
Mittelstand, der	medium sized businesses
Mittelstandsunternehmen, das	medium sized business
mittlerweile	in the meantime
Müllbekämpfung, die	fight against garbage
Mutterschutz, der	legal protection of pregnant women and mothers of infants / maternity leave

N

Nachfrage, die	demand
nahezu	nearly
Naturschutzgebiet, das	nature preserve
NE-Metalle, Pl.	nonferrous (without iron)
Nettogehalt, das	net income
Nichtbeachtung, die	disregard
Niederlassung, die	branch
niedrig halten	to keep low
Notwendigkeit, die	necessity
nutzbar machen	to harness s.th.
Nutzung, die	usage

O

öffentlich-rechtlich	under public law

P

Passersatzpapiere, Pl.	documents in lieu of passport
Patentanmeldung, die	registration of patents
peinlich	embarrassing
pendeln	swing, commute
Pension, die	bed and breakfast
Personalausweis, der	personal identification card
Personalchef, der	personnel director
Personalleiter, der	personnel manager
Personalrat, der	personnel council/ representatives
Personenbeförderung, die	passenger transportation
Personenkraftwagen, der	car
Pfandbriefbank, die	mortgage bank, loan bank
Pfandflasche, die	deposit bottle
Pflegeversicherung, die	long term care insurance
Pflichtversicherung, die	compulsory insurance
Planung, die	planning
Plastiktüte, die	plastic bag
Plus-Sparen, das	saving of money remaining in the checking account at the end of the month
Portemonnaie, das	wallet
Prämiensparen, das	saving under the bonus scheme
Preisermäßigung, die	price reduction
preiswert	inexpensive
prickelnd	tingling
pro Kopf	per capita
Probezeit, die	trial period, probation
Produktionsstätte, die	place of production
Produzent, der	producer
Pro-Kopf-Einkommen, das	per capita income

Prüfungsergebnis, das	test result
Pumpspeicherkraftwerk, das	pumped storage power plant

Q

quälen	to torment
Qualitätseigenschaften, Pl.	qualitative characteristics
Qualitätssiegel, das	seal of quality
Quelle, die	source
Querverweis, der	cross-reference

R

Rabatt, der	discount
Rahmen- oder Manteltarif, der	framework of general agreement
Rationalisierungsplan, der	efficiency plan
Rauch, der	smoke
rechnen mit	to count on
rechtlich	legally
Reederei, die	shipping company
Referenz, die	references
Regelfall, der	normal occurrence
regeln	to regulate, to work out
reibungslos	smooth
reichhaltig	abundant
reklamieren	to complain; to make a complaint
Rendite, die	yield, return on capital
Rentenversicherung, die	pension plan (insurance)
Richtgeschwindigkeit, die	recommended speed
richtungsweisend	pointing the way
Riesenmenge, die	huge amount
ringen um	to fight for
Rohstoff, der	raw material
Rohstoffverarbeitungsindustrie, die	raw material processing industry
rückgängig machen	to undo
rückgängig	reverse
Rückgrat, das	backbone
Rückzahlungsrate, die	loan interest rate

S

sachlich	matter-of-fact
sanieren	to rehabilitate, to put back on its feet, improve
schädlich	damaging
schaffen	create
schalldämpfend	sound muffling
schätzen auf + Akk.	to estimate (at)
scheitern	to fail
Schichtarbeit, die	shift work

Schiene, die	track
Schienenlärm, der	noise along railroad tracks
schießen Sie los!	go ahead! Ask your questions
Schlichtungskommission, die	arbitration commission
schmal	narrow
Schnäppchen, das	bargain
Schnellbahn, die	rapid transit
Schriftbild, das	style of handwriting
Schuppen von den Augen	the scales fall from one's eyes
Schutz, der	protection
Schwankung, die	fluctuation
Schwärmen, das	raving
Seeschiffswerft, die	shipyard
Selbstbedienungsladen, der	self-service store
Selbstlob, das	self-praise
Selbstständige, Pl.	self-employed persons
senken	to lower
sich (etwas) überlegen	to consider (something)
sich abspielen	to take place
sich anpassen an	to adapt to
sich ansiedeln	to establish, to settle
sich äußern	to voice an opinion
sich befassen mit	to occupy oneself with
sich befinden	to be located
sich beklagen über + Akk.	to complain about
sich belaufen auf + Akk.	to amount to
sich beschweren über + Akk.	to complain about
sich beteiligen	to participate
sich bezahlt machen	to pay off
sich beziehen auf + Akk.	to refer to
sich ein Bild machen von	to get an impression of
sich einigen	to agree, come to an agreement
sich einsetzen für	to support, show commitment to
sich erholen	to recover
sich erweisen	to prove
sich gefasst machen auf	to be prepared for
sich krankschreiben lassen	medical excuse
sich richten auf + Akk.	point to
sich rüsten	to set up
sich selbstständig machen	to be self-employed, to go into business for oneself
sich spezialisieren auf + Akk.	to specialize in
sich vereinigen	to unite
sich wandeln	to change
sich zurechtfinden	to find one's way around

sich zurückziehen	to withdraw
sich zusammenschließen	to merge, to join together
sofern	as long as
Solarthermie, die	solar thermal energy
Sonderabfall, der	special waste, hard to dispose of; hazardous waste
Sonneneinstrahlung, die	angle of sun's rays
sorgen	to take care of
Sortiment, das	assortment
soziale Marktwirtschaft, die	social market economy
Sozialgesetzbuch, das	legal code of social welfare
Sozialhilfe, die	welfare aid
Sozialleistung, Pl.	social benefits
Sozialpartner, Pl.	both sides of industry: union & management
Sozialversicherung, die	social security
spannen	to tighten
Speicherkraftwerk, das	storage power plant
spüren	to feel
Staatsverschuldung, die	federal debt
Stau, der	traffic jam
staunen	to be amazed
steigen	to increase
Steuer, die	tax
Steueranteil, der	(gasoline) tax
Steuerklasse, die	tax bracket
Steuern, Pl.	taxes
Stichwort, das	key word, clue
Stickstoff, der	nitrogen
Stornierung, die	cancellation
streckenweise	in sections
stricken	to knit
Stromerzeugung, die	power generation
Strommast, der	utility pole
Stromnetz, das	electric supply
subventionieren	to subsidize, to support financially

T

tabellarisch	in tabular form
Tabelle, die	table, chart
Tarifpartner, Pl.	parties to collective agreements
Tarifverhandlung, die	collective negotiation
Tarifvertrag, der	collective agreement
Taschenrechner, der	calculator
Tresen, der	counter
Treuhandanstalt, die	Trust Agency

Trinkwasser, das	drinking water
Tüte, die	(paper) bag

U

U-Bahn, die	subway
über die Runden kommen	to make ends meet
überhaupt	any way
Überleben, das	survival
übernehmen	to pick up, take over
Überseehafen, der	sea port
Übersichtlichkeit, die	clarity
übersteigen	to exceed
Überstunden, Pl.	overtime
überweisen	to transfer
Überweisung, die	transfer of money
überwiegend	predominantly
überwinden	to overcome
Überziehungszins, der	overdraft interest
überzogen	overdrawn
üblich	customary, common
umfassen	comprise
Umfrage, die	poll
Umgangsformen, Pl.	manners
Umsatz, der	revenue
umsatzstark	strong on revenue
umwandeln in + Akk.	to convert, to change into
umweltfreundlich	environmentally friendly
umweltgerecht	environmentally friendly
Umweltlärm, der	environmental noise
Umweltproblem, der	environmental problem
Umweltschaden, der	environmental damage
umweltschonend	environmentally friendly
Umzug, der	move
undenkbar	unthinkable
unentbehrlich	indispensable
Unfallschwerpunkt, der	concentration of accidents
Unfallversicherung, die	accident insurance
unlauterer Wettbewerb	unfair competition
Unsicherheit, die	insecurity
unter strenger Kontrolle stehen	to be subject to strict regulations
Unterbrechung, die	interruption
unterliegen	to be subject to
Unternehmen, das	business, enterprise
Unternehmensentscheidung, die	decision concerning the company
Unternehmensleitung, die	management
unterstehen + Dat.	to be under the control of

unterstützen	to support
Unterstützung, die	support
unverändert	unchanged
unverlangt	unsolicited
Urlaubspflaster, das	vacation spot
ursprünglich	originally

V

Veränderung, die	change
verantwortlich	responsible
verarbeiten	to process
verarbeitend	processing
verärgern	to annoy
verbindlich	binding
Verblüffung, die	awe
Verbraucher, der	consumer
Verbraucherschutzverband, der	consumer protection agency
Verbrauchsgüter, Pl.	consumer goods
Verbrauchssteuer, die	consumer tax
verbunden	connected
verdienen	to earn
verdoppeln	to double
vereinbart	agreed upon
Vereinbarung, die	agreement
vereinfachen	to simplify
Vereinheitlichung, die	standardization
Verfahren, das	process
vervielfältigen	to multiply
verflechten	to interweave
Verfügbarkeit, die	availability
verfügen über + Akk.	to have at one's disposal
verfügen	to have
vergleichbar	comparable
Vergleichbarkeit, die	comparison
vergleichsweise	comparability
Vergütung, die	benefits, pay
Verhandlung, die	negotiation
verhindern	to prevent
Verkaufsfiliale, die	branch
verkehren	to take off
Verkehrsdichte, die	traffic density
verkehrsgünstig	easily accessible
Verkehrsmittel, das	means of transportation
Verkehrsträger, der	transportation systems
Verkehrsverbund, der	transportation consortium
Verkehrswesen, das	public transportation
Verlauf, der	direction
verlockend	enticing

vermarkten	to market, to commercialize
vermeiden	to avoid
vermeintlich	presumably, supposedly
vermerken	to record
verpflichtet sein	to be obligated
Verpflichtung, die	duty, obligation
Verrechnungsscheck, der	check for deposit only
Versandgeschäft, das	mail-order house
Versandhandel, der	mail-order business
verschaffen	to provide
verschärfen	to tighten
verschwinden	disappear
verseuchen	contaminate
versorgen	to supply
versorgen	to supply
Verspätung, die	delay
verstopft	jammed
verstummen	to turn silent
Verteidigung, die	defense
Vertrag, der	contract
Vertrauen, das	confidence
vertraut	familiar
vertreten	represented
vertreten	to represent
verwalten	to manage
Verwendung, die	application
Verwirklichung, die	realization
verzeichnen	to register
verzichten auf +Akk.	to do without
Vielfalt, die	variety
vielfältig	in many ways
vielversprechend	very promising
voller Regelsatz	full entitlement
vom Band laufen	rolling off the assembly line
von etwas Gebrauch machen	to make use of something
von Fall zu Fall	from case to case
von Kindesbeinen an	from childhood on
Vorauskasse leisten	to pay in advance
voraussetzen	to presuppose
Voraussetzung, die	prerequisite
Voraussicht, die	foresight
voraussichtlich	in all probability
Vordisposition, die	market research, investigation of clients' needs
Vorführmodell, das	show piece
Vorgehensweise, die	procedure
vorgeschrieben	required, prescribed

Vorhaben, das	intention
vorherig	previous
vorkommen	to occur
vorliegen	to generate
Vorort, der	suburb
Vorreiter, der	pioneer
Vorstandssekretariat, das	office of the secretary of the board of directors
Vorstellungsgespräch, das	interview
vorübergehend	temporarily
vorurteilslos	without prejudice

W

wachen über + Akk.	to watch over
Wachstum, das	growth
Wachstumsmarkt, der	growth market
wahnsinnig	here: immense
Währung, die	currency
Währungsstabilität, die	currency stability
Wärmepumpe, die	heat pump
Wärmeversorgung, die	heat supply
Wasserkraft, die	hydropower
Wasserreinhaltung, die	maintenance of water purity
Wasserstraßennetz, das	network of waterways
Wasserverschmutzung, die	water pollution
Wechselkurs, der	exchange rate
wechselnd	changing
Wegweiser, der	guide
Weinbaugebiet, das	wine growing area
weiterbilden	to further educate
Welle, die	wave
Welthandel, der	world trade
Weltmarktanteil, der	world market share
Weltmarktführer, der	world market leader
Weltrangliste, die	world rank category
Werbebrief, der	advertising flyer
werben um	to recruit, to canvass
werben	to advertise
Werbung, die	advertisement
Werdegang, der	career, development
Werft, die	shipyard
Werkhandel, der	factory-outlet sales
Wert legen auf + Akk.	to place value on
Wert, der	value
Wertschätzung, die	high regard
Wettbewerb, der	competition
Wettbewerbsdenken, das	competitive thinking
wettbewerbsfähig	competitive

Widerspruch, der	objection
wiederverwerten	to recycle
wirksam	effective
Wirtschaftsausschuss, der	management codetermination board
Wirtschaftsförderung, die	economic support
Wirtschaftswunder, das	economic miracle
Wirtschaftszweig, der	branch of industry
Wissenschaft, die	science
Wohl / Wohlergehen, das	welfare
Wohlfahrtsstaat, der	welfare state
wohlhabend	wealthy
Wohlstand, der	prosperity
Wohngeld, das	rent assistance, housing allowance

Z

Zahlungsempfänger, der	recipient of the money
Zahlungskondition, die	payment terms
Zahlungspflichtige, der	person who has to pay
Zahlungsverkehr, der	financial transactions
Zahlungsweise, die	mode or method of payment
zeitgleich	at the same time
Zentralanlage, die	central facility
Zinsen, Pl.	interest
Zinssatz, der	interest rate
Zölle, Pl.	customs tariff
Zollschranken, Pl.	customs barrier
zollvergünstigt	favorable customs rate
zu Beginn	at the beginning
zu spüren bekommen	to feel
Zugfolge, die	train interval
zukünftig	future
zulassen	to admit
Zulieferer, der	supplier
zum letzten Mittel greifen	turn to the last resort
zum Streik aufrufen	call a strike
zur Hälfte	half and half
zur Verfügung stehen	to be at one's disposal
Zusammenschluss, der	merger
Zusammenwachsen, das	growing / coming together
Zusammenwirken, das	interaction
zusätzlich	additionally
Zuschlag, der	contract
Zuschuss, der	subsidy
zuständig sein für	to be responsible for
zustimmen	to agree

Zuwendung, die	financial contribution
zweifeln an + Dat.	to doubt
zweifellos	undoubtedly
Zweigstelle, die	branch
Zwischenhändler, der	middleman
Zwischenstufe, die	intermediate step

Credits

This page constitutes an extension of the copyright page. We have made every effort to trace the ownership of all copyrighted material and to secure permission from the copyright holders. In the event of any errors arising as to the use of any material, we will make the necessary corrections in future printings. Thanks are due to the following authors, publishers, and agents for permission to use the material indicated.

Cover:	EU map: © Einhergar / Shutterstock
Chapter headings:	© Shutterstock
Page 1	©Jan Kranendonk / Shutterstock.com
Page 2, 7	© Yuriy Davats / Shutterstock.com
Page 8	© Julius Fekete / Shutterstock.com
Page 9	© Robert Paul van Beets / Shutterstock.com
Page 10	© Gary718 / Shutterstock.com
Page 11	© J. Henning Buchholz / Shutterstock.com
Page 12	© Ulrich Willmünder / Shutterstock.com
Page 13	© Telesniuk / Shutterstock.com
Page 14	© Mary416 / Shutterstock.com
Page 15	© Guenter Manaus / Shutterstock.com
Page 16, 67	© Europhotos / Shutterstock.com
Page 17	© Anweber / Shutterstock.com
Page 18	© Milosz Bartoszczuk / Shutterstock.com
Page 19	© Eugene Gordin / Shutterstock.com
Page 20	© Dirk Schoenau / Shutterstock.com
Page 21	© Scirocco340 / Shutterstock.com
Page 22	© Pecold / Shutterstock.com
Page 27, 31	© Matt Trommer / Shutterstock.com
Page 28	© Domen Colja / Shutterstock.com
Page 32	© Facts about Germany, http://www.tatsachen-ueber-deutschland.de
Page 33	© AND Inc. / Shutterstock.com
Page 34, 115, 132, 143, 149, 156, 157, 159, 163, 168, 215, 217, 220, 248, 260, 263, 267, 268, 267 bottom	© Globus / Picture Alliance
Pages 39-41	*Belgien, Bulgarien, Rumänien, Zypern*: © Predavatel; *Dänemark*: ©Dima1; *Estland, Greichenland, Lettland, Ungarn*: ©BlueMars; *Finnland, Litauen, Neiderlande, Slowakei, Spanien*: ©Krokodyl; *Irland*: ©Maisflocke; *Italien, Schweden, Slowenien, Tschechien* : © TheFlyingDutchman; *Österreich*: ©Olav Arne Brekke; *Polen*: © Paul167; *Portugal*: ©Dantadd; *Vereinigtes, Königreich*: © Sneyton
Page 45	© Arkady / Shutterstock.com
Page 46	Mit freundlicher Genehmigung: www.magazin-deutschland.de